韋氏紫微斗數新手入門全書

紫微斗數
新手教科書

紫梧老師——著

Beginner's Guide to Zi Wei Dou Shu

前 言

淺談玄學是什麼？

玄學在目前大家心目中的認知其實是以命理學為主。咱們的內容同樣會主要集中在命理學。命理學的分支很多，但其實核心思想一樣。首先命理學是承認高維生物的，類似於我們在看電視劇（電視劇是二維的），可以選擇快進快退一樣，我們的一生在高維生物的眼中也是固定結局的。這裏可以簡單打個比方，山上如果出現了雪崩或者泥石流或者火山噴發，我們就可以預測山下的小村莊即將遭遇滅頂之災。但是因為我們自身維度的局限性，我們往往只能作出這種特別短效直接的預測，而不能看到十年前甚至二十年前的因，其實已經導致未來的所有果。而命理學的各個分支，則是通過工具，從更高維度的角度去解譯並作出預測。

前言

命理學認為人為天地之一部分，天地有其自然運轉的規律，人也必須依從規律流轉。例如八字，從周易衍生而出。其認為萬物皆在五行之內，有陰陽之屬。道德經有言：道生一，一生二，二生三，三生萬物。二為陰陽，三為天地人。陰陽屬性為一切之源頭，所以可以通過陰陽屬性，去斷吉凶，評富貴。

再說說西方的星盤和東方的紫微斗數，這兩者相比較八字而言，可以去看到更細節具體的東西，例如搬家、車禍、大量的偏財、政府官司、戀愛走向等。其依憑的是天象。星盤和紫微斗數都有十二宮，把人的一生都細分到十二宮之中。同時在不同宮中列入不同的星體。其認為天地是一大磁場，無數個體之間又有無數小磁場，不同的磁場之間相互影響，便有了傾向性的引導作用。所以人的行為以及遭遇的吉凶會受星體流轉的影響，從而成為我們斷事的依據。

3

最後聊一聊我認知中的命理學。人的一生應當是綜合影響的結果，命理只占1／3。其他還包括了地理環境、政治環境、家庭、朋友、時代背景、風水、個人努力的多方面影響。然而最有趣的地方是，人生的試卷，在任何一個維度，都是沒有上限的。

怎麼說呢？

如果說總分10000分可以達到千萬級別的財富。有些人可能單從後天的緣起上夠分，這是上天給的機緣。有的人出生就在羅馬，家庭給分能夠直接到10000，也就不需要在考慮命運、風水這些事情的影響。但是對於普通人而言，即使命運打分不高，亦可以在我們能下功夫的地方去努力。得分很難，但這條路並沒有被堵死。我始終鼓勵大家，還是要以5％的努力，去撬動那95％我們無法決定的事情。

前言

同樣的，運是流動的，厚積薄發，古人的智慧早就寫在了這簡單的四個字中，只要有才，運勢到了，自然是一飛沖天。然而很多人急於求成，不懂這個道理。

另外，我想說努力不是每天的埋頭苦幹，而是當你回過頭看你的這段經歷的時候，你是能感受到自己的提升的。這可以是任何維度，社會閱歷、與人交流的經驗、學習的能力、紫微斗數看盤的能力、專業能力、向上管理的能力，保持提升，人生就會越走越好。畢竟，流水不爭先，爭的是滔滔不絕。

同樣的，如果你周邊的朋友格局高，同時又特別積極向上，對你也會產生特別正向的影響。我親身經歷的一個事件就是，如果你周邊的朋友都在搞事業，想掙錢的事情並且努力去做，你自己也會萌生同樣的想法。此為環境。這裏也是建議大家多和正能量的人一起工作玩耍，會更有利於自

再來仔細說說運勢，運勢好的時候人的確會感覺一帆風順，但是並不能確定人的高度。為什麼？打個比方，你如果有特別好的基礎，你有30萬的年收入，這個運下來你資產翻3~5倍，那就是100W+。但是，如果你之前一直從不努力，得過且過，一年也就10萬塊錢的收入，即使逢到特別好的運勢，也不過就30來萬，而且過了這個運就留不住了。所以我們學命理學是為了什麼，是為了瞭解自己的優勢、長處，瞭解自己的擅長的點，瞭解自己什麼時候好運。在我們擅長的領域，打好基礎，逢好的年份，便更加積極地去擴展打造自己的事業，越走越高，越走越遠，長此以往，人生也會過得更好。

再說說命盤本身。大富大貴的命盤格局，未來一定是有所作為的，這是大家公認的。但是很多時候，我們都只習慣於看他們最終的結果，卻忽

前言

略了過程與人本身。講這個道理是想說，在大富大貴格局的命盤裏，他一樣有他可以大富大貴的底層邏輯。比如持之以恆的精神，不解決問題誓不甘休的態度，對工作的狂熱，對事業的追逐，對周邊人的友善，殺伐果決的性格。這些都是這些命盤未來高成就的底層邏輯，而這些也是我們命理的學習者應該去學習的。

最後想和大家說的是，萬物皆有因果。道德經也說過，天道酬勤。所以盡信命不如不信命。一切事物的發展都有其底層邏輯作支撐。如果淘寶和支付寶沒有真的便利到我們的生活，它也不會坐擁全國如此多的客戶，做到如此之大的規模。學習命理，是為了更好地生活，找到自己的短板，補足自己的短板。大家一起加油！

目錄

前言 …… 2

一、十二宮 …… 18

1. 宮職含義 …… 20
2. 常見宮位劃分 …… 27
3. 本命宮位、大限宮位、流年宮位用法 …… 28
4. 三合局的理解 …… 29
5. 十二宮中的16關係 …… 30
6. 宮位中的暗合 …… 32
7. 核心宮位中的1324運用 …… 33

二、星辰 …… 34

1. 十四主星星辰含義 …… 36

紫微星 …… 36

目 錄

2.
- 天相星 43
- 天府星 48
- 破軍星 53
- 天同星 58
- 天機星 62
- 太陽星 66
- 太陰星 70
- 巨門星 74
- 貪狼星 78
- 武曲星 82
- 廉貞星 85
- 天梁星 88
- 七殺星 91

3. 三合中星曜所代表的垂象 94

4. 星曜之間的暗合關係 96

其他星辰 97

三、四化象

5. 一些有趣的星辰組合 ………………………… 101
1. 四化象來源 …………………………………… 102
2. 生年四化象 …………………………………… 104
　　生年祿 ……………………………………… 105
　　生年權 ……………………………………… 105
　　生年科 ……………………………………… 110
　　生年忌 ……………………………………… 116
3. 雙象解 ………………………………………… 121
　　祿權 ………………………………………… 126
　　祿科 ………………………………………… 127
　　權科 ………………………………………… 128
　　祿忌 ………………………………………… 129
　　權忌 ………………………………………… 130
　　科忌 ………………………………………… 131

目錄

四、斷命訣與實際運用

4. 自化象與視同自化象
   - 自化象 133
   - 視同自化象 133
   - 簡單運用 134
   - 自化與視同自化的區別 135
5. 閱讀－自化象與視同自化象深入理解 135
   - 生年四化象、大限四化象、流年四化象區別 143

1. 飛宮四化與八大理則 146
   - 飛宮四化 148
   - 飛宮四化八大理則 148
   - 互為陰陽說 150
   - 各位陰陽說 150
   - 命宮與其他宮職的體用對待及本命與大限宮職間的體用對待 153
   - 同類宮職之體用對待關係 154
   157

五、棋盤訣（依婷老師所創）

1. 棋盤訣的原理……184
2. 宮職由小歸大碰撞說……158
3. 飛化遇象碰撞說……160
4. 特別閱讀：雙象出現的情況……162
5. 萬象歸一元……164
6. 來因宮與先天象數……165
7. 欽天派能量層級及應事前提……169
8. 欽天與三合論事對比……171
9. 祿出、權出、科出、忌出……177
10. 四鳳三旗兩儀標……178
11. 三象一物與四象一元……179
12. 在天成象，在地成形……180
13. 反宮忌與太歲入卦……180
14. 氣與理……182

1. 棋盤訣的原理……186

目錄

2. 紫府盤 187
3. 紫貪盤 197
4. 紫相盤 205
5. 紫殺盤 216
6. 紫微獨坐盤 229
7. 紫破棋盤訣 243
8. 棋盤訣總結 257

六、格局 260

七、婚姻斷法 286

1. 夫妻宮怎麼看 288
2. 欽天與三合的使用技法區分 290
3. 關於夫妻宮的引動 291
4. 關於本命夫妻宮的看法關注點 293
5. 關於相處對待 294

八、事業斷法 312

6. 1 3 2 4 原則 296
7. 感情的流動變化 299
8. 合盤對婚姻感情的重要影響 301
9. 結婚應期 303
10. 大限夫妻宮的天干，代表對感情的進一步解釋 306
11. 三合理解的應期尋找（只能作為加分項） 308
12. 如何催旺桃花或者尋找到自己想要的配偶 308
13. 婚姻中的特殊情況 310

1. 事業解 314
2. 十天干四化代表及世界發展趨勢 315
3. 官祿宮含義及個人能力發揮 328
4. 合夥 337
5. 事業應期 346

目錄

九、財運斷法 ………………………………… 354
  1. 三合派看法 ………………………………… 356
  2. 欽天派看法 ………………………………… 361
  3. 武曲太陰＆化祿祿存 ……………………… 362
  4. 本命財帛宮的垂象 ………………………… 363
  5. 大限財運的論法 …………………………… 365
  6. 關於權星 …………………………………… 369
  7. 完整論財 …………………………………… 370

十、紫微風水及安星訣 ……………………… 376

十一、欽天交通意外斷法 …………………… 402

十二、學業斷法 ……………………………… 410

十三、紫微斷健康 …………………………… 430

十四、紫微斷趨勢變化 ………… 460

十五、三合局理解 ………… 480

十六、合盤 ………… 486

十七、紫占 ………… 494

1. 716 看身體健康 ………… 513
2. 116 看事業情況 ………… 515
3. 看財運 568 ………… 517
4. 第四個盤 看健康 389 ………… 519
5. 第五個盤 189 看財運 ………… 521
6. 第六個盤 看子女 682 ………… 524
7. 問事業 993 ………… 526
8. 看感情 137 ………… 527
9. 身體情況 145 ………… 529

目錄

十八、公司斷法及有月運 ················ 542

- 10. 問健康 ································ 530
- 11. 問感情 ································ 532
- 12. 實習的工作情況 ················ 534
- 13. 問事業 ································ 536
- 14. 問學業 ································ 538

十九、本命盤實盤訓練 ················ 546

1. 盤1 ···································· 548
2. 盤2 ···································· 553

第一章 十二宮

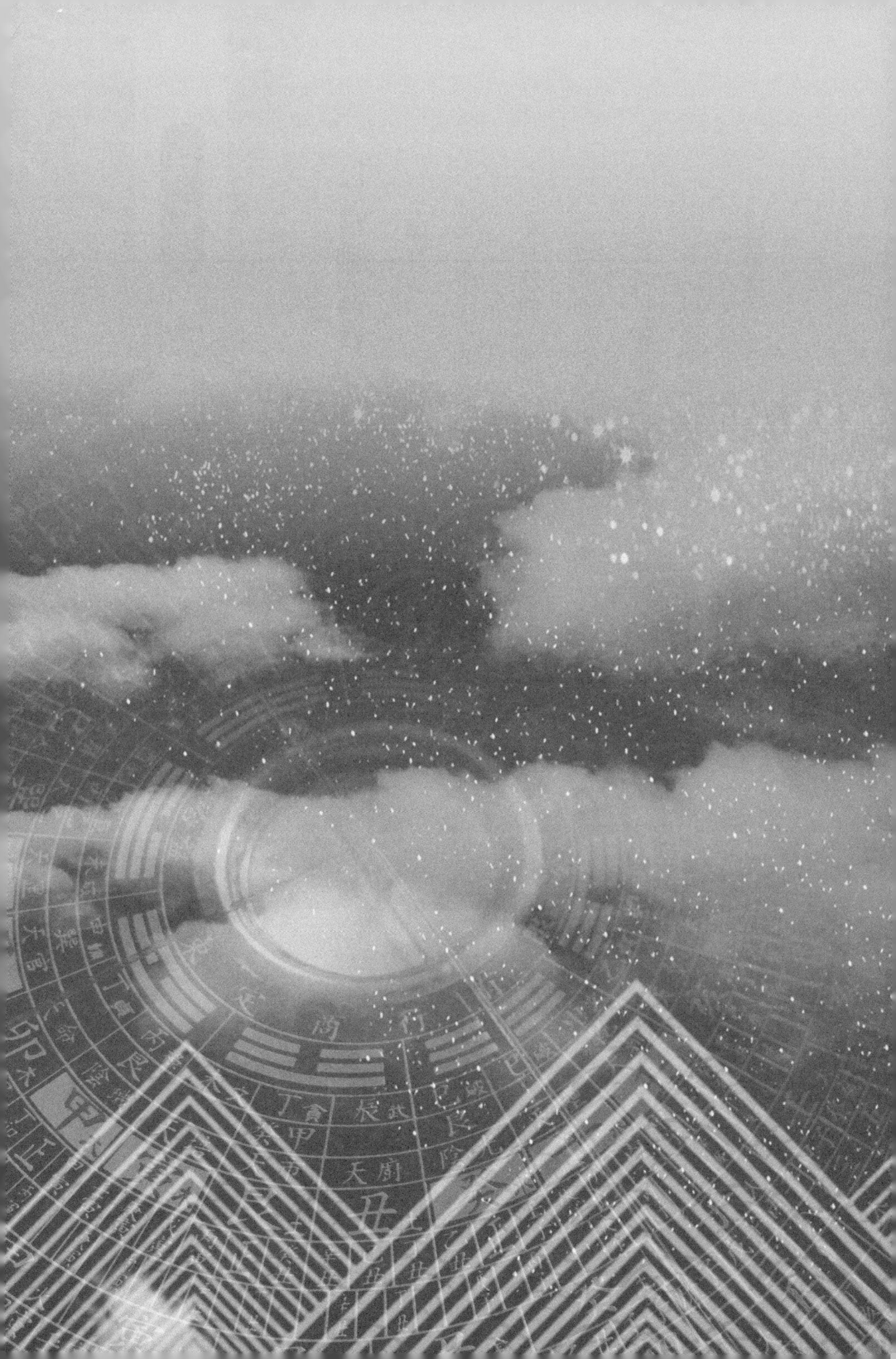

第一章 十二宮

1. 宮職含義

命宮：

我之格局高低，我的性格，上天賜予我的天賦屬性，我會成為一個什麼樣的人。

命宮為體，其他十一宮為用。本命盤為體，大限流年為用。

體用關係，主要運用於引動，用及體則容易發生事件。

命宮可以斷性格（和福德宮、疾厄宮一起）。

命宮也可以和所有的宮位結合使用（比如和人的宮位用五行）。

兄弟宮：

兄弟的命宮、我的兄弟姐妹格局的高低，兄弟姐妹與我緣分的厚薄；

兄弟宮，為田宅之財帛宮，又可作財庫解；

兄弟宮，為父母宮之夫妻宮，可作母親解；

兄弟宮，為命宮之鄰宮。無兄弟姐妹時，可以以身邊親近以及最常相處的人來解；

兄弟宮也可以看事業合夥；

在事和物上，可以象徵私人機構行號、工廠、私立學校、宜從事直銷傳銷性質有關的內容。

夫妻宮：

代表配偶的個性、才華、家世，與格局的高低；

代表我的婚姻觀及先天緣分的厚薄；

參考財帛宮，可以是夫妻之間的相處與對待。因為財帛宮是夫妻之夫妻。

代表異地分居的看法：

比如夫妻宮空宮，對宮見太陽／太陰。

紫殺盤，紫殺坐命，尤其是男性（紫殺盤對宮是天府）。

子女宮：

子女之命宮，代表子女的個性、才華、格局高低；

亦可以看子女與我緣分的厚薄，以及子女的有無；

又稱合夥位，看合作事業的吉凶；

子女宮坐田宅之遷移，可以理解為投資在外的資產，所以可以看合夥投資，此合夥投資應以對方為主導；

子女宮也可以代表一個人的師生緣分，以及與下屬之間的緣分相處；

子女宮也是娛樂宮位，所以娛樂休閒，桃花有無，都與子女宮相關；

子女宮也是意外宮，當它與疾厄宮、遷移宮發生交易時，要尤其注意；

子女宮也可以看同事關係；

子女宮作為合夥位置，也可以看工作上合作相關的事情，結合父母宮可看談判事宜。

子女宮可看自身能夠獲取到的支持度，晚年情況；

財帛宮：

代表個人理財能力的優劣、與賺錢機會的好壞；

可以通過財帛宮的飛宮四化看財的來源與流向；

財帛宮也是夫妻宮之夫妻宮，看夫妻之間感情對待。

疾厄宮：

疾厄宮代表個人的身體健康；同時逢引動，也可以代表疾病的類型，以及災厄的類型；

代表本人的意識形態（天同星、太陰星、天相星、巨門星等屬水的星曜）的宮位；

一六共宗，疾厄宮與命宮為一體，同樣也是決定自身命盤格局高低的關鍵性宮位；

23

疾厄宮也是功名與成就的宮位；

疾厄宮也是看一個人情商高低、脾氣好壞，以及心術正邪的宮位；

疾厄宮還可以代表自己的工作環境（官祿之田宅）。

遷移宮：

在外的變遷運，含驛馬及旅遊運勢，亦主外出的吉凶；

對外的形象呈現；

代表人生的機遇，出外能否遇到貴人，適合本地發展還是外地發展；

代表老運的走勢；

交友宮：

代表我的朋友、部屬、同事是什麼樣的人；

看朋友能否給我助力；

代表眾生相的宮位又名絕情宮，欽天中認為其是論斷壽元的關鍵宮位；

交友宮意味眾生宮，也看客戶，眾生宮得祿，代表可得眾生之財。

交友宮簡單來論，是自己不太核心的圈子，稍微遠一點的人；同時也是看自己領導的情況的關鍵宮位（父母宮三合、官祿之父母）；

官祿宮：

代表運勢的起伏榮枯，俗稱運途、又名氣數宮；兼記功過、官非、訴訟、牢獄之災；

代表事業運營的狀態及上班的情況；

看作自己事業和工作上的習慣；

官祿宮代表了自己主要的工作環境，高頻內容（學生時代看讀書，工作時間看工作）；

田宅宮：

代表了小時候的生活環境以及環境所造成的影響；

比如田宅宮見地劫，一般表徵為居住地周邊會有坑；

代表未來資產的多寡，包括祖業與自己所掙，故有庫位一說；

代表周邊環境的人事物的狀態，所以主要和家人的相處關係。

福德宮：

代表福氣、道德的宮位；

也看偏財、利息差價；

也代表身體健康，和配偶事業；

父母之父母，故也可以看和爺爺奶奶的相處；

福德宮也是看小三的宮位；

父母宮：

代表父母的命宮，父母的基本情況；

上司宮位，對公關係，可以表示領導，也可以表示對你有直接限制作用或者管

2. 常見宮位劃分

六陽宮六陰宮：單數為六陽宮，雙數為六陰宮。

六內宮六外宮：六內宮為命疾田財官福，其餘為六外宮。

能直接看官祿和父母；

評估要過父母宮、疾厄宮以及交友宮一起看。

專業技能，需要具體來論，比如金融技能看武曲，說話技能看巨門，事業通用技能提升及評估：

代表頭腦，和智商高低的宮位，故和學習成績以及技能相關性極大；

代表文書的宮位，檔、契約、面試等；

轄作用的政府或者機構；

3. 本命宮位、大限宮位、流年宮位用法

本命宮位是最長期的趨勢，也是自己的習慣與處事；
大限宮位是環境；
流年命宮是流年事件。

三代盤既可以分開看，也可以以疊宮論；

六親宮：命宮、兄弟宮、夫妻宮、子女宮、父母宮、交友宮。

婚姻六內宮：命宮、夫妻宮、財帛宮、疾厄宮、交友宮、田宅宮。

寅申巳亥：四馬地－主驛馬。

辰戌丑未：四墓地－主庫。

子午卯酉：四桃花－主享樂。

28

4. 三合局的理解

命官財 - 自己最高頻次的事情環境。

兄田疾 - 家庭與資產。

遷移三方 - 自己的對立面，代表外面的機會或者說自身的競爭對手或者合作夥伴的情況。

父子友 - 社交、合作、評估、客戶。

疊宮論的本質，可以認為是環境疊本命，事件疊環境，故多半是以形容詞來結合解釋；

比如子女踏財帛宮 - 則認為多是合夥得財的意思（掙錢的環境是合夥位置或者社交位置）。

5. 十二宮中的16關係

福德宮影響疾厄宮，疾厄宮影響命宮，精神世界影響身體狀態，對外呈現，影響自己。

父母宮影響遷移宮，遷移宮影響兄弟宮，本質上是講父母與兄弟在自身對外社交產生的作用和影響。

命宮影響交友宮，交友宮影響夫妻宮，本質上是說夫妻宮的支撐和來源。

兄弟宮影響官祿宮，官祿宮影響子女宮，衡量具備合夥性質及創業性質的工作內容。

夫妻宮影響田宅宮，田宅宮影響財帛宮，配偶情況影響家庭情況，家庭情況影響財政狀況，又或者說，資產決定了／支撐了你的現金流，也可以認為是家庭支撐了現金流。

以此類推，一般只看第一層的16關係即可。

具備16關係的星辰

巨門之疾厄必為破軍，破軍之疾厄必為天梁，天梁志疾厄宮必為天府。

關係支撐度上來看，天府支撐天梁，天梁支撐破軍，破軍支撐巨門。天府可以代表社交關係，天梁代表智慧與公職體系，也可以代表一些文化創意上的產生（天梁暗合廉貞），破軍代表在天梁的基礎上，會產生很多創業或者開創的想法，巨門代表了在管道上是否可以打通。天梁、破軍、巨門同時得祿，認為第二管道打開可成。在天干關係上，主要表現在壬、癸兩年上。

壬天干的四化－壬梁紫府武

癸天干的四化－癸破巨陰貪

天梁祿代表學習，學習之後的運用就表現在癸年，癸年破軍祿巨門權，代表在事情上面的開拓和學習，所以紫微斗數本身反映的就是自然規律的變化。

太陽之疾厄必為廉貞，廉貞之疾厄必為天機。

6. 宮位中的暗合

主創意與推廣，主要體現在甲乙丙的年份。

甲廉貞祿、太陽忌，這個是代表了替代關係，創意好，必然是在獨自思索中產生，則表達中必然受阻，但其實創意是好的。24年廉貞祿，認為在這一年會有好的生意模式出現，但是可能受到的非議會比較大，可以參考14年，14年流行的商業模式是微商。

乙天機祿，可以理解成眾人拾柴火焰高。

丙天機權、廉貞忌，可以認為創意團隊已經不再重要，可以將創意變現的團隊更加重要。也表徵在，借助團隊力量，但是容易出現系統性問題。

其次，太陽廉貞天機的一六關係，多運用於看身體中關於火（比如心臟）和運輸相關的能量，比如心腦血管、心臟、眼睛等。

7. 核心宮位中的 1 3 2 4 運用

主要集中於1號和4號宮位。4號宮位是一號宮位的總結。多用於流年和大限，比如總結一年的財務狀況，流年財帛宮為1號宮位，則流年交友宮為4號宮位。認為流年交友宮是對1號宮位的總結。1324可以用在方方面面，多用於趨勢性的事情發展，比如問感情有沒有結果，就可以取用夫妻宮的1324來論。

尋找事件的細節。

代表暗中的推動力量。簡單來說，可以代表外界的力量對自己的支撐度。暗合多用於

暗合的本質：如果是命宮的宮位為明面上的表現程度，為結果。那麼暗合宮位，

暗合的使用：在任何條件下皆可以使用。

左右對稱都可以認為是暗合的。

第二章 星辰

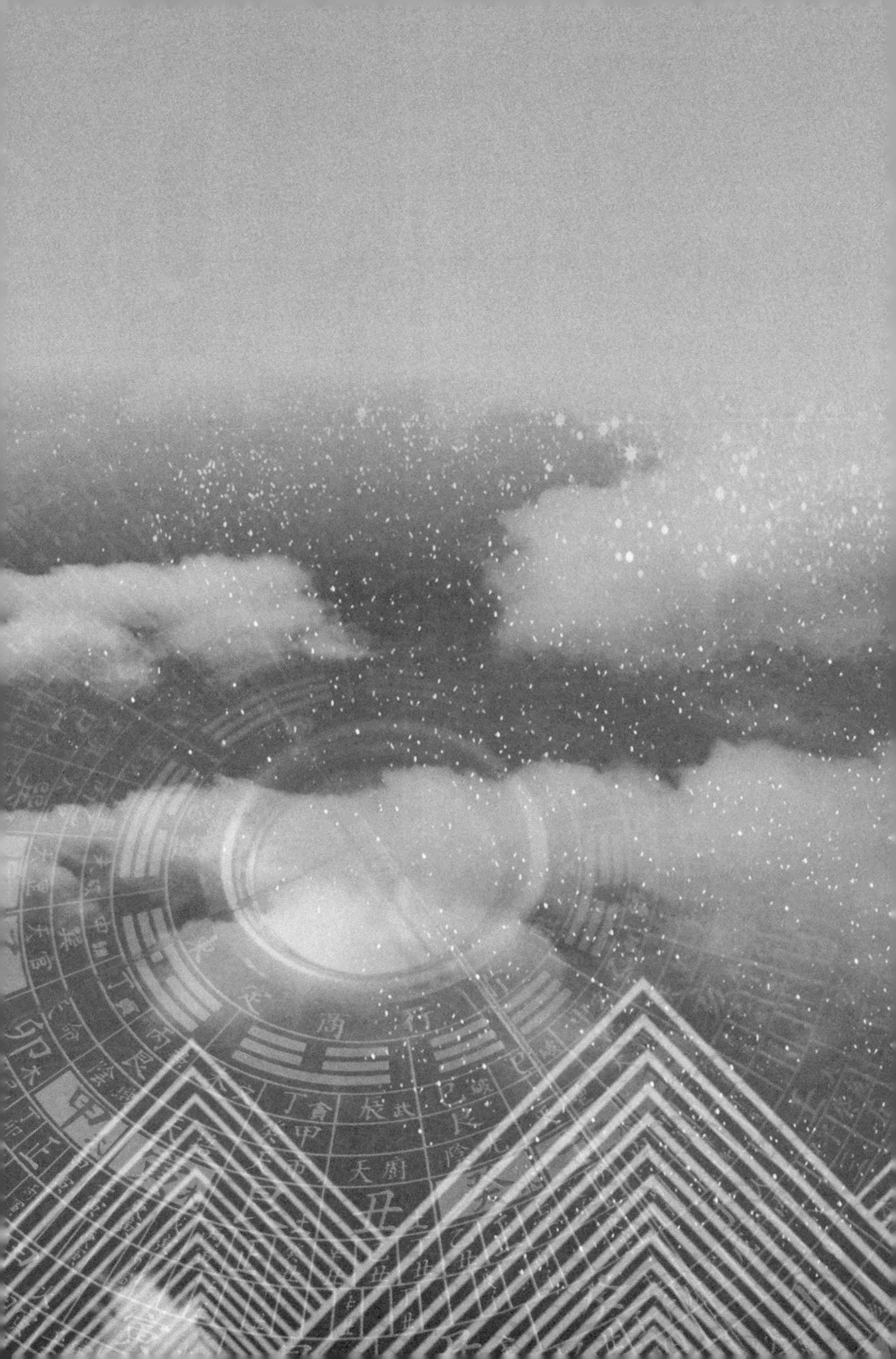

第二章 星辰

1. 十四主星星辰含義

星辰分為十四主星，六吉星，六煞星，及其他若干小星辰，星辰之間彼此作用，相互影響，同時又各司其職，是斷事細節的關鍵。

紫微星

己土，北斗帝王星，化氣曰尊，司爵祿、官祿主、貴星、財星、壽星、同樣有解厄制化之功，主孤論紫微星為北斗帝王星，穩重，有帝王之相，主孤，比較使喚得動人。屬己土，而土落中，居中統帥四方，所以往往也是最重要的一顆星辰。

紫微星在取象代表的層次非常的豐富。紫微星化氣曰尊，司爵祿、官祿主、貴星、財星、壽星，同時又有解厄制化之功。

依人象解，紫微星代表格局層次較高的人，比如領導。

依物象解，紫微星代表量大的財、在公職機構就業的工作，以及整個公司及公司的老闆等。

此處著重講紫微獨坐的情況。

紫微獨坐，必在子宮或午宮，同時對宮貪狼。

紫微獨坐命宮之人，有掌權的特質，同時主孤。其孤僻的特點表現在為人不會主動社交（但是不代表不擅長社交），掌權則表現在其往往可以使喚地動人，同時自身亦容易成為領導，尤其是會到紫微化權的時候。紫微獨坐命宮之人的缺點是自己往往不太愛做事，而喜歡交給別人去做。

遷移宮為貪狼，為擅長社交，但是凶性暗藏。因為貪狼是欲望主和凶星之一，但同時又有解厄制化之功。其表現在為人圓滑，擅長交際，但同時內裏欲望強烈，所以並不似天機的單純善良和天相星的老好人。他的社交動作裏，是帶有明確的社交目的性的，社交的目的往往建立在對方的社交價值基礎之上。

紫微獨坐官祿宮，對事業影響最大，同時也是有利於事業的，其表現在事業中可以掌權，而其工作也往往與政府直接相關，或在體制內工作。此時見生年權為最優，若能同時逢來因宮為官祿宮，則有事業名利步步高升之象。

紫微坐財帛宮。其往往象徵量大的財。但是紫微獨坐財帛宮時，最好能見四化引動，不論是化科還是化權（化科必須是生年科坐生年財帛），都是吉象。若無生年四化，則需要同參飛宮四化來解。

紫微化科落財帛宮，為穩定量大之財。同時紫微屬土，王者之星，沉穩厚重，而科星有計劃性條理性的取象，所以也代表在財務的規劃上具備較好的天賦。

38

紫微化權落財帛宮，代表了掙錢的慾望強，但是掙錢的方式又是穩紫穩打，同時也是相對較大金額的財務的流轉。

紫微獨坐兄弟宮、交友宮、父母宮、夫妻宮和子女宮，其都主要作人象解，代表對應人物的相對格局層次較高，性格偏穩重，且有孤傲的性質。在這裏著重強調一點，交友宮看的往往是關係相對並不親密的朋友比如工作中的同事，同時也可以指代客戶。

紫微獨坐田宅，需要結合生年四化來取資產情況。單獨來論，則考慮對宮子女宮貪狼的情況，代表周邊的桃花相對格局較高。因為貪狼是桃花主，而田宅宮則代表了周邊環境，以紫微作人象解。當然其也代表周邊環境的其他人。

屬性：

1. 紫微屬土。土象主穩重成熟，同時會使得本宮的穩定性及三方的穩定性都得到一定程度的提高。所以紫微坐官祿宮，則代表不太容易產生變動性。若產生變

2. 五行生剋用法。主要用於強調人物關係時使用。同為土象，則代表相處和諧融洽，若為相生關係，則代表被吸引，若為相剋關係，則相處中容易被拿捏且感到不適。

土：土剋水　木剋土　土生金　火生土

動，也當是深思熟慮之後。即使會煞星，也會存在一定的制煞作用，尤其是擎羊、火鈴，且對擎羊，可以化煞為用。

紫微星組合：

紫府：高穩定性組合，全局無空宮。
比如紫府坐官祿會空劫，代表的是工作穩定，但是自由。
紫殺：禦駕親征的皇帝垂向。行事謀而後動，果斷勇敢，有執行力有效率。
紫破：開創性組合。破軍代表破而後立，且不安於現狀，與紫微相合，代表穩中求變。

紫相：天相為中正平和之陽水，紫微為己土，剋陽水。天相為表，紫微為裏。表徵在命宮則代表命主本人長相清秀，為人善良，給人小孩兒的感覺，但是內裏成熟穩重，不貪功冒進，亦不會懵懂無知。紫相格局因福德宮為七殺，隨著時間線成長，前後會相差良多。

紫相＋鈴星＝會有膽小怕事的象

紫相＋擎羊＝小時候外強中乾的小腦斧

紫貪：紫貪與紫相相反，木剋土。紫微為表，貪狼為裏。成熟穩重之外，對萬事萬物抱有好奇之心，喜歡學習，欲望強。紫貪最重要的就是剋制住自己的欲望，如此方能更容易成事。

紫微獨坐：與紫貪類似，因為對宮貪狼，互相牽制影響。紫貪更擅長自我鑽研，而紫微獨坐表徵在喜歡在外娛樂社交之象更多（貪狼坐遷移，但是貪狼化忌另論）。紫微獨坐，福德宮為破軍，表徵隨著成長，殺破

狼的特性會逐漸特性，也屬於穩中求變之象。

紫微星在不同宮位的象義：

在代表人的宮位容易形成助力，也代表老闆，混的相對較好的人。

在代表事的宮位代表穩定、量大。

紫微星涉及的四化：

壬年　紫微權　壬梁紫府武

適合做高端客戶群體及自我提升。

乙年　紫微科　乙機梁紫陰

適合做高端化包裝與呈現，紫微科代表開始，能量比較虛，不一定能見到實際的財與提升。

春夏秋冬論 — 科權祿忌 — 代表事物走向

但是紫微科在人的宮位，可以代表有能力的貴人。

天相星

壬水，陽水，南門正曜星，好人星、衣食之星／漂亮之星、印星、官祿主（專解廉貞之惡的官祿主）

好人星

好人星、雞婆星、喜歡說好聽的話，也喜歡聽別人說好聽的話，善良，主動幫助別人解決困難，就是當他發現會把自己攪和進去的時候，會立即急流勇退。

漂亮之星

天相星坐命宮，命主本人清秀好看。而且命主一般會對衣食比較講究，喜穿整潔、漂亮、舒適的衣服。這裏我們著重提一下，漂亮不等於花花綠綠，而是說天相星的審美，往往是線上的，是大家都覺得舒服好看的。天相對衣服和食品的追求，本質上是對舒適感的追求，所以不一定需要多奢華或者大魚大肉，反而是剛剛好的感覺居多。

女性天相星坐命宮，主個性溫和、端莊聰明、身家清白。

印星

天相坐命宮，無論男女，主聰明、好善、蔭人、有高度的服務熱忱，待人和藹可親，個性幽默。天相星是好人星，又叫雞婆星，會主動關心別人。而且天相星是紫微斗數十四主星中情商最高的兩顆星辰之一，另外那顆星辰是天梁星。相比天梁星的老大哥，天相星更像是開心果，他們更擅長以好玩幽默可愛的狀態去化解社交中的一些暗流洶湧的矛盾。

天相星是會去主動幫助別人，服務別人的。但同時，天相星其實也不喜歡惹麻煩上身，天相星更喜歡過清閒舒適的生活。最典型的特點就是，可能上一秒還在積極主動的做和事佬與調解的工作，下一秒發現事情越來越麻煩，有可能惹禍上身的時候就會急流勇退。

但同樣，因為天相星善良與人親近的性格，若在命宮與夫妻宮的天相星再逢昌

44

曲、左右同宮，尤其是在未宮，則不利婚姻（因為未宮在後天八卦中對應坤土宮，而坤宮是主婚姻的宮位）。

同時天相星也代表要求高，天相會空劫坐官祿宮，代表的是因為要求高，注意工作的體面而不太容易找到工作。

天相獨坐官祿，也代表工作上比較容易交出滿意的答卷。

天相是官祿主

天相是官祿主這個說法其實並不絕對。天相為官祿主，是因為其在十四主星的位置中，與廉貞對應，都可以理解為一國之丞相，不過廉貞是奸相，而天相為忠臣。天相的官祿主，其實主要體現在其可解廉貞星之惡。我們通俗的說法是，天相廉貞是制衡組合，因為廉貞星屬火，而天相水，水剋火，天相是可以壓制住廉貞內心的不好的想法的。

疾厄症狀論

主水相關的疾病，比如膀胱之疾、糖尿病、遺尿等

武曲天相坐申宮並構成邢忌夾印格，則容易膀胱不好，因為申宮在子午流注圖中代表膀胱。

其次若天同忌，也會影響天相星的情況。占驗派認為天同不化忌，所以庚年應該為天相化忌，相互影響。

事物行業論

印信、印章、贗品。動態、漂亮的水，如瀑布、噴水池等；其次也可代表箱櫃、小木屋等。

行業上表示百貨公司、服飾店、餐飲業、上班者職位高（官祿主影響的原因）。

天相與天機星暗害

天相與天機永遠是上下相對的關係。

天相與天機都是服務星，但是天相更側重一對一的服務，天機更側重團隊服務。

天相星的固定組合

天相獨坐

廉貞天相 — 制化組合（水剋火）。

紫微天相 — 紫微穩定天相，也是矛盾與衝突的組合。

武曲天相 — 正義感組合。

天相之父母一定為天梁 — 主天相之仁慈善良，必有長輩照拂。

天相之兄弟一定為巨門 — 主兄友關係必一明一暗（萬物生於有，有生於無）。

天相之福德一定為七殺 — 主成長。

天相之遷移一定為破軍 — 主付出　破軍暗合天機　都屬於管理人際關係的星辰。

天府星

戊土、陽土、南門帝王星，權令之星、財星、庫星、主豐隆之星，相當於一顆化科星。

天府星是權令之星

在此處我們已經學習到兩個權令之星，一為廉貞，一為天府。除此之外，還有一顆權令之星，為紫微星。紫微與天府分屬南門星系與北斗星系之首，為兩顆帝王星。紫微與天府，猶如皇帝與皇后，又好比總統與副總統，而廉貞則是一國丞相，為權令之發行者。若副總統位高權輕則屬備胎性質；若副總統兼行政院長（廉貞天府），或被授權掌管財政大權（武曲天府），則權令之象尤顯。所以天府之權令，關鍵體現在其授權與否。該取象，一般在以紫微立太極，看公司情況下使用。

同時天府坐命，是否有領導人的特質，亦要參考，比如同宮主星見化權，則領導人實質加強，科的細膩裏面增加權的執行力，闖勁不足的缺點也可彌補。

天府屬土，主穩重。

天府為皇后，在命宮代表命主忠厚善良、心性溫和，同時也代表聰明、靈巧、多才多藝。同時因為其土象厚重，所以為人一般也會相對更加沉穩，但是沉穩裏面又多了一份細心。但美中不足是作為南鬥帝王星，往往會自我感覺良好，具有優越感，從而有孤芳自賞、孤傲的心態。

天府為財星，主財庫。

天府之財，體現在財庫。有財有庫，不同於武曲星財庫的掙錢能力，也不同於太陰星的理財能力，天府之財庫，體現在可以積蓄起來，也善於積蓄。其缺點是會煞星過多或者過於自我的情況下，會有點摳門。

天府是一顆化科星

故有解厄制化、延壽之功。且天府坐命之人，且原局沒有其他煞星影響的話，往往脾氣很好。同時因為是一科化科星，所以很有才氣，而且為人條理性，計劃性都

極強。喜會六吉星，屬循序升發之格局。其缺點是喜穩定，而闖勁不夠。

婚姻桃花論

天府星在夫妻宮，是一顆幸運之星。配偶個性溫和、俊美，往往是昔日久別重逢。

疾厄症狀論

天府屬土，在身體主脾胃之疾。天府是一顆化科星，也是一個盒子，代表精神和記憶力。但天府不化忌，唯同宮星辰有化忌之象，會有連帶影響。但具體影響的大小，得同參星辰之間的制衡關係。比如廉貞天府同宮，廉貞星屬火，天府屬土，火生土，天府的性質會加強，此時化忌則需關注記憶力和脾胃之症。

事物行業論

代表高樓大廈、黃金、貴重的物品；天府星戊土也代表地上農作物或畜牧行業如稻子、番茄、豬、牛、羊等。與之相對應，紫微是己土，則代表地下的東西，比如花生和馬鈴薯。

50

同時天府取象皇后、副總統、財庫，也代表國稅局、代書、軍政、秘書小姐等，見廉貞也可取象為電腦。

紫府坐寅 － 對宮七殺

太平盛世，穩中有進，化煞為用

天府坐丑 － 對宮廉貞七殺

四墓地合三合金局，代表穩守之格局，廉貞之火煉七殺之金，反映在高效縝密，而非對外開拓。

武府坐子 － 對宮七殺

三合水局合四桃花地，指代工作的專業性強，對外社交多。

天府坐巳 － 對宮紫殺

三合金局，四馬地，為穩中求進，突破之象 紫微化煞為權。

廉府坐辰－對宮七殺

三合水局入庫，心思細膩，城府深，為相為幕僚。

天府坐卯－對宮武殺

四桃花，三合木局，社交屬性重，內心穩定，社交有鋒芒。

天府之夫妻　必為破軍

天府之父母　必為太陰

天府之田宅　必為巨門

天府之遷移　必為七殺

天府之官祿　必為天相

天府之福德　必為貪狼

天府暗合太陽

破軍星

性不明之星，屬水，化氣為耗。

主開創，破而後立的感覺。

橫衝直撞，破而後立的莽夫。

破軍在的宮位，動的會特別厲害（廟旺的情況會很明顯）。

紫微破軍是翻新格。

破軍三方四正見空劫，則波動性和不穩定性更強。

癸水、陰水，北斗正曜星，性難明之星、主破耗、主禍福、孤剋之星、司夫、子、奴與命理、宗教有關。

破軍是性不明之星

破軍坐命宮，性格捉摸不定，進退反覆不一、不按牌理出牌。不同於天機星的思維跳躍，破軍星更多體現在行為上的突然和跳脫，所以破軍星往往也是大成大敗之

破軍星的跳脫，也使破軍星代表了開創，不破不立，破而後立。但是個性寡合、好勝心強、不服輸，雖不善閒聊，但做事求真與切實，也是成事之局；同時破軍因其性不明，所以也有喜怒不形於色，翻手為雲、覆手為雨，說翻臉就翻臉的情況。而且兼破軍星的報復星，此為破軍坐命的缺陷之一。

所以破軍星坐命者，尤其需要盤中的其他力量去支撐。比如紫微破軍同宮坐命，以紫微之穩重，駕馭破軍之開創，就很好。同理，如果逢凶星、煞星居多，則盤中的凶性會更強，比如逢火星，性不明之象更顯，再逢擎羊，則突然的脾氣爆發中還可能添加肢體衝突。

破軍自化權坐命宮／疾厄宮－命主情緒不穩定，或者有多樣化的呈現狀態，有時候會出現情緒立即變化的情況。

破軍星主破耗

破軍星在紫微斗數被定義為凶星之一就是因為他的破耗性。不管在哪個位置，都有破耗和開創的特性。即使是破軍會生年祿坐財帛，即使收入尚可，同樣代表了開支偏大，只是這種開支更多是破喜財，也就是讓人感到身心愉悅的開銷。

破軍星在疾厄宮，代表身體上的消耗，若會天姚（天姚是風騷之星）和生年權或者生年祿，則需要注意性生活的頻率，不宜太高（破軍在子女宮會天姚也需要注意，因為子女宮是桃花宮位，也是指代性生活的宮位）。破軍星在遷移宮，亦主命主本人會有向外發展的想法，若會破軍權，則想法會更加強烈。如果盤中其他配置給力的話，是很好地開創事業的格局。

破軍星是修行之星

因為破軍星，主破而後立。唯有破必能修，有修必能成，修成正果則返歸先天。故很多高僧大德，以及哲學家，都是破軍坐命宮者。他們的特點是從小不為人理解，但是卻有自己獨立的精神世界，在經歷是是非非之後，從而獲得開悟。

另外，破軍星坐命者，若會文昌文曲同宮，往往有很高的語言天賦。

疾厄症狀論

與腎水有關之症，如陰虧、陽痿、遺精、經水不足、赤白帶……。若破軍星與文昌星或文曲星化忌同宮，則與心律不齊、心肌梗塞、心絞痛、心悶有關。

事物行業論

雜亂的環境，如菜市場、倉儲、雜貨店、囤積物，另石油、瓦斯、遠洋的水、聯結車、貨櫃車、四只腳動物……。

船員、導遊、旅行社、倉儲業、運輸公司、貨櫃集散站、證券商、加工業、命理服務業、屠宰業、軍人……。

破軍坐子－對宮廉相，性不明之象越顯。子午卯酉桃花位，且入三合水局，捉摸不透的感覺會更強，社交屬性也會被打開。

武破坐亥－四馬地＋三合木局／跑動＋社交屬性打開。

破軍坐戌－對宮紫相／四墓地＋三合火局／對宮紫微屬土，土剋水，主收／穩重有放之格局，見火則開創、傳播屬性變強。

廉破坐酉－四桃花＋三合金局／性格略保守但喜娛樂，娛樂環境中顧自己多一點廉貞＋四桃花，代表桃花當旺。

破軍坐申－對宮武相／四馬地＋三合水局／多跑動，為人多了一份耿直真誠細膩。

紫破坐未－三合木局＋四墓地／研究＋社交＋成長＋專案局＋搞事情。

破軍之官祿一定為貪狼

破軍之財帛一定為七殺

破軍之福德一定為天府

破軍之遷移一定為天相

破軍之疾厄一定為天梁

破軍之田宅一定為太陰

破軍與天機暗合

天同星

壬水、陽水，南鬥正曜星，福德主，益壽保生之宿。在神代表土地公，庇佑平安。

天同是福德主

天同坐命之人，個性溫和謙遜，主旨溫文儒雅，不偏激。會生年權，則有奇志。天同論外貌，主眉清目秀，耳朵大，貼臉，如果是女生，則又代表豐滿。天同所代表的福德主，亦是享福之星。見天同祿坐命，一般代表有福可享，也代表命主本人心胸寬廣，萬事不上心，略有懶惰之態。所以天同祿坐命，往往是益女不益男，且容易發胖。天同坐官祿，也代表工作輕鬆，有福可享。天同祿進田宅，有祖輩蔭庇，福氣好。

天同是小孩子

興趣廣泛，博學多聞，卻不能夠專精。多表現在喜文藝，善文墨，但都是興趣愛好，成就高低與否則兩說。天同星也很聰明，腦筋靈活、智力高、本能性的反應快，但是也因為是小孩兒，所以往往會體現出對世俗，對社會的不融入，對一些成人世界規則的不理解，不認可，我行我素。天同化權，不管是坐命宮、還是坐疾厄宮，都會相對更有主見有志向，同時也會表現出自我的特性。但是天同化忌，則會強化偏激與自我的特性，容易憤世嫉俗，且容易誤入歧途。又因為天同是小孩子，在盤中可以取象為年輕人。

婚姻桃花論

天同坐夫妻宮，代表另一半善生，溫和謙遜。如果是男命夫妻宮坐天同，則老婆體態姣美、豐滿、膚色潔白。天同太陰，屬人緣、肉欲、交際桃花兼具；天同巨門，屬肉欲桃花；天同天梁，屬於公關、交際桃花。

疾厄症狀論

肝膽之疾，或膀胱、泌尿之疾。如疝氣、糖尿病、尿頻、腎臟病等。天同化忌坐疾厄宮，需尤其注意這些方面。

事物行業論

天同五行屬水，代表可享福的水，如茶水、菜湯、飲料等。

天同也代表事業福利機構、平價中心、超市、小吃店、自助洗衣店、自助KTV等。

天同也屬服務性質的行業，另醫師、律師、老師、代書等。

天同太陰同宮

太陰星，主感情、波動、學術、藝術、文教、美學。

天同太陰同宮，此生多桃花且異性緣佳，易有感情困擾。且往往以技藝、文教為生，如美工、藝術、室內設計、網頁設計、文教、體制內、外教師等。

會太陰祿尤其適合教師一職。

天同太陰若同在子宮，為水澄桂萼之格，因為水星落水箱（子宮屬水），是為清高的貴格。而且一般是文職，與之相反，若落午宮，則為水火既濟之格，為武貴之格。

天同巨門同宮

主勞碌、是非、口舌。因為巨門是口舌之星、小人之星、暗星、遺棄之星。

天同巨門同宮，適合從事教職、大眾傳播或民意代表或飲食業，能使用掉一部分巨門星的能量，平衡巨門星的缺陷。

天同天梁同宮

天同聰慧，而天梁觀察力敏銳。天同天梁坐命之人，往往深具進退應對之道，思路精細、做事有條有理且有敏銳的觀察力。外表不屬於精明能幹之人，卻往往可以扮豬吃老虎。一般屬於優秀的公關、經紀人才，同時亦具有交際、人緣的桃花。

天同生年權：人生上有相對較高的追求，但是人也會比較固執。

天機星

天機星，屬乙木，陰木，為南門正曜之一。與甲木對比一般屬於矮小的灌木叢。

天機星化氣曰善。

天機星坐命的人，一般都會比較善良，好脾氣。也是因為心地仁慈，如草木一般立於天地之間，遠離紛爭。因為木主仁，也就代表了心地仁慈，所以也多與宗教、命理有關係，天機坐命的人，不僅脾氣好，而且在玄學上也會相對更有興趣，相信因果迴圈，報應不爽的道理。

天機星是教化之始。

故天機星也與學術、教育相關。天機化權落父母宮，進入公職體系做老師的可能性極大。天機化科，在大限命宮走到的時候，如果做老師也會是比較受學生歡迎並且和學生的感情較好的，因為科本身有代表名氣科甲同時也是對學業影響最重要的象。

天機星也代表智慧。

天機星所代表的智慧，往往是和靈巧、技巧直接掛鉤的。天機星的機變籌謀，在小範圍內的快速反應以及思維的旋轉跳躍，都是非常具有代表性的。其缺點是，往往更立足於當下和眼前，而缺乏長期的眼光和戰略視野。

天機星主動。

天機星是動星之一。天機星坐命，外表靜默，但內心性急不穩，思維跳轉非常之快。在物的取象上，天機星為小車。這裏有一個論事的關鍵，當大限遷移宮化天機星忌沖本命的時候，同時疾厄宮也有凶象，我們會斷定出車禍，並且是小車造成的。同樣是因為天機是動星的原因，天機太陰坐田宅，往往也代表了小時候搬家次數比較多，周邊環境一直在發生變化。

— 天機是動星，坐遷移宮，表示喜歡往外跑

— 天機權坐遷移宮，表示在外容易有跌傷、撞傷、碰傷

天機星也是兄弟主。

天機星以人取象，表近親的平輩。以此為引申點，天機星也代表手足、四肢。

若以面相學觀點而言，代表此人眉毛彎彎細長、不濃，尤其天機化科坐命，往往也代表了眉形比較精緻。由以上我們也可以結合宮位取象。比如落入兄弟宮的天機星，其作為兄弟主，代表近親的平輩，而非跨越輩分的人，此時若與其他宮位產生交易，則可論斷事情發生的密的人，沒有兄弟以好朋友而論，此時若與其他宮位產生交易，則可論斷事情發生的人物特點，同樣非常之重要。

同時我們在之前也論述過，化祿其實代表了膨脹，化忌代表了堵塞，化科代表緩解。依次我們結合天機星就可論斷疾病的一些影響。比如在大限流年，天機星見到了三個化科（生年科、大限科、流年科），在身體的現象就可能是手腳無力，若搭配其他星辰見化忌化祿象，則會更加明顯。

天機在疾厄症狀論，主肝膽之疾。同時代表四肢、筋骨或神經系統之症。

紫微斗數對應中醫子午流注圖。子宮、丑宮分別代表了膽和肝。逢大限，當天機星同時見化祿化忌象（比如生年祿＋大限忌，或者生年忌＋大限祿），並且落進了子宮和丑宮時，我們尤其需要注意我們的肝膽問題，若此時再逢天機所落宮位為疾厄宮，則需要更加注意，最好保持定期體檢，並且一定不要熬夜喝酒。這個是因為祿代表膨脹，忌代表堵塞，既膨脹又堵塞，則容易產生凸起或息肉，同時也有可能是腫瘤。祿忌本就性質相沖，落在同個宮位，一般都作雙忌解，故此時應尤其注意。

最後總結一番，天機星的特點，在星座上與雙子座極為相似。跳躍、波動、聰明但是又不乏善良。但是我們也要注意一點，星辰的特性是我們確認方向細節所需要用到的資訊，但是論斷吉凶的關鍵，依然是在四化象上面。同樣的，受到四化的影響和其他宮位的影響，天機星坐命的人也有可能表現的比較木訥和不太聰明的樣子，但內裏思維跳躍的本質並不會發生變化。

太陽星

丙火、陽火，中天鬥正曜星，權貴之星，官祿主，主夫父子，亦是一顆情感波動之星。

責任感強，會照顧別人，有精神追求，身體能量強。

官祿主－太陽之官祿主，是士農工商皆可用 代表權貴。

特別喜歡見化權 進官祿宮、命宮，往往代表事業上升。

尤其是大限官祿宮化權太陽星照本命命宮。

宜男不宜女。

屬火：代表心腦血管、代表眼睛、代表文化（文化這個不全是，文化的五行屬性是木＋火）。

太陽星主奉獻。

太陽坐命者，為人光明磊落，猶如太陽的陽光普照；故其個性公正、博愛、不

拘小節，亦不較是非。喜歡照顧別人，幫助別人，從事公益活動，社會責任感強。但同時也因為其博愛的個性，多中央空調，也會生出許多情感方面的困擾。太陽祿會強化熱情、風險、表現力的實質。女命太陽坐命宮，也有同樣的性質，但因其事業心、奉獻心，以及男人之志，會因為事業或工作的關係多周旋於男人之間，勞碌之命。同時也較易晚婚，小時候像男孩子居多。

太陽是官祿主。

太陽所代表的官祿主，士農工商皆可用。太陽之官祿主，代表了一分耕耘一分收穫，於太陽之下奔波勞碌。太陽最喜做官祿宮，本身能量就極大。見化權則可進一步激發其能量，這也往往代表了在工作中高專業水準，高責任心，以及高位，因為太陽還有掌權的意思。同時太陽化權也代表為了可能從業的方向，化權是精力傾注的地方，比如落父母宮和兄弟宮，父母宮是公職體系直銷仲介等，而兄弟宮則是私人機構等。

太陽是權貴之主。

太陽坐命，也代表了命主本人充滿貴氣。午宮的太陽更是朝氣蓬勃，受對宮天梁之影響，更是責任心爆表，在社交場合都是溫暖大家，照顧大家的角色。若不見化忌，則學業上面往往也是優異居多，多屬於別人家的孩子一類。若命宮再見文昌，則屬於陽梁昌的格局，主貴格，屬於後天努力型。十年寒窗無人問，一舉成名天下知。

因太陽是權貴之主，若太陽坐遷移宮，則當大限命宮或大限官祿宮走到辛干代表的宮位的時候，也就出現大限命宮或者大限官祿宮化權照本命命宮。（這裏大家見之前講過的四化部分，辛干所發射的四化裏面化權為太陽星）此象為大吉，表事業開創、表升遷和社會身份地位的提高，同時也表掌權。體制內或者上班之人，這種升遷叫做炙手可熱，甚至是三級跳、坐雲霄飛車式的升遷。而創業者，事業也會有極大進展，往往表現在名利兩旺。

太陽代表腦部和眼部。

太陽化忌落疾厄宮，需注意眼部疾病和腦部疾病，如高血壓、頭暈、腦瘤、近視、色盲等。同時太陽化忌，也代表心火大，脾氣暴躁，會出現大腸燥結、痔漏、便血等。命宮太陽化祿者，眼睛大且明亮。

若是甲年生人大限命宮走到庚干，或者庚年生人大限命宮走到甲干，都會出現太陽星祿忌同宮之象，這是因為甲天干會發射太陽忌而庚天干會發射太陽祿。如我們之前所說，祿代表膨脹，忌代表堵塞，這對身體是極為不利的。所以走到這個時間段，要尤其注意心腦血管和眼部相關的疾病。落在午宮，太陽能量旺，同時又是中醫子午流注圖中代表心的宮位，則需尤其注意心臟和心腦血管的相關疾病，建議是每年都體檢一次。

太陰星

癸水、陰水、中天門正曜星，主母、妻、女，田宅主，財帛主，感情波動之星，快樂之星、漂亮之星，與命理有關之星辰。

太陰星代表女性

太陰星是中天門正曜，與太陽星對應，在盤中可以代表對命主本人重要的女性，若會生年，則該象會凸顯的更加明顯。太陰星坐父母宮和田宅宮，多代表自己的母親；太陰星坐兄弟宮，除了代表母之外（父母宮之夫妻宮），也可代表兄弟姐妹中的女性角色，比如姐姐或者妹妹，改革開放之後，實行計劃生育政策，現在多為獨生子女，所以很多時候也可指代身邊一起長大的關係特別親密的女性。

太陰星若有生年（祿權科忌皆可）坐子女宮，則第一胎多為女性。

太陰星坐命，即使是男性，也多有女性特質。

女性太陰星坐命，主聰明、博學多聞，溫柔，古典美，有女人味且喜歡留長頭髮。

第二章 星辰

如果說天府代表的女性是端莊的皇后，則太陰代表的女性則是賢妻良母。太陰星同樣也是感情波動之星，快樂之星，所以太陰星是天性樂觀的，柔靜的外表下，會有點好動，若有太陰天機同宮，則好動的本質會加強，進一步加強。其缺點是，猜疑心會比較強。

男性太陰星坐命，個性溫和，語言斯文，但行為舉止會有女人之態。做事情條理清晰，擅長打理家事。而且此生易得女性之緣和女性之助。其次依太陰星所坐宮位，也可以判斷女性在盤中的重要角色，比如坐子女宮，多為合夥人、客戶、學生等，若坐父母宮，則代表女性長輩、領導，若有太陰科坐交友宮，則代表聯繫不多但是相互尊重感情還ok的女性貴人等。

太陰星坐命宮者，是個快樂主義者（見化祿-自化祿或者生年祿）。

如果不見祿，反而是太陰＋鈴星，十惡之格，就不太好了。

宜女不宜男。

太陰太陽星坐命

代表人的思維是呈現中庸性質的,脾氣也會相對較好。缺點就是,容易不堅定,左右搖擺。尤其是在情感中(太陰太陽都是情感波動之星)。

太陰星是命理之星

太陰星心思細膩,對生活的感悟超過其他星曜,尤其適合學習命理,所以也是命理之星。若得文曲星同宮,謂之蟾宮折桂之局,格局高精通命理、五術、格局低則會為九流術士。

太陰星是財帛主

目前為止,我們已經講了三個財帛主,分別是武曲、天府、太陰。武曲星是掙錢的能力,天府是儲蓄的能力,而太陰則是理財的能力。太陰之財帛主,是與其田宅主的能力一脈相溝通的,是善於打理家財。同時有作為古代當家主母,掌管家庭開

支，相容儲蓄、投資、消費等象。

婚姻桃花論

女命主先生個性溫和、細心多情，唯易與異性接觸。

男命主太太溫柔、美麗，但會有猜疑心。

疾厄症狀論

有關血液迴圈疾病，如糖尿病、高血壓、夾心病；同時也是血光之災的象徵。

事物行業論

池塘、湖泊等於水相關的東西；美容、美髮等與美和女性相關的東西；也代表影視界如歌星、傳播公司、KTV等。

巨門星

癸水、陰水、北斗正曜星、口舌之神、是非之星、性不明之星、遺棄之星、暗星、小人星。

巨門星是口舌之神

巨門星是口舌之神，體現在會因口舌而招惹是非。這並不是說巨門星坐命，是愛講是非之人，但往往會因言者無心，聽者有意，而無端惹是生非。

巨門星坐命者，往往口才很好，這體現在需要演講，或者做展示的時候。同樣我們也要區分，口才好並不代表話多，如果巨門會祿存坐命宮，反而有如口含金之態，話不多。與巨門星相似，文昌文曲同樣代表口才極佳。

以此類推，巨門坐命宮、官祿宮，得巨門化權，比較適合做教師、律師、廣播員、調解員、民意代表、推銷員等與口才相關的職業。

需注意的是，巨門星代表口才好，但是不代表會很喜歡說話。

巨門祿存同坐 有人口含金之象 不經常說話 但是說話就會很厲害。

巨門星是暗星、是非之星

巨門坐命者，尤其是巨門忌坐命，喜歡暗中行事，並且萬事不放在明面上。即使飛化忌去代表人的宮位，也不會出現我們常說的黏或管束的情況，以他們的行事作風，往往會暗中關注，或者暗中推動，而不會把自己擺到最表面的位置。所以我們也說，巨門星是是非之星，是與非僅在一線之隔，一個成熟的巨門星坐命者，若會其他侵略性強的星辰或者出現忌出等象，就會很恐怖，因為他們會更加擅長借刀殺人，移花接木，看似居於是非之外，其實處於是非最中間。

巨門之暗星，也體現在暗財、副業。而且巨門的取象為大，所以一般巨門坐田宅、坐財帛、坐官祿，從利上來講都屬於吉象。

一個簡單的例子，巨門化權坐財帛，往往就會有不錯的暗財。這個時候可以結合命宮、官祿宮等其他星辰同參，判斷暗財的來源。同樣的，巨門化權坐官祿，則副

業旺，但是我們之前也說過，巨門星也是口才之星。在這裏其實會有兩種取象，其一代表工作與口舌相關，而且用口舌極多，其次工作環境是非多；其二代表副業旺，工作之餘會有副業。這個時候我們應該如何判斷呢？可以看通過的其他星辰，比如一些代表數量的小星辰，三臺八座，又比如代表多次的小星辰，左輔右弼，又出現主多的四化象，比如祿權，又或者主一現一隱，一前一後的象，比如權科，則都可判定為有副業。

其次，關於副業也可以看夫妻宮，若夫妻宮坐巨門權，多半也代表副業。

巨門星是性不明之星

巨門星之性不明，體現在巨門坐命者，其個性極具猜忌心。對任何人、事、物潛意識都會具有不信任的感受，反而讓人覺得其性格捉摸不透。

巨門星也是遺棄之星

依星辰精氣而言，巨門星乃孤獨之宿。故巨門星坐命者，六親寡合。這裏主要

巨門星是小人之星

巨門星若坐六外宮主人的宮位，容易出小人。但是這個根據我取實盤的經驗，其實並不絕對。巨門代表的不一定是壞人，是非一線之隔，只是他們的處事方式，往往為大部分人所不喜歡。其問題出在，巨門星坐命的人往往覺得自己行事極其隱蔽，不會暴露，但事實是，久而久之，總有被人知道的時候，所以最後都會以小人定義巨門星。尤其是巨門星會忌，其實也有秘密曝光的含義在裏面。

而且具體取象，其實還是得看星辰搭配和飛化，比如天機會巨門，巨門屬水，天機屬木，水生木，天機的良善會被放大，雖然行事風格不變，但是我們不能否定這是一個善良之人。

體現在和父母不親近，或者聚少離多上。

貪狼星

甲木，陽木，象徵高大的樹木，北斗正曜星，主禍福、桃花主、娛樂主、財星、壽星、才藝之星，學習之星、五術之星，也是凶星。

貪狼化權 往往會掌握比較牛逼的技能。

貪狼地劫坐命 代表會從事小眾且競爭力很強的行業。

貪狼主自私 不會為其他人犧牲自己。

貪狼社交能力強 處事圓滑。

貪狼星為桃花主。

貪狼星坐命，欲望強，一生不缺桃花，而且自身極具魅力。是少年時期就能收到很多情書和告白的典範。貪狼星所指代的桃花，是人緣、肉慾兼具的桃花，在古代不宜女命，因為難免會不安於室、主好動、外向、不耐寂寞。貪狼星坐命之人，最需重修心養性，需守身持中，因為貪狼星欲望與魅力兼具，若不剋制，則福禍一線之間，

有可能誤入歧途，敗壞福德，損及自身。若能桃花有所節制，則貪狼星坐命相當於福星坐命宮，有解厄制化之功，主有福、有壽、有財。

貪狼星是才藝之星，也是娛樂主

貪狼星是娛樂主，坐官祿宮，則工作環境多社交娛樂。貪狼星坐福德，本人會善於交際，若不逢化忌，則社交會相對頻繁。貪狼星也是才藝之星，貪狼星好動貪玩，對萬事萬物都抱有興趣，缺點是耐心不夠。坐命宮，則擅長交際，圓滑於事故，好奇心強，缺點是不擅長或無耐心深耕人脈。

貪狼星逢生年權坐命宮，一般都會有特殊技藝，而且能力強，執行力高，可以一定程度上彌補做事情難以深耕的遺憾。

在這裏額外標注一點，貪狼星是欲望主，同樣也是頗具凶性的。不同於天機和太陰的良善，也不同於巨門的陰沉，也不同於武曲擎羊同宮的直接上手，貪狼的凶性更多表現在不妥協、不將就、絕不委屈自己上面。

貪狼星是副財帛主

貪狼星為副財帛主，主偏財。貪狼星坐福德宮，而福德宮為財帛宮之遷移宮，象徵偏財，此時命主本人的偏財就會相對較多。

貪狼星如果入命宮，並在丑未對應的宮位，則為武貪格。若在辰戌宮而貪狼化忌，再逢火星或鈴星，則形成火貪格或鈴貪格，皆為主橫發的奇格，但還是和之前一樣，貪狼所代表的橫發，需要命主本人修心養性，在「守」字上下功夫。

年少橫發並非善事，會導致收入與生活的嚴重不匹配。當橫發之財被消耗掉的時候，會面臨巨大的落差感。所以在這裏警醒各位有橫發之財的朋友，拿到錢不要想如何去消費，而是考慮如何用錢生錢，提高自己的能力和收入。

貪狼星是五術之星

貪狼星之五術，不是學習，而是對新鮮事物的好奇。貪狼喜研五術，因為聰慧，加上是技藝之星，也算是頗具天賦，缺點是邏輯的嚴謹不足，猶如霧裏看花之識。

貪狼星主肝膽之疾

貪狼星屬木，主肝膽之疾，另外也指代風濕、性病、花柳病等，若逢廉貞貪狼同宮落疾厄宮之時，需尤其注意。

依傳統醫學而言，貪狼化忌落疾厄宮，男性需注意腎虧，女性需注意赤白帶之婦女病等。

貪狼星代表高大的木

貪狼星屬甲木，與天機之乙木形成對比，如果天機是矮小的灌木叢的話，貪狼星則為屬木、森林等，亦可取象為橋樑、電線杆、拱橋、庭院燈。在行業貪狼星為桃花主和娛樂主，所以也可取象為娛樂界、出版業、文化事業、棋藝、服裝設計、美工設計、室內裝潢、木器業、婦產科、食品工廠等。

武曲星

武曲為辛金、陰金、北斗正曜星、將星、寡宿之星、財帛主。

武曲為將星，主威嚴和說一不二。

武曲坐命之人，性剛果決，心直無毒，氣量寬宏，做事求速戰速決，這是將星入命使然。武曲星也代表了不服輸的精神和強烈的主觀意識，但是也比較無深謀遠慮。

武曲見化權，會進一步強化這部分的特質，尤其體現在強烈的自我主觀意識上面。強大的執行力以及責任感後面，是固執和不妥協，他們在年輕時候往往難以被說服。

武曲見化忌，忌本來就有壓力阻力的含義，會見武曲，則容易鑽牛角尖，而且壓力過大，此時需命盤中的其他部分去支撐，不然容易在錯誤的道路上一去不返，撞了南牆也絕不回頭。

與此相對應，武曲的直性子和暴脾氣，也會容易與人發生爭執爭吵。同時武曲

的固執以及強烈的主觀意識，是不會輕易妥協的，若此時會見擎羊火星，則易爆發肢體衝突。

武曲為第一財帛主。

主有財，唯須付出勞心、勞力而得之正財。武曲化權，憑自身努力掌權掙錢，掙錢亦都為辛苦之財。若有武曲貪狼同宮，貪狼為副財帛主，也象徵偏財，則一生也會有比較大的偏財。

武曲星取象為執法者。

武曲星是將星，也像是一個執法者。公正不阿，故不太與周邊之人親近，主孤寂。而由此所帶來的精神上的孤寂感也就很常見。具體就表現在，不與普通朋友親近（點頭之交、公司同事等），不願與周邊之人產生太多利益糾葛等。參考我實盤的例子，例如武曲權坐命宮，行至中年，幾乎都是在公司領導，或者在公司內部握有實權的重要人物，在利益上有所避諱也屬正常。同時因為是執法者，所以武曲星其實也是政策

的象徵，武曲祿，政策放寬，武曲忌，政策收緊，武曲科政策人性化、細節化等。

武曲在身體代表肺部。

武曲屬金，身體對應肺。紫占盤論物體取象，武曲加擎羊，可取象為抽煙要用的金屬器具，因為會對肺部造成傷害。同時可引申為呼吸系統相關的疾病，比如感冒、喉嚨痛、鼻竇炎等，會武曲忌落疾厄宮時需要尤其注意。

武曲在事物行業論代表金。

與金相關的有金融機構，如合作社、銀行、稅務、保險公司等，在物代表五金器具，如工廠的機器、工作母機、挖土機等。同時武曲也代表工廠或商店供拜的土地公。土地公分兩種，一種是武曲，保佑賺錢；一種是天同，保佑平安，代表寺、廟宇等。

廉貞星

欽天：丁火　三合：乙木、戊土、丁火。

丁火，陰火，北斗正曜星，司品序制權令之星，官祿主，囚星、官非之星、次桃花主，兼具善惡之星。亦正亦邪之星、情感易波動、系統能力強。

廉貞星是公權力之星。

廉貞司品序制權令。品是公務人員職等分類，九品中正法，也可指現在國家公務員的等級劃分。序代表秩序，廉貞是公權力，也代表內部系統秩序，所以廉貞在取象上代表電子，電路系統等，若搭配天府則可直接取象為電腦等高尖端電子設備，因為天府是盒子。制權令，其實都是公權力以及強制執行力的意思，所以廉貞星也包括國家強制命令、私人公司的人事獎懲管理權等。在取象上，廉貞星又可以代表國家的法律（和秩序相關）、法官、員警、執勤人員等。

廉貞星是官祿主。

廉貞星坐官祿宮，不同於紫微的公職之命，當官之命和太陽的士農工商皆可用。

廉貞星的官祿代表靜態的工作狀態，比如文書、公司上班、老師、公務人員等。

廉貞星坐命，其所代表的系統性，也體現在對複雜事物的學習能力，以及邏輯能力上面。所以會相對更加適合坐辦公室，以及文書策劃一類的工作。

廉貞星化氣為囚

廉貞星是囚星，其囚的特質體現在兩點。第一，指工作的靜態特點，不容易跑動，更容易坐辦公室。第二指官非、訴訟、牢獄之災。廉貞天府會天刑，更容易有被囚的徵兆。但具體是不是牢獄之災，則要結合四化來論吉凶。

因此，若有大運官祿宮廉貞化忌沖本命或官祿宮，則一定需要注意，是容易觸犯公權力，而有官非、訴訟、牢獄之災之象。在這裏補充一點，文昌化忌、文曲化忌、巨門化忌或天刑裏面同宮的主星化忌亦屬於觸犯公權力，但能否成局，則要看宮位之間的交易顯化。

86

廉貞星同時也是次桃花主。

廉貞坐命，皮膚白皙，身材好，女性易顴骨較高，有桃花之美，相對來講欲望也會更強烈。廉貞坐命，無論男女，都代表一輩子有桃花。又因為廉貞星有囚的意味，且是官祿主，桃花更容易在工作環境中遇到。

廉貞星亦正亦邪，兼具善惡，極不穩定。

廉貞坐命，性情硬而浮蕩，不拘小節、不修邊幅，心直口快，好勝心強，情緒不穩定。

廉貞星屬於感情意志並不堅定的一顆星，非常容易被帶跑。會出現見好即好，見壞又即壞的情況。情感上尤屬多變。逢自化祿，所有事情都會往好的地方想，雖有一廂情願之惡，但好在不會影響其他方面。若逢自化忌，則會非常難辦。如果命宮有擎羊火星等，就會很容易演變成手腳衝突，因為所有事情都往壞的方向想，本身又有隨意發脾氣的毛病和凶性，極有可能就會有眾叛親離之感。

天梁星

戊土、陽土、南門正曜星、父母星、蔭星、中康之星、壽星、桃花星。

天梁是父母星

天梁坐命宮，命主的性格會比較像老大哥，是在外會主動照顧別人的類型。天梁生性善良，同情弱小。而由此帶來的，是天梁作為老大哥，想要照顧全場的敏銳的觀察力。所以天梁也是紫微斗數中情商最高的兩顆星辰之一，另外一顆是天相星。而且天梁星為戊土、陽土，所以在性格上也主老成持重。

天梁超高的情商，敏銳的觀察力，以及老大哥的形象，使得天梁坐命者的交際能力極強。在大型聚會的場所，雖非主人，但是卻能穿梭全場，而且照顧周全，深諳進退之道，可以充分展現其交際公關的本能。

也正因為此，很多演藝界的影星、歌星及其經紀人、代理人或公司公關人員，乃天梁星坐命宮者；在戰爭時代，很多情報人員、地下工作人員或線人也是天梁星坐

天梁是蔭星、中康之星

中康之星也就是醫藥之星。與醫藥、醫術、中醫、中藥有關。在這裏額外提一下，巨門星代表偏門，天梁星代表草藥。同時若天梁與天刑等刀子星同宮，則有行醫之象，因為醫生需要用刀子。同時天梁的蔭星，於人的照顧之意象也是和行醫救人的意象相吻合的。

同時，天梁星也可取象為傳統文化。尤其是當天梁坐福德宮的時候。若會見天梁祿，則表示對中醫等傳統文化充滿興趣，具體的興趣方向，可以同參天梁會見的其他主星與小星星。

天梁是蔭星，而父母宮代表對公關係。當天梁星坐父母宮時，其一代表父母中的一方情商高、會照顧人、深諳進退之道，另一方面代表在對公的事業上，容易得到照顧和庇佑。

天梁是桃花星

參照天梁所代表的意象以及天梁坐命者的性格，天梁在社交中是極有魅力的。所以天梁星所代表的桃花為人緣桃花、交際桃花，多出現在社交場合。若會見天同天梁坐子女宮，則社交桃花意象尤顯，但同時會增加更多肉欲的成分。

疾厄症狀論

天梁不化忌，而且是蔭星，坐疾厄宮一般不會出現什麼特別大的問題。天梁本身在身體，代表脾胃、腦、頸。比較需要擔心的是若同宮其他星辰出現化忌象，且星辰之間的關係為相旺的話，則需要注意與此相關的疾病。

事物行業論

醫藥、藥具、大廟宇、大教堂、學校、電信局、高大的植物，如竹子、椰子汁、檳榔樹等。

宗教、醫師、教師、作家、證券商、期貨公司、禮品店、服務業、經紀人、室

內設計、旅行社、調查員、情報人員、公關人員等。

七殺星

庚金、陽金、南門正曜星、大殺神、將星、司門柄掌生死之星、血光之星，主孤剋亦象徵恐怖、黑暗、神奇。

七殺星為大殺神、將星

主性剛果決、急躁、好勝心強、不宜認錯，與人相處呈現寡合之象，故必主孤剋是其特徵之一。七殺星司門柄生死之星，七殺星化氣曰殺，在數主肅殺；若如命宮或疾厄宮，且與擎羊星或陀羅星同宮，就會恐有殘疾之象。

男命七殺星坐命宮

主聰明、有才華、主能幹，好勝心強；唯個性倔強，平時少開口說話，喜怒易不形於色毫無遮掩，故易得罪他人。

主幼年較不順、或家境不好，但能夠養成刻苦耐勞的習慣、白手起家。另這一輩子，尤其是幼年易有外來的傷害，如碰傷、撞傷、跌傷、燙傷……，若羊刃星或陀螺星同宮，甚至於有傷殘之象。

個性急躁，總希望把事情在短時間內完成；唯做事能夠貫徹到底，甚至於寧可錯到底，或犧牲自己亦在所不惜。

有正義感，有敢作敢當的英雄本色，亦有敢愛敢恨的鮮明色彩的特質與作風。

這一輩子對於任何人、事、物、景皆容易有錯失機會、錯失姻緣，甚至於連做夢都有似曾來過的感受。

當然結婚的對象往往不是第一次認識的異性，卻對初戀的情人終生難忘。

女命七殺星坐命宮

與前述皆同，女性七殺星坐命，面部輪廓感清晰，身材性感，會非常漂亮。

宜晚婚，早婚會為對方付出太多，或父母之一持反對意見，或福不全或梅開二度……。

若七殺星與天姚星同宮，入女命命宮或夫妻宮，必主先天姻緣不美；因天姚星是一顆早熟、聰明、桃花之星，與七殺星同宮必然早婚甚而桃花滾滾，若遇人不淑義無反顧，寧願選擇與對方亡命天涯，或為對方墮入風塵亦無所惜，屬敢愛且執著到底；故古書雲【女命福不全或為娼妓之命】。

女性七殺星坐命者應多加強接觸史書琴藝，藉後天的調教與修養，調和其性剛、倔強的個性。另長大成人之後，以其職業的工作性質平衡其本性，亦是良方，如女警、空中小姐、女秘書、女主持人、舞蹈老師、女教官……。

婚姻桃花論

七殺星代表的桃花，往往敢愛敢恨，也容易行事極端，所以最好不要有欺騙隱瞞之事。

疾厄症狀論

肺經之症暴怒行肺肝，咳嗽、鼻竇炎、鼻畜膿等症；若七殺星與羊刃星或陀螺星同宮，易有殘疾之象。

事物行業論

爬蟲類、恐龍、蛇、壁虎、恐怖類的小說或電影，派出所、公共場所、重五金工業……。

軍人、員警、公安、外科醫師、針灸師、空中小姐、女秘書、舞蹈老師、女教官……。

2. 三合中星曜所代表的垂象

紫微：老闆、管理能力

94

第二章 星辰

- 天機：同事、動星、合作能力
- 太陽：表現、推廣、影響能力
- 武曲：紀律、理財能力
- 天同：下屬、學生、小孩、教育能力
- 廉貞：精密複雜、行政流程、規劃能力
- 天府：才華、儲存、保守、包容能力
- 太陰：清潔、過濾、審核、思考、文藝
- 貪狼：欲望、積極勞碌、標準追求
- 巨門：分析、研究、觀察、隱藏、暗
- 天相：服務、契約精神、忠誠、理想星
- 天梁：談兵、謀略、佈局、照顧、管理
- 七殺：決策、決斷力、效率
- 破軍：付出、突破、成長、蛻變的勇氣

3. 星曜之間的暗合關係

廉貞暗合天梁

行政星 主行政關係。

廉貞反叛 天梁傳統 所以廉貞也代表了創意和想像力。

廉貞代表精密的儀器、系統 而天梁代表公關。

太陽暗合天府

才華星 主才華展示 太陽展示 天府收藏。

天機暗合破軍

情誼星 天機代表合作（長久的感情） 破軍代表付出（翻新與消耗）。

天同暗合貪狼

娛樂星 天同代表玩具（靜態、精神欲望） 貪狼代表運動（動態、物質欲望）。

武曲暗合太陰

財星 武曲管外 太陰管內。

4. 其他星辰

文昌文曲星：

口才好 學習好（見化科尤其學習好，但是見化忌學習就會沒那麼好）。

在六內宮代表才華易受認可；

文昌更多代表理科和正途功名；

文曲 代表文科和異途功名 見化忌尤其如此。

天魁天鉞星：

天魁坐命宮 代表命主本人比較高；

天魁天鉞坐在六親宮代表貴人。

左輔右弼星：

代表認可命主，輔佐命主之人；

也取象為多；

左輔右弼坐命宮夫妻宮，代表感情中易有他人干涉，逢科星尤其不吉。

祿存星：

是命中在盤中最在意的點。

同時代表增值（比如投資品升值）。

化祿星：

生年祿、大限祿、流年祿 對比祿存學習。

往往代表從無到有，是虛幻的。

擎羊星：

小人星 增加攻擊性。

擎羊星也是刀子星。

擎羊星坐命 命主本人面部的骨骼有立體感，好不好看結合其他星辰一起論。

陀羅星：

小人星 會比較拖遝 有拖延症 小心眼 原地打轉。

天刑星：

刀子星 代表容易受傷。

代表三觀與世界存在不融洽的地方。

地空地劫：

地空代表想像力，無中生有。

地劫代表求而不得，有中化無。

地空地劫＋祿存 主凶。

地空地劫＋化祿 代表有比較突然的財富 來得快 花的快 主吉的。

火星鈴星：

多代表突發狀況，也代表爆發；

火鈴貪見化祿坐財帛（大限財帛宮），易財富爆發式增長；

鈴星也代表陰沉之星。

太陰鈴星，十惡之格，逢化忌尤其不美，逢化祿可解厄。

5. 一些有趣的星辰組合

廉相 天相制化廉貞 有賊心沒賊膽（陽水剋陰火）。

鈴陀 鈴星想要爆發但是卻一直被陀羅拖延 變成了剋制隱忍組合。

擎羊火星 火星點燃擎羊 一言不合就動手。

三合中對星三方四正會的影響，大限盤最能應事：

左右拱命者 地位高。

昌曲拱命者 提高受承認度。

魁鉞拱命者 會得到很多貴人的提拔。

空劫沖命 會產生動盪力 不穩定。

火鈴煞沖 主容易有緊急突發事件。

羊駝沖命 主有小人。

第三章 四化象

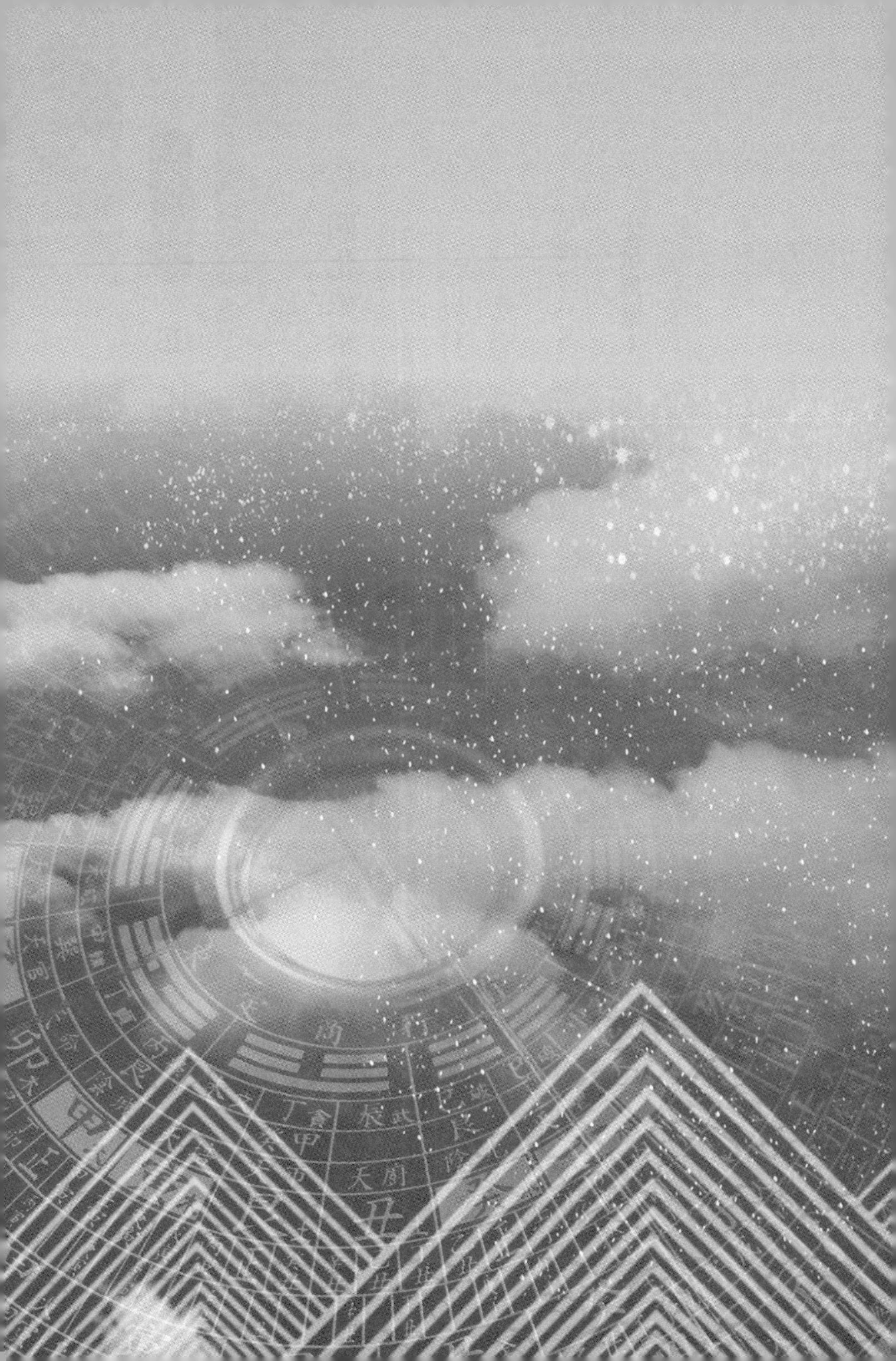

第三章 四化象

1. 四化象來源

定義：是由我們出生年月份的年天干（比如97年為丁丑年，則年天干為丁）發射而出，影響我們的一生，也是能量最大的四化象。而年天干所在的宮位，即為來因宮，為先天四化象之源。

來因宮只有一個，來因四宮是根據來因宮推導而來，有四個。

能量傳遞：

來因宮的天干產生生年四化，生年四化的能量向下傳導，形成自化與視同自化

來因宮　生年祿　產生自化祿、視同自化祿

來因宮　生年權　產生自化權、視同自化權

2. 生年四化象

生年祿

來因宮	生年祿	產生自化祿
來因宮	生年科	產生自化科、視同自化科
來因宮	生年忌	產生自化忌、視同自化忌

因為 能量同源

所以當宮位因自化產生變化時，我們需要同參，生年所在的宮位。

比如命宮有太陰自化祿，需要法象生年祿，去追索事情的起因和同步的內容。

*

十天干：甲乙丙丁戊 己庚辛壬癸。

十二地支：寅卯辰巳午未申酉戌亥子丑　（子丑寅卯辰巳午未申酉戌亥）。

1. 表徵財祿、食祿、福祿，含福報、慧報（落命宮、田宅宮）。
2. 表示人緣好，會強化桃花的性質。
3. 表徵忙碌、隨和、好施捨。
4. 聰明、悟性高、稟賦佳，主有才藝。
5. 表徵增加、增多、指財方面。
6. 有解厄制化之功能，與健康、壽元有關。

在人的宮位：這個宮位是你的貴人，這個宮位的人具備祿的特性；
在本命盤的呈現：脾氣好，忙碌，人緣佳，為人大氣不計較，聰明悟性高。
在大限盤的呈現：運氣好，脾氣變好，人變得更加大氣。

在事的宮位：代表在該事件上舒服的狀態，代表財祿、食祿、福祿，代表增加。
在本命盤的呈現：忙碌、大氣。
在大限盤的呈現：運勢等各方面的增加。

其他派系也有直接把生年四化定義為情緒，而祿指高興。

綜合來看，祿更像是為其所在的宮位添上點睛之筆。這個祿就像是老天爺賞飯吃，可以幫你把其中所在的一個宮位點亮。

然後在這裏我們穿插一個小知識。我在定事的邏輯上，依從的是欽天派的宮象星這個順序。宮指十二宮，象指四化象也就是祿權科忌，而星則指落在各宮位的星，期中主要考慮十四主星的影響。

但是我們也知道，宮象星其解釋往往都是多種多樣的，取相的難度也是由此而來。就是當我們面臨如此之多的選擇的時候，怎麼樣取相才算精准呢？

這裏我不想談類似火鈴貪，府相朝垣之類的東西，我們去看一些原理上的知識，他們是怎麼來的。

回到剛剛的說法，祿的解釋在這裏有六種之多。當其落在不同的宮位應該怎麼

解釋呢？我更傾向於疊加態，也可以說是祿去強化了好的方面。比如說，祿可以代表人緣佳，異性緣佳，含桃花的意味，那什麼宮位是有這種解釋的呢？子女宮和夫妻宮對不對。所以說，當祿落在子女宮和夫妻宮的時候，這種桃花好，異性緣好的相就會尤其強烈。然後我們又說，祿代表聰明，悟性高，對否，以及任何命理邏輯是不可太嚴重脫離物質基礎的，這也就說明，祿其實也強化了你在男女交往上面的情商，因為你情商高，所以你自然異性緣好，桃花好。

所以由此可得，當祿落在不同宮位，自然其強化的象也會不同。例如落父母宮，則主聰明，成績好，以及與父母之間關係好，穩定。自己也會因父母去得到例如錢財事業一類的東西（父母旺你）。落疾厄宮，表徵身體狀態讓你放心，且心態積極樂觀，人長壽。

而當祿落進命宮遷移宮，則可以代表忙碌，隨和，好施捨。

祿落進兄弟宮交友宮，與兄弟朋友關係好，情商高，也有因兄弟朋友來財來事

業一說，即兄弟旺你。

祿落進子女宮田宅宮，落進子女宮表達子女旺你，同時桃花好，異性緣好，情商高。子女宮同時又主合夥人宮位，所以合夥賺錢。祿落進田宅宮，則有資產，尤其是不同產，周邊環境尤其是小時候，會讓你覺得舒適。

但是，我們可以看到，即使這樣，祿落進不同宮位依然可以有很多種不同的解釋對嗎？那怎麼樣去進一步縮小我們的應相呢？這個時候就可以看主星了。

一個很簡單的道理，子女宮可以代表合夥，可以代表桃花，可以代表娛樂，可以代表孩子，可以代表下屬。祿當然可以強化其中的任意一個方面。同樣的，主星也可以代表很多方面，比如貪狼，其是娛樂主，桃花主，交際主，學習主，玄學主，副財帛主。同時也有解厄之星的說法。如果貪狼落進子女宮，是不是我們就能自然的把桃花娛樂主與子女宮代表的桃花娛樂聯繫在一起。這樣我們的取相也就變得清晰。

綜合來看就是，如果貪狼星化祿進子女宮，其主人一定是桃花很旺，且善於悠

閒娛樂的。

這個是一定有的，那能不能有其他解釋呢？也是可以有的，這個就比較複雜了，得看飛化引動。比如子女宮主合夥位，貪狼是副財帛主，也可以代表數額較大的偏財，如果在飛化中引動了官祿宮福德宮財帛宮一類，也可以主合夥得財對不對？這就是我們取象多樣化的源頭之一。

生年權

1. 表徵權勢、權柄、威嚴。
2. 表徵占權、掌權、具領導的實質，坐命宮或官祿宮。
3. 任性、霸道、性剛果決。
4. 主能幹、有才華、含專技、表開創，結合特定星辰的。
5. 爭執、摩擦、亦表徵外來的傷害，如跌傷、撞傷、燙傷。
6. 增加、增值、傾向權力、地位或不動產。

110

在人的宮位：

在本命盤的呈現：霸道、強勢、能力強且自我意識強、代表技能的掌握，代表成為領導的潛質。

在大限盤的呈現：掌權、霸道、代表事業上升。

在事的宮位：

在本命盤的呈現：代表某方面的能力很強，代表某方面的能力掌握。

在大限盤的呈現：代表十年的精力傾注，代表在某方面的上升。

而在其他派系中，也有認為權代表精力傾注的地方，代表把自己的決定權交給了哪個宮位。

綜合來看，精力傾注為因，權勢、權柄、包括事業上升，以及其他各方面都屬於果。同樣的，結出什麼樣的果，取決於在什麼方向上去傾注你的權利，而這個同樣採用疊加態的手法，通過宮位去確定方向，再來決定應象，並最後通過星辰的特點，

去鎖定應象。

接下來我們講講，生年權落在不同宮位，其各方面所代表的不同。

在這裏糾正大家的一個誤區。大多數人看命的富貴優先看祿，但其實祿乃天賜，而命盤是不可脫離物質世界基礎的。打個簡單的比方，你的命不管多好，你做教育機構，你的教育品質特別差，學生你也收了錢就不做事了，那學生也不會幫你宣傳，後續來的人也不會特別多，這個就是底層邏輯。而權代表你付出精力，為之努力的地方，若是落在好的宮位，反而更有利於成就自己。

這裏我們首先瞭解一下權落六內宮的影響，同時權落六內宮影響也會相對更大一點。

權落命宮，為人會比較自我，這裏要注意自我和奉獻有時候是不衝突的。自我指的是絕對不會犧牲自己去完成其他專案，但如果是自己不在意的事情，就還 ok。有個比較有趣的組合就是天同權坐命宮，身主天相，天相好人星，所以命主也是有事

112

就會主動伸以援手那種，但是對於一些特別看重的事，則是沒有討論餘地的。再次，命宮中坐生年權也可以看成屬於原則性很強。而如果會到一些特別強有力的星，比如紫微，其實也主自己能力的上升，技能熟練，以及在工作領域中出類拔萃，會成為領導。

權落疾厄宮，這裏可以當成最在意的東西是追求功名以及自我價值的實現，天同權尤其明顯。若會其他星，例如破軍，則也會主身體上面的消耗，可能與性相關，但是也主事業上的破耗與開創。這裏想說明的是，宮有主題，但是星會賦予一些方面和領域的價值或認知，比如你希望在哪個方面實現自我價值。

權落官祿宮，再加之命宮飛化祿入官祿，命不會差，因為他們在事業上一般會非常努力，而且自我要求也是極高，對應的財自然也不會少。同時和命宮相同，官祿得權，特別是太陽權（太陽是官祿主），事業的攀升速度會非常之快，個人在工作上的能力亦是出類拔萃。權落命宮和官祿宮的人，內在的執行力很強，是適合創業的

權落福德宮，則更加注重自我感受，處事上會更加凸顯自我的作用以及自我可以獲得的利益與價值。因為福德宮同時也是交際應酬的宮位，所以權落在這個宮位的命主，一般也會善於並且會主動積極地社交。同時福德宮是偏財位，會財星，也有善於理財，以及得財之說。

權落財帛宮，精力傾注於財之上，會顯得有些守財奴，在小錢上會顯得有些斤斤計較，因為在他們的觀念裏，錢是要花在刀刃上的。這裏可以提一下，武曲化權坐命的人在中年往後也會有同樣的現象。權落財帛，也是敢掙敢花的意思，在花錢上面不出手則已，一出必然驚人。同時這樣的人，在掙錢的能力上也會相對較強。

權落田宅宮。意味著對資產的追逐以及對家庭環境，以及周邊的環境往往有比較苛刻的要求。同時，這個也代表了不動產。但是因為權落田宅，所以也會容易和家裏人產生爭執。

114

權落六外宮。主在外奔波之象，會吉星或強有力的主星則主升遷，進財，提高，掌權等。同時也會特別注意在外的形象展示。在這裏要根據不同的星辰去細化其應象。

權落遷移宮。主與兄弟之間容易發生爭執摩擦，會想要爭取主導權，但是爭不過。以兄弟宮為主導，兄弟說了算。這裏的兄弟在沒有親兄弟姐妹時，也可以表示是很親近的人，同時在部分時候也可以代表母親。同時也表示兄弟是非常有自我有主見的人，會好的吉星同樣代表了提高與能力強。

權落兄弟宮。

權落夫妻宮。同兄弟宮解自己的配偶。權在夫妻宮，也有奉父母之命或兒女之命結婚的意思，自己在結婚這一層處於偏被動的地位。

權落子女宮。同兄弟宮解自己的子女。同時權落子女宮，也可以代表因合夥得

財，且在合夥中，自身投入精力頗多，多屬於技術合夥或者主要管事人。子女宮也是桃花位和娛樂休閒位，也是說在桃花方面，命主會屬於比較主動霸道之人，而在娛樂方面，會一直有想要娛樂休閒的信念。

權在交友宮。在外會比較聽朋友的。同時也表示和朋友之間會因為爭權而產生摩擦衝突，但是結果往往是爭不過的。這個要結合命宮福德宮和疾厄宮的星來判斷命主的性格。如果是武曲星，就容易有肢體衝突，但如果是天相星，則代表命主脾氣好，往往會直接聽朋友所言。

權在父母宮。父母會比較嚴厲，且父母會決定命主的很多決策。

生年科

代表科甲、科名、功名，也就是學業和名聲；

代表聲望、名望、愛面子、愛惜羽毛，也是一顆念舊之星；

代表聰明、一學即知、博學多聞，主才藝；

*科代表的才藝是軟才藝，一般是藝術等；

與之相對應的權，代表的才藝，則比較硬，比如電工，開車，ＩＴ技術等

主平順、表徵善於計畫；

代表人，尤其是貴人，有解厄制化之功，也與健康壽元有關；

主風度、斯文、風情、珍惜、和睦、主桃花。

在人的宮位：聰明、規劃性、脾氣好、主風度。

在事的宮位：學業好、名聲好。

大限解：利考試、有人進入、主平順和化險為夷。

科的能量在學業中顯得尤其重要，尤其會到文曲文昌化科，坐父疾線和命遷線，學習都是特別好的。即使在其他宮位，文曲文昌科的宮位依然會對學業有所幫助，具體得看飛宮四化。科其實也有重感情，放下執念的含義和消解事情的極端性的功能。

俗話說，物極必反，不管是好，還是壞，太過極端，往往都容易出事，而這個時候落科就會顯得尤為重要。同樣的，我們依然要學會，通過物質世界的事物發展邏輯去剖析化科象的本質。人與事，一體兩面。有時候也是我們平和地心態，不執著，反而促成了事情的成功，以及把壞事變好。

接下來我們還是看看化科象在不同宮位的主要應象：

化科在命宮，主本人學業順利，聰明，重感情，心態好，充滿彈性，同時根據所會的星辰，有時候也會表現出潔身自好、附庸風雅之象。科本身也會提高自身的魅力，所以異性緣也會提高。同時科有解厄制化之效，所以人生的一些劫數，往往也能有驚無險。這裏要注意的是，即使科忌同宮，依然是主學業有成的。只是中間多波折，但是最終結果往往不錯。

化科在兄弟宮。主我和兄弟之間情誼深厚，也表明兄弟的品性如科在其命宮一樣。同時兄弟也是我的貴人，這輩子會助我良多。

118

化科在夫妻宮。視同其為配偶命宮解。女生的配偶會顯得溫柔體貼，男性的配偶善解風情。同時，也標明配偶是我一生之貴人，助我解厄制化。而且科的姻緣類型，往往來源於人介紹。（根據大限流年轉動可能會不同）

化科在子女宮。子女視同命宮解。同時子女宮見四化，則亦主有合夥。但因為化科有享福之意，努力有之，但是卻是剛好適度適中的那種，所以也主得財不多。同時子女宮代表桃花，科是可以代表人的，故也說明有比較有風情、風度的桃花。同時在兩性相處上，會比較有格調。

化科在財帛宮。理財有方。有穩定中等的財入，而且即使遇到財務危機往往也能化解。

化科在疾厄宮。尤其指命主脾氣好。而且身體健康狀態不錯，遇大限忌沖，亦能化解。

化科在遷移宮。有在外遇貴人之意，同時在外的發展有科引動，也會比較平順。

化科在奴僕宮。形容朋友的狀態具備科的特質，有風度，講禮貌，是很好相處的人。也說明了，朋友會是我的貴人。

化科在官祿宮。標明一生順遂，在少年讀書時期，尤指讀書順利。在這裏順帶提一下，官祿宮和父母宮都可看學業。官祿宮指一段時期內的學業狀態以及考運，父母宮則是名聲線，智商線，直接看讀書的成就。同時在未來的工作中，也會把自己安排的比較妥帖，井井有條，而且事業中易得貴人相助。美中不足是化科在官祿，有沖勁不足之憾。

化科在田宅宮。念舊，戀家，家裏是讓自己感到舒服的地方，喜歡在自己家裏躺著享受。同時也代表對居住環境的要求。

化科在福德宮。心態好，沒有執念，一生平順，會享福，人生也會過得閑中有序。

福德宮居於第11宮，在河洛理數中，是沒有10以上的數字的，11會被重新歸位1，而

化科在父母宮。首先標明命主聰明學業好。同時也說明了父母是我此生之貴人，助我良多。同時可以作化科在父母命宮解。

一則為命宮，所以也有說福德宮和命宮本位一體。

生年忌

主變動、變遷、驛馬、動盪不安。

＊看搬家主要看忌。

比如遷移宮忌沖遷移宮。

比如田宅宮忌沖田宅宮。

又比如官祿宮的忌落在六陰宮，尤其是兄友線。

＊疾厄宮若見凶相，就一定要剋制主想到處跑的欲望。

收藏、收束、管束，祿隨忌走，是生年的祿的果位。

虧欠、固執、情誼，你會為這個宮位的人付出很多。

不順、困擾、是非。

凶兆、災厄、死亡。

無緣、緣薄論、表徵人生觀、價值觀、兩性觀、婚姻觀有差距。

本命解：

生年忌代表生年祿的走向，代表命主錢的走向，喜歡把錢花在那個方向；收束；脾氣不好，固執、自私；鑽研精神；堵塞，木訥；

大限解：

驛馬，厄運，災禍，不順，壓力，緣薄。

化忌是整個四化中最重要的一環。很多重要的變動，比如搬家、車禍、離婚、生病都和化忌息息相關。同樣的，人生成就，最終所得同樣也是忌代表的領域。所以在忌的領悟上，生年忌和飛宮忌和自化忌都會出現不同的解釋。而且不同宮位之間的

交易，也代表了不同的資訊。總體來說忌不好，但是人生如果太過順遂，其頂點就不會太高，忌的壓力有時候反而會成就一個人，並把其推向更高的點。所以對於忌，我們要用辯證的觀點去理解它。

接下來我們看看化忌落十二宮的不同解釋：

忌落命宮。主一生多坎坷，有時候是主對外遭遇，有時候也是主對內情緒。同時化忌的人，容易心氣鬱結，也表示心思深藏，不顯於外的意思。忌落命宮，也有愛鑽牛角尖之意，所以此類人，往往在一個事情上往往能走很遠，也耐得住性子，雖有壓力，但是也不缺動力。同時在小時候，如果父母宮和命宮的構造聰明學習好，則也代表其在數理方面的研究尤其有天賦，數學物理會學得很好。

忌落兄弟宮。主我和兄弟之間緣薄。要麼經常分離，要麼在一起久之後相互嫌棄，心中有鬱結不順。同時忌落兄弟宮，也表示我對兄弟，始終有虧錢之感，會用各種方式去補償他。

忌落夫妻宮。同兄弟宮解。而且忌落兄弟宮，往往也意味著緣分中藏有遺憾。

忌落子女宮。同兄弟宮解。同時也說明合夥不宜合夥，不會享受，桃花不太好一說，因為忌也有收束阻礙一說。同時對女性來說，得子產子也容易產生困難。

忌落財帛宮。忌在財帛，賺錢比較辛苦有壓力，但同時也代表有財。同時忌落財帛，逢大限流年轉動，容易有破財之事。

忌在疾厄宮。第一反映這個人的脾氣不太好，比較倔，率性而為。同時也代表了這輩子體質比較弱，尤其是幼年。

忌在遷移宮。出外不順、辛勞難免、事倍功半、容易犯小人。不喜外出，卻不得不外出挪地方。

忌在奴僕宮。我對朋友易有虧欠之感。朋友易成為我人生中的阻力，或者對我不利。具體是口舌，還是身體，或者是錢財，得看星辰和飛宮四化。

忌在官祿宮。事業多變動，變遷，且不喜歡工作，工作起來容易心情不暢快，心氣鬱結。

忌在田宅宮。忌主驛馬，所以會多變遷，小時候會有搬家的現象，同時搬家往往讓命主心情不好。同時在資產相關事宜上面，也容易產生阻礙。但命宮格局足夠高的情況下，忌在田宅，亦有所得藏與自家財庫之意。

忌在福德宮。無福可享。同時心情多鬱結，容易鬱鬱寡歡。也主思想上面難有人想和，不愛交際，所以容易有孤獨之感。身心兩忙，忙碌中也容易產生是非。

忌在父母宮。我對父母始終有虧欠之感。與父母緣薄，會體現在沒有共同語言，聚少離多上面。我的父母的人生也會壓力挫折多一點，不會一帆風順。

3. 雙象解

首先明確，祿忌為一組，權科為一組，具有對立面。當祿忌單獨出現，或者權科單獨出現時，則顯現為兩件事或者兩個人。往往論述的可以是一或者多，但是當祿忌與權科交互時，往

本質關係（盡量先理解成同級關係）：

祿忌為一組 權科為一組

祿權／祿科 - 代表兩件事情／兩個人

權忌／科忌 - 代表兩件事情／兩個人

飛宮科逢自化忌或者生年忌 - 代表原有的不太好，有新的逐漸出現取代。

飛宮權逢自化忌或者生年忌 - 代表原有的不太好，然後突然出現了新的人。

飛宮忌逢自化權或者生年權 - 代表突變，原本就有矛盾有爭吵，進入另外一件事／一個人，引爆了矛盾。

第三章 四化象

飛宮忌逢自化科或者生年科，代表糾纏，原本感情很深，但是有另外一件事／人出來使感情惡化。

在飛宮學中，則要看能量對比大小及演變過程，一般為：

飛宮-自化／視同自化-生年。

祿權

祿權同宮，多表現為再一次。祿在情緒指代開心與收益，同時也代表忙碌，權則為執行力，同樣有忙碌的意思。可以理解成，好的行動會收穫好的結果，而好的結果會促使你再一次行動。故祿權落的宮位，有多的含義。

落在命官財，一般都指多元化的事業觀，跨行業多元化經營，而且收益都不錯。此類一般適合創業。

但是祿權落在夫妻宮，則不美。對婚姻的破壞性極大。一般都會多次婚姻。而

對命主的描述，也可以簡單概括為八個字，「一生多情，次次真心」。具體原因，則可以依星辰和飛化而定。

祿科

祿科組合。祿和科其實都同時表徵了舒服的狀態，令人高興的事情。祿指忙碌，高興、收益，而科的話則代表享受、放鬆、平和。所以祿科的組合往往都不錯，既代表了心態上的平和，又代表了收益，而且不會遭遇大的災難，因為科也有解厄制化之功。

祿科組合落夫妻宮或者子女宮，往往代表的都是有情有義的桃花或者相處很好、圓融情深的對象。即使逢忌沖分手，也會是好聚好散的桃花。

祿科在事業上，往往指輕鬆不累，同時又收益頗豐的職業。而且科又主功名和聲明，所以也有名聲得財，因名得利。比如高級教師、高級會計師、高級醫師，同時如果

第三章　四化象

能與文昌文曲三臺八座組合的宮位交易，往往也會有持續穩定的收入，例如版權費等。

權科

如我們在前文所指。權科為同一組，因為其相斥的特性，往往代表了兩件事兩個人。權科的特性是，「象二數一，一顯一隱，一前一後」，權為顯，科為隱。所以逢大運流年，落在夫妻宮，往往不美。但是落在事業宮位，則又還可。

同時要注意的是，除了組合在一起的含義，分開的含義也要注意。權代表執行力，代表精力所在，也往往代表上升，而科有解厄制化之功，所以往往也有事業上升的意思。

同樣的，落在人位宮，也可以指人物擅長才藝。因為權代表了掌握，學習，技能，而科又代表了興趣愛好和才藝。可以看成興趣愛好發展成了技能，比如設計、建築規劃等。

祿忌

祿忌組合我們一般作雙忌解，主起伏波動大，亦主大凶。祿忌往往也是代表了兩件事的，一件好事，一件壞事，好事在前面，壞事在後面，所以往往讓人難以接受，給人黃粱一夢之感。而且因為祿因忌果，通常情況下，忌的破壞力會更強，所以也導致了這個組合的兇險程度增加。

大限流年，祿忌同宮落入命官財，可以用一句話所概括，「禍兮福之所倚，福兮禍之所伏」，好壞同來，起伏波折巨大，會有天意弄人之感。且如果先天象數為祿忌組合，則必然成局，也就必然應事。

祿忌落入感情宮位，也指感情對待發生大的變化，好壞轉換都因一事而起。

在這裏我們要著重留意一下祿忌的能量對比。如果祿的能量更強，則雖然起伏波折大，最後仍是化險為夷，以好居多。這裏的演算法比較複雜，比較常見的，如果是生年─形同自化─自化─飛化。故如果生年祿和飛化忌或者自化忌同宮，則一

般認為生年祿依然存在，且為最終所得。

權忌

權忌主突變。權忌給人的感覺更像是，精力去錯了地方，然後一錯再錯；或者說權的霸道果決發揮能量，快刀斬亂麻，不給人思考的時間。其帶來的運勢，也是多方向的，可能是好的，可能是壞的。但是大限流年逢權忌，則有應象，則必然主快。

大限流年官祿宮見權忌組合，往往是事業上出現了非常突然的變化。比如說辭職、跳槽、調崗，具體看飛宮四化。

而如果是感情宮位見權忌組合，則往往代表了一段感情的開始或結束。開始就是相見恨晚；結束就是一刀兩斷。

同時權忌也可以代表技能。權代表精力傾注和執行力，而忌有鑽研的意思，所以在技能上往往也會比較專業。但是因為忌的原因，其美中不足是沉迷於自己鑽研，

少了科名，所以往往也是沒有證書的。

科忌

科忌主糾纏，藕斷絲連。科忌在人位上最明顯，主感情深厚，帶有虧欠感，但是舉例太近的相處又會有不舒服的感覺，或者就是緣薄，感情深厚，但是卻要分離，屬於食之無味，棄之可惜。

科忌組合應在感情上，即使分手，也會糾纏不清，而且拖拖拉拉。

科忌組合應在事業上，主上班格。在事業上容易遇到阻礙，雖能化險為夷，但也惹人煩心，而且糾纏不斷。

科忌組合在學業上，則主波折多，但最終結果好。因為科星在學業上的力量是最大的。

132

4. 自化象與視同自化象

自化象

定義：天干飛化剛好落到自己所在的宮位

因為甲天干的四化飛渡為 廉貞祿＋破軍權＋武曲科＋太陽忌

而破軍剛好在甲天干所在的宮位。

我們就說甲天干所在的宮位 有一個自化權。

視同自化象

定義：天干飛化剛好落到自己所在的宮位的對宮

因為乙天干的四化飛渡為 天機祿＋天梁權＋紫微科＋太陰忌

而天梁星，剛好在乙天干所在的宮位的對宮。比如乙宮的對宮坐天梁星。

我們就說乙天干所在的宮位 有一個視同自化權。

簡單運用

自化可以形同一個小的生年四化坐在該宮位。

舉例：

夫妻宮 視同自化權 代表夫妻宮有一個小的生年權。

說明我的對象 執行力強、有主見，如果是天梁自化權，則代表 社交能力強、洞察能力強、公關能力強。

自化代表變化，流年命宮走到，該宮位就會發生變化，是我們尋找應期的關鍵。

＊自化權：在感情中，指代緣起中帶有破耗的性質。

比如大限官祿宮的自化的變化的應期：

當流年命宮或流年官祿宮走到自化象所在的宮位（大限官祿宮）或該宮位的對

自化與視同自化的區別

視同自化在自化的基礎上，它是代表不斷緣起，而且含有輪迴的意思。

視同自化是無中化有。當新的出現，舊的就會消失。

閱讀 - 自化象與視同自化象深入理解

在這裏我們先知道一個基礎概念。在紫微斗數盤中，來因宮與生年四化屬於先天帶來，不可改變，而自化、視同自化與飛宮四化都屬於後天變化與所得。

紫微盤在欽天中認為是一個時空概念。生年四化與來因宮屬於靜態，也就是空間；而自化、視同自化則代表了時間。時空具在，則成局，也是我們找應期的關鍵點。

所以自化與視同自化是紫微斗數學習中的重中之重。

自化像是什麼？自化象從字面意思來講，是天干的飛化正好落在了自己的宮位。比如如果你的武曲星坐在了壬干所在的宮位，這個時候該宮位就有了武曲自化忌。如圖所示的兄弟宮，落在庚子宮，而庚宮的飛化為太陽祿、武曲權、太陰科、天同忌，所以可以看到在該宮有一個指向外的紅色和藍色的箭頭，也就是太陰自化科和天同自化忌。

視同自化象，則被認為是天干的飛化正好落在了對宮。子女宮有一個指向對宮的紅色小箭頭。而在盤中，子女宮所在戊干會發射天機忌，在對宮的田宅宮。此為視同自化忌。而該飛化被看作視同自化忌的原因是，在紫微斗數中，我們認為氣是流通的。對宮與本宮之間會相互影響，也正是基於這個理念，我們才有了祿照主大吉、忌沖主大凶的說法（指定情況下）。

第三章　四化象

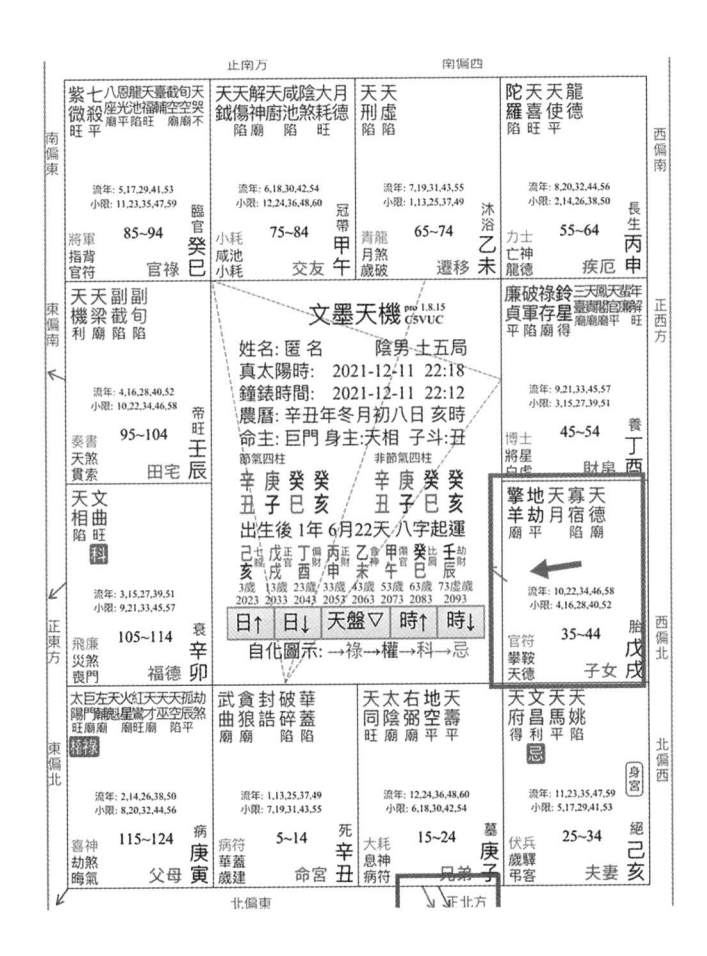

自化象和視同自化象的本源來自哪里？

自化象和視同自化象來自生年四化，而生年四化是由來因宮的天干飛化而出。所以我們在用自化象去分析的時候，要學會法象生年象，表徵回歸因果。而且我們知道，在紫微斗數中，氣是流動的，而且自化象主動。相同自化象和生年象之間彼此有氣串聯流動，故自化是斷事關鍵。

自化象和視同自化象運用

無論是自化，還是視同自化，都可以理解成一個小型的生年四化坐在該宮位。

但不同的是，生年四化是空間概念，是靜態象，而自化和視同自化是時間概念，是動態象。同時，自化和視同自化，都是後天帶出來的。故需要時間走到，加上個人後天行為，才能發生變化。

同時這裏補充一個新的感念，當生年祿同宮或對宮，有自化祿或視同自化祿時，我們認為該宮位祿出，權、科、忌類同。祿出、權出、科出、忌出表徵，力量加強，

第三章 四化象

但是也有物極必反之憂，所以吉凶不論，要依具體情況而定。

當我們去解釋我們的本命盤（本命盤是靜態概念），我們依照 生年四化—視同自化—自化 的概念去解釋。

以此盤為例

父母宮有太陽自化祿和生年的太陽權和巨門祿。

依欽天斷法，父母宮合父母之位，表徵父母的情況。同時也是命主的學習位、文書位和與政府溝通之位。

此處只依人位解（不是在其他地方沒有應象，而是都講太複雜了）。表徵命主的父母得祿得權。祿表財祿、食祿、福祿皆不缺，權表示有技藝，專業能力強，且執行力旺盛。太陽權是官祿主，更表示在事業上一路綠燈，蒸蒸日上，而巨門祿則說明善口舌，且因口舌得財；亦有副業、偏財運旺的意思。祿權的組合，又主多次，故往往不止一門事業，所以也應了巨門在副業的應象。

此時解釋完生年祿，在解釋自化祿。在這裏，生年祿合自化祿，有祿出之相。祿的力量被進一步加強，但也有物極必反之憂。同時祿主動態變化，逢流年走到該宮位，也有命主父母越來越好的意思。

在這裏再次強調。宮、象、星。宮位首重，其次看象，最後才是星。除了生年、

第三章 四化象

四化、視同自化,飛宮象同樣重要,只是非此節重點,所以不詳細解釋。

自化、視同自化與生年四化的關係

沿用上篇,我們知道自化、視同自化來自生年四化。在這個我們可以簡單理解,也就是生年祿是所有自化祿、視同自化祿的老大,同理,生年權、科、忌也是所有自化和視同自化權、科、忌的老大。

自化、視同自化的力量,來源於生年四化力量的分化。

因為力量本來就是同源的,所以氣在彼此之間流動,當自化應象的時候,就需要法象生年。什麼叫法象生年呢?其意思是說,當我們分析出了自化所帶來的變化,而法象生年往往決定了其變化的方向。比如自化權法象生年權,我們需要關注化權的星辰以及所落的宮位,而這決定事物未來的發展方向。

在這裏我們尤其需要關注的就是生年忌的位置。**祿因忌果**,**祿權科忌**,可以看到根據事物的走向,在大部分時候,忌都是果。這也是為什麼,忌落六內宮主大吉的

原因。所有的自化忌、視同自化忌，最後都會法象生年忌。而如果生年忌落在六內宮，則表明人生所得，都給了自己，故主大吉。

與之相似。當大限和流年命宮走到生年四化所在的宮位，所有對應的自化和視同自化同樣會有所反應。此為「萬象歸一」。而這些自化象對應的宮位也會同樣有所反應。

其應該怎麼運用於看盤之中呢？

第一步：首先找到生年四化的宮位；

第二步：找到有自化或形同自化的宮位；

第三步：清楚知道不同自化代表的含義。而自化則意味著時間走到，該宮位就會向這個方向發生變化；

第四步：發生自化的宮位最終會指向生年四化所在的宮位過渡。

142

5. 生年四化象、大限四化象、流年四化象區別

- 生年四化象為體，串聯所有的飛宮及自化，是上天賜予之稟賦，與其他四化象在一起的時候可以直接代表自己。
- 大限四化為個體趨勢，本質是大限命宮的飛化，影響十年的趨勢發展，往往代表事情長期的吉凶，多與大限盤結合使用。
- 流年四化為群體趨勢，所有人同時受到影響，代表流年碰到的人事物，同時也

這是該盤最終的流向。在第三步中有一個重點，是時間走到。一般情況下，我們常用的方式是當大限命宮走到該宮位，自化就會應在這個宮位裏。至於具體應在哪個流年，則要結合一些其他的知識，比如先天象數，或者祿忌組、權科組等去判斷最終的落點，這就屬於特別高階的知識了。

是大限及生年四化象引動量。

在紫微斗數中，存在本命層、大限層、流年層、流月層、流日層。具體取用那個層級來看，其實是取決於你要做的事情的時間維度。如果這個事情的時間是今天做，今天結束，則取用流日層為最佳，如果這個事情的時間是一個月，則取用流月層，同理，以年為維度的事物取用流年層，以十年為維度的事物取用大限層。

生年四化象為最長期趨勢，代表自身擅長，同時可以影響到三層宮位體系-本命宮位、大限宮位、流年宮位。

大限四化象多結合大限盤來看，對流年的宮位同樣具備一定的影響力。

流年四化象，多代表遇到的人事物，既可以代表自身情況，也可以代表其他人，比較適合結合棋盤訣來論。

比如流年官祿宮見到天梁生年祿，可以認為是自己在做自己擅長的事情，並且

工作出色，尤其是在偏文書公職體系方面的工作內容；見到大限祿，則可以認為在這個十年會比較有利於做老師、教育培訓、律師、醫療行業等的工作內容，同時也認為比較容易碰到好的領路人或者老師；見到流年祿，可以認為這一年有比較好的老師和長輩，和自己相處比較開心。

流年官祿宮，見到廉貞生年忌，生年忌代表自我的狀態，所以廉貞忌代表了我的工作狀態屬於壓力大，且比較容易有脾氣，起伏不定的狀態。同時見到流年的廉貞祿，代表雖然做著自己有壓力不擅長的事情，但是最終是有收穫的。

生年祿和大限忌在一起落入大限官祿宮，你覺得怎麼斷。

生年祿，代表我做了自己擅長和喜歡的事情，能夠在工作中獲得正向的能量，大限忌代表十年遭遇上遇到阻礙和不順，環境上並不支持我做的事情。所以最終結果是，大限忌襲擊了我的生年祿，我看似發揮了所長，卻處處受制，所以最終結果是壞的。

第四章

斷命訣與實際運用

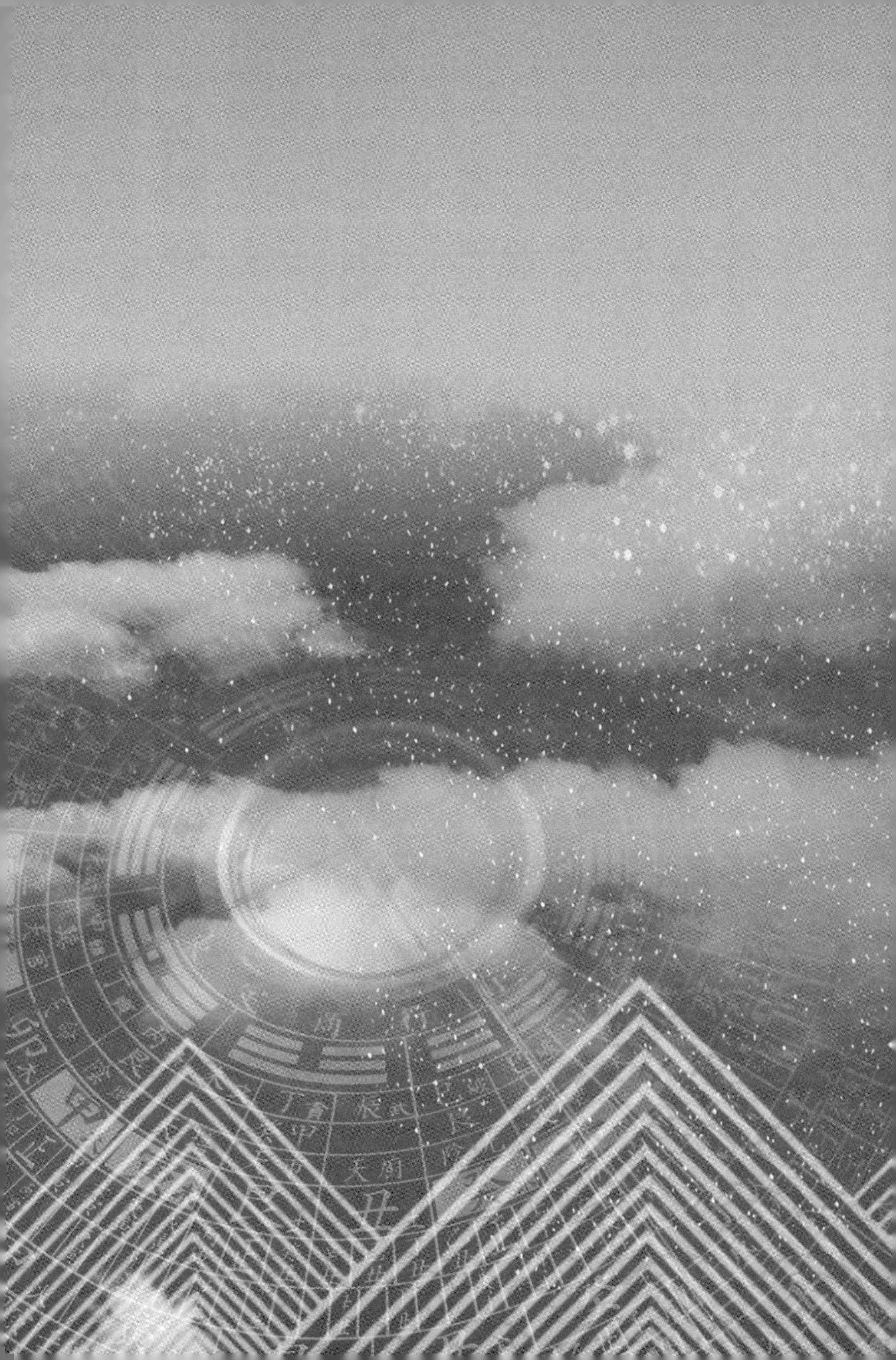

第四章 斷命訣與實際運用

1. 飛宮四化與八大理則

飛宮四化

什麼是飛宮？飛宮是有宮位的天干飛出，落到對應星辰的四化能量。每個宮位都有四個飛化，分別祿權科忌，也代表本宮與其他宮位之間的交易。若落於本宮，則為自化，若落於對宮，則為視同自化。

由天干發射四化

飛宮四化可以串聯不同的宮位

使不同的宮位之間產生交易

天干宮幹	化祿	化權	化科	化忌	簡寫口訣
甲	廉貞	破軍	武曲	太陽	甲廉破武陽
乙	天機	天梁	紫微	太陰	乙機梁紫陰
丙	天同	天機	文昌	廉貞	丙同機昌廉
丁	太陰	天同	天機	巨門	丁陰同機巨
戊	貪狼	太陰	右弼	天機	戊貪陰右機
己	武曲	貪狼	天梁	文曲	己武貪梁曲
庚	太陽	武曲	太陰	天同	庚陽武陰同
辛	巨門	太陽	文曲	文昌	辛巨陽曲昌
壬	天梁	紫微	左輔	武曲	壬梁紫左武
癸	破軍	巨門	太陰	貪狼	癸破巨陰貪

飛宮四化八大理則

1. 互為陰陽說　A宮＋B宮＝合得一個象。祿照或忌沖。
2. 各位陰陽說
3. 本命盤十二宮職之體用對待關係　本命官忌沖／祿照本命官祿。
4. 同類宮職之體用對待關係　大限官祿祿照／忌沖本命官祿。
5. 同類宮職之體用對待關係。
6. 有小歸大碰撞說。
7. 交易象逢伏象，須碰撞說。
8. 交易象逢自化象，須碰撞說。

互為陰陽說

所謂互為陰陽說，是指發射宮位（後文中記作A）與到達宮位（後文中記作B）合為一太極，將兩者看成一個整體，來共同獲得發射的象。比如A宮發射祿入B

150

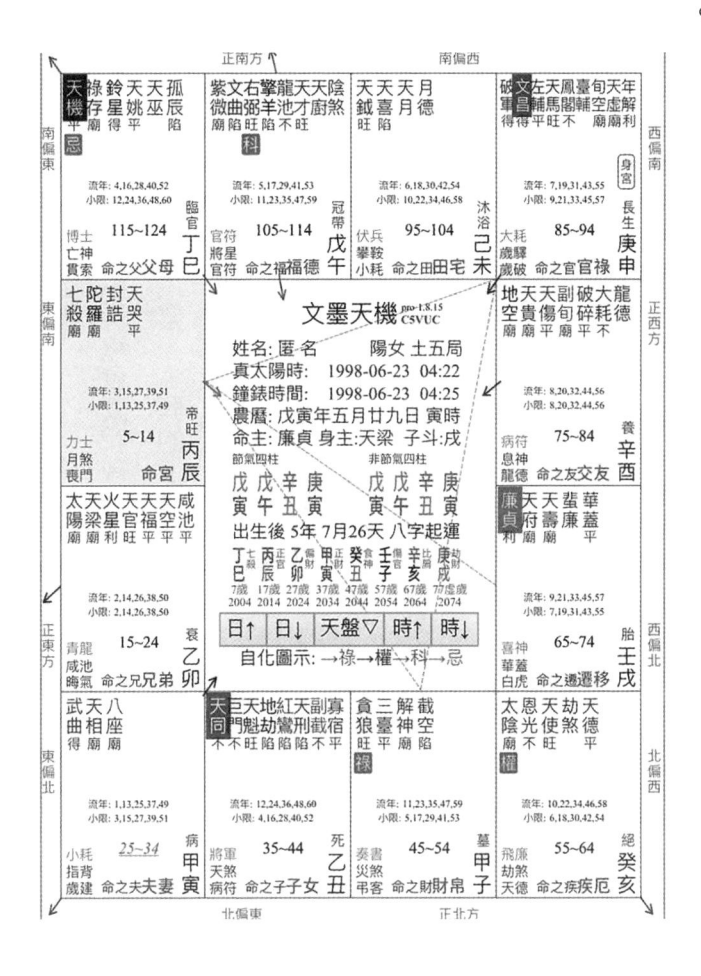

第四章 斷命訣與實際運用

宮立。

則A宮＋B宮＝祿。即，A宮與B宮合參時可得祿。正所謂，宮隨象走，象隨宮立。

祿鈴天天孤 **天**存星姚巫辰 **機**平廟得平陷 **忌**	紫文右擎龍天天陰 微曲弼羊池才廚煞 廟陷旺陷不旺 **科**	天天天月 鉞喜月德 旺陷	破**文**左天鳳臺旬天年 軍**昌**輔馬閣輔空虛解 得旺平旺不　廟廟利 **身宮**
流年: 4,16,28,40,52 小限: 12,24,36,48,60 博士　115~124　冠 亡神　命之父父母　帶 貫索　　　**丁巳**	流年: 5,17,29,41,53 小限: 11,23,35,47,59 官符　105~114　臨 將星　命之福福德　官 官符　　　**戊午**	流年: 6,18,30,42,54 小限: 10,22,34,46,58 伏兵　95~104　沐 攀鞍　命之田田宅　浴 小耗　　　**己未**	流年: 7,19,31,43,55 小限: 9,21,33,45,57 大耗　85~94　長 歲驛　命之官官祿　生 歲破　　　**庚申**
七陀封天 殺羅誥哭 廟廟　平 流年: 3,15,27,39,51 小限: 1,13,25,37,49 力士　5~14　帝 月煞　　　旺 喪門　命宮　**丙辰**	文墨天機 pro-1.8.15 C5VUC 姓名: 匿 名　　陽女 土五局 真太陽時: 1998-06-23 04:22 鐘錶時間: 1998-06-23 04:25 農曆: 戊寅年五月廿九日 寅時 命主: 廉貞 身主: 天梁 子斗:戌 節氣四柱　　　　非節氣四柱 戊 戊 辛 庚　　戊 戊 辛 戊 寅 午 丑 寅　　寅 午 丑 寅 出生後 5年 7月26天 八字起運 丁 丙 乙 甲 癸 壬 辛 庚 巳 辰 卯 寅 丑 子 亥 戌 7歲 17歲 27歲 37歲 47歲 57歲 67歲 77虛歲 2004 2014 2024 2034 2044 2054 2064 2074 日↑　日↓　天盤▽　時↓　時↓ 自化圖示: →祿 →權 →科 →忌		地天天副破大龍 空貴傷旬碎耗德 廟廟平廟平 流年: 8,20,32,44,56 小限: 8,20,32,44,56 病符　75~84　養 息神　命之友友友　**辛酉** **廉**天天蜚華 **貞**府壽廉蓋 利廟廟　平
流年: 2,14,26,38,50 小限: 2,14,26,38,50 青龍　15~24　衰 咸池 晦氣　命之兄兄弟　**乙卯**			流年: 9,21,33,45,57 小限: 7,19,31,43,55 喜神　65~74　胎 華蓋 白虎　命之遷遷移　**壬戌**
武天八 曲相座 得廟廟	**天**巨天地紅天副寡 **同**門魁劫鸞刑截宿 不旺陷陷陷不平 **祿**	貪三解截 狼臺神空 旺　廟陷	太恩天劫天天 陰光使煞月德 廟不旺　平 **權**
流年: 1,13,25,37,49 小限: 3,15,27,39,51 小耗　**25~34**　病 指背 歲建　命之夫夫妻　**甲寅**	流年: 12,24,36,48,60 小限: 4,16,28,40,52 將軍　35~44　死 天煞 病符　命之子子女　**乙丑**	流年: 11,23,35,47,59 小限: 5,17,29,41,53 奏書　45~54　墓 災煞 弔客　命之財財帛　**甲子**	流年: 10,22,34,46,58 小限: 6,18,30,42,54 飛廉　55~64　絕 劫煞 天德　命之疾疾厄　**癸亥**

151

如圖所示，命宮飛化祿入子女宮。所以**命宮＋子女宮＝祿**。由此我們可以分析，我很喜歡和子女、晚輩玩耍，這會讓我感到開心。（子女宮表徵晚輩、子女、學生，天同星是年輕人，祿表徵快樂、高興的情緒）同時子女宮，也是合夥宮位，所以亦有我和年輕人合夥，更容易成功的意思。

命宮飛化權入父母宮。則**命宮＋父母宮＝權**。表徵我被父母管束，且容易與父母之間起爭執（命宮坐七殺，性剛強，尤其如此），尤其是小時候。因為其還有生年忌。所以會始終對父母感到有所虧欠，而且會比較黏父母。

命宮飛化科入官祿宮。則**命宮＋官祿宮＝科**。科主聲名，也表徵命主本人對待事物的態度，同時科還有解厄制化之功。首先講聲名，表明我在事業上往往有不錯的名聲，其次我對待工作的態度是不用強求，做好分內之事。往往不會特別有沖勁，但是規劃會做得比較好，在工作上也不會特別累。最後，在工作上不會碰到什麼麻煩事，一般有遇到，也能化解，這個也可以理解成心態平和的好處之一。

各為陰陽說

各為陰陽說，以氣的流動往來為基礎，認為飛化祿去的宮位，還會影響對宮的情況。因為祿可以流動。假設B宮的對宮為C宮，則當A宮祿入B宮時，我們認為A宮祿照C宮。同樣，當A宮忌入B宮時，我們認為A宮忌沖C宮。

在這裏我們衍生出兩種看吉凶的方法。

第一種，任何宮位祿照本命宮，則主大吉。

第二種，任何宮位忌沖本命宮，則主大凶。

命宮飛化忌入遷移宮。則 **命宮＋遷移宮＝忌**。我不適合外出，外出際遇不佳。同時根據之前所講，此處可視同自化忌。也表示我本人容易鑽牛角尖，內心始終會給到自己壓力，同時因為是廉貞星，所以情緒也會欺負偏大，而且容易悲觀。

命宮與其他宮職的體用對待及本命與大限宮職間的體用對待

講這個之前，需要瞭解一下紫微盤的運作模式。

紫微盤其實是一個鐘錶，本命盤靜態，而大運盤可以理解為鐘錶中的不同小時，而流年盤則是每個小時中間的每一分鐘。根據每個人五行屬性的不同，起運的時間不同。起運，則意味著紫微的鐘錶開始轉動了。而在轉動過程中，每十年為一個大運，每個大運中間單獨的每一年又有獨立的運勢。此為紫微盤最通俗易懂的解釋。

紫微斗數中講究天地人。天地人和，則主大吉。天，就是我們的本命盤，根據我們的出生年月日時排出的盤，是我們的先天。地，則是我們的大運，他代表每十年我們所處的不同環境。人，則是我們的流年盤，反映我們每一年裏面出現的細節。

紫微斗數的本質，就是借助四化象，來貫穿天地人三才，去論吉凶和應事。

在本命盤的十二宮之中，命宮為體，十一宮為用，所以出現其他適合宮位忌沖命宮之相，都主大凶。

本命盤十二宮職之體用對待關係

兄弟宮忌沖命宮

我與兄弟緣薄，往往是獨生子女。

與兄弟之間容易出現矛盾。

夫妻宮忌沖命宮

我與配偶之間緣薄，往往主晚婚，早婚則必離婚或者出現生離死別的情況。

我與的配偶之間存在三觀上的差異，且配偶與我之間易發生矛盾。

子女宮忌沖命宮

我與子女之間緣薄，可能存在結婚很多年都沒有生孩子。

我與孩子之間容易出現隔閡。

財帛宮忌沖命宮

主破財。而且大運走到，很容易家道中落。

疾厄宮忌沖命宮

身體容易生病，具體生病的補位需要看遷移宮所落的方位以及忌沖命宮的星同時也主，命主容易脾氣不好。

奴僕宮忌沖命宮

容易遇小人，遭人暗害。不僅限於朋友，也包括來自一些陌生人的中傷等。

官祿宮忌沖命宮

事業不順，創業易遭破敗。

田宅宮忌沖命宮

田宅化忌入遷移宮，忌沖命宮。表示會經常搬家，家運不好。

福德宮忌沖命宮

無福可享。且出生時或者小時候，祖父祖母之一容易去世。因為福德宮亦是爺爺奶奶宮。

父母宮忌沖命宮

主我與父母之間緣薄。

上司、領導，以及上層容易對我不利。

同類宮職之體用對待關係

在結合大運流年分析，則本命盤為體，大限流年為用。所以當大限同類宮職忌沖本命宮職時，主大凶。

大運夫妻宮忌沖本命夫妻宮，表徵十年夫妻關係出現問題。

大運疾厄宮忌沖本命疾厄宮，表徵十年中身體健康出現問題。

大運遷移宮忌沖本命遷移宮，會四處搬家。

在這裏備註注意下，大運遷移宮忌沖本命命宮時，易出現車禍。

其他宮職出現相沖，與上類同，依宮職職能出現凶兆。

宮職由小歸大碰撞說

首先我們知道，隨著紫微盤起運，大限命宮會順著兄弟宮轉動或者順著父母宮轉動。當命宮落到兄弟宮時，也就意味著這十年發生的很多事情，都會與你的兄弟息息相關。而落到其他宮位，也是同樣的解釋。

其次，當大限命宮羅到兄弟宮時，其他宮位也會依次逆時針轉動一格，形成大限兄弟宮，大限夫妻宮，大限子女宮等等。而大限宮位的本質，就是在以時間立太極之後，掌管這十年你這個宮位的情況，再依此宮的象與星給出詳細解釋。

所以我們在飛化時，要使用由小歸大學說。即大限宮位的飛化宮位的落點，要落點本命的宮位上。也就是說，大限宮位為小，本命宮位為大，在飛化中，要由小歸大。

舉個例子

第四章 斷命訣與實際運用

比如我們現在去看丙宮，也就是大限遷移宮的飛化情況。丙宮的飛化是天同祿、天機權、文昌科和廉貞忌。所以我們就說大限遷移宮分化忌去本命的遷移宮。這裏注

飛化遇象碰撞說

這個是說在飛化到一個新的宮位時，如果該宮本身存在象，則兩者之間會發生碰撞，構成一個雙象組合。雙象組合的具體分析大家可以參考前面幾篇文章。

在這裏，我們的象又分兩種。一種是伏象，也就是生年四化。生年四化為體，即使構成雙象組合，生年四化的內容依然會被保有。簡單理解就是，生年四化的力量是最大的，飛化的過程中，宮與宮產生了交易並且衍生了新的能量，能量之間相互碰撞構成雙象，但是這個能量無法蓋過生年四化的本來的能量。

意，我們說的不是飛化去大限交友宮，而是去本命的遷移宮。同時如果大家對我們上一章節的知識有記憶的話，就知道在這裏其實形成了一個忌沖本命的格局。也就是大限遷移宮飛化忌去本命遷移宮，從而忌沖本命。此主大凶，往往會破大財。大限遷踏本命疾厄，會帶來財富和身體上的雙重打擊。

160

如圖所示，丙宮的大限財帛宮飛化科去本命的夫妻宮。這裏補充一個知識點，就是當達到的宮位，也就是這裏的本命夫妻宮，如果其有自化象，則需兩個宮位上下同參。所以這裏我們準確的說法是，大限財帛宮飛化科去大限兄弟宮與本命的夫妻宮。大家可以看到，這個宮位裏是坐了一個生年忌的，所以雖然科能解忌，但是忌的能量依然最大，還是主凶。

而第二種象呢，叫自化象。逢自化象同樣作雙象解。然後這裏可以給一個能量的區分，生年四化—自化—飛化。所以按照事情發展的順序，同樣是飛化先發生，其次是視同自化，再是自化，最後回歸生年四化。如圖所示，大限財帛宮飛化權去大限福德宮踏本命父母宮，逢自化科，構成權科組合。由動向靜，與父母的關係和交流由財務上的爭執變為平緩珍惜。

象數上倆說，祿忌一組，權科一組，若逢同組，則代表事情必然發生，其次也表徵一件事情的緣起與變化。若為同樣性質的象，比如飛宮祿逢自化祿，則象一數

二、也代表必然有事情發生，且屬於是獲得了2次祿的能量的體現。

在應數的標準上，除了同組，就是先天象數。先天象數只有三種，分別為祿忌、權忌、科忌，且每個人只能有一種先天象數。先天象數表徵在自己的人生中，事情性質的主要構成。

特別閱讀：雙象出現的情況

- 欽天視角
- 生年雙象－能量平級。
- 生年象＋自化象－時空聚在，必有應象。生年主先天之象，自化代表後期的緣起變化。
- 飛宮象＋自化象－兩宮交易，若形成先天象數，則必有應象，串聯兩個宮位，同時也更容易鎖定事情細節。

- 飛宮象＋生年象－兩宮交易，飛宮象為兩宮交易之間產生的變數，生年象為最終定數。

變化路徑－先飛宮－再自化－在生年。

- 三合視角

- 生年象＋大限象－生年為體，大限為用，生年象表徵自我狀態，大限表徵環境。
- 生年象＋流年象－生年為體，流年為用，生年象依舊表徵自我狀態，而流年象代表流年的人事物；
- 大限象＋流年象－大限為體，流年為用，大限為長期趨勢，比如開公司，需要運營多年的，那麼流年的四化可以作為引動的年份來結合分析。流年代表事件，大限長期會擁有的。

為什麼忌出（生年忌＋自化忌）非常不好。

首先明確一個前提，所有的自化都會法象生年，因為我們認為所有自化象的能

量來源是生年象,所以要返歸本體。如果是自化忌和生年忌同宮或在本對線上,則自化忌法生年忌又回到了自己的宮位,而在回到自己的宮位之後,又會逢自化忌,把生年忌的狀態拉破,就更加容易一落在落,陷入穀底。

2. 萬象歸一元

大限命宮走到有生年四化象的宮位,其他對應有自化象的宮位(上下宮位同參)會共振,然後自化象所在的宮位會變好;

生年忌在此也會有萬象歸一元的益處,在事上主收藏、得到。

同時,生年忌帶來的弊端也會同時存在,比如困頓與阻撓。

3. 來因宮與先天象數

首先說來因四宮。來因四宮由來因宮衍生而來。來因宮在欽天派中，認為是人這一輩子所著力的點和要完成的功課和任務，與前世有關。

同時來因宮裏，也蘊藏著巨大的能量。因為是我們要完成的功課和任務，你可以把來因宮比作一個車。從盤上出發，是來因宮的天干發射了命主的生年四化。在這裏補充一個只識點，四化都是由天干的力量發射出來的，而天干就是指甲乙丙丁午己庚辛壬癸，在每個宮位的右下角（文墨天機排盤）。

而來因四宮如何定呢？這裏要用到易經裏的一個知識，叫一六共宗。也就是一六宮位本為一體。其分別為命宮和疾厄宮；兄弟宮和遷移宮；夫妻宮和交友宮；子女宮和官祿宮；財帛宮和田宅宮；然後你會發現，還剩下兩個單獨的宮位，為福德宮和父母宮。福德宮和父母宮對應的數字為11和12，和在河洛理數中認為，超過十的數字，我們只看其個位。也就是1和2。那麼福德宮和父母宮對應的宮位則為命宮和兄

弟宮。

而根據來因宮和其共宗的宮位，以及他們的對宮，也就構成了來因四宮。

舉個例子：

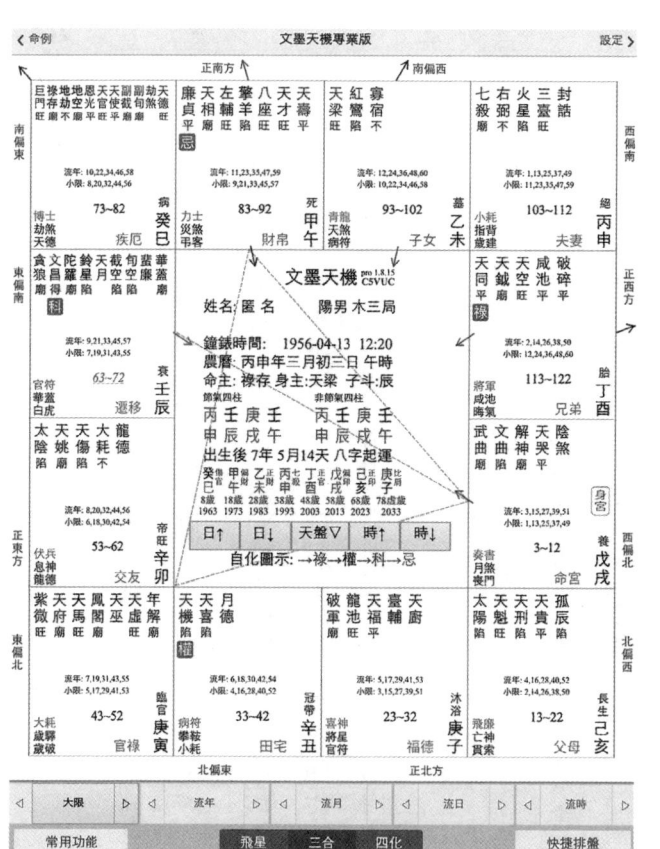

第一步：找到來因宮

如圖所示，此人為丙申年生人。故其生年的天干為丙，那我們只需要在十二宮中找到丙天干對應的宮位，如圖為夫妻宮（夫妻宮這個格子的右下角有寫丙申，我們只看丙就行）。

所以命主的來因宮為夫妻宮。

第二步：找到和來因宮同源的宮位

我們在上文中提到，與夫妻宮同源的宮位為交友宮。

第三步：確定來因四宮

所以來因四宮為，夫妻宮交友宮以及他們的對宮。也就是夫妻宮、交友宮、官祿宮、兄弟宮。

來因四宮為車，生年四化為油。所以若來因四宮主落入生年四化，則主大吉，命主的一生成就會更高一點。

來因四宮的重要性不僅僅是定格局，與命盤的能量發揮也息息相關，所以是非常重要的。

接下來我們講先天象數。

先天象數有三種：祿忌、權忌、科忌。

先天象數決定一個人人生經歷中主要的波折。先天象數在欽天派中，是斷事和斷應期的關鍵。

先天象數的確定方法很簡單。其成立的優先次序為：

1. 在同宮或對宮，形成上述組別之一；
2. 在三合宮或鄰宮，形成上述組別之一；
3. 如果無法分辨，則取十二宮飛宮象形成的組別多者為之。

4. 欽天派能量層級及應事前提

能量層級：

靜態盤：生年－自化／視同自化。

大運流年，逢先天象數，必然成局，則必然有事發生。具體應法，則可以參照在四化組合中講過的祿忌、權忌、科忌搭配的主要含義。

先天象數是人一生的定數，表徵命主在命中所遭遇的事情的主要變化特徵。

先天象數只有三種，分別是：

祿忌：主起伏波動大。

權忌：主突變。

科忌：主糾纏。

動態盤：飛宮四化‐自化／視同自化‐生年四化。

氣流轉在一處。

應事的前提：

如何算是氣流轉在一處。

宮位之間發生了高頻的交易，或者有明顯納氣的跡象，或者體用關係之間出現了明顯的引動。

1. 先天象數引動
2. 同組引動
3. 同類象的高頻引動
4. 同類星辰引動（飛宮逢同類自化）

5. 欽天與三合論事對比

欽天為「時空盤」，為命定論典型，由時間（自化）帶動空間（流年應期），以氣之彙集論事之發生，優勢是可以在盤中快速找到結婚、升職、發財、破財的時間點。

三合為「空時盤」，以空間定垂象，以時間走動帶動事物的趨勢發展及變化，擅長看到事件發展趨勢、事件細節、事件走向。同時，三合也更看重前後之間的聯繫對比。

欽天：

目光集中在宮、象、星。

星是最後來論的，甚至很多情況，我們只研究宮與象。

象則主要是生年四化象、自化象、視同自化象、飛宮象。

疊宮、飛宮象、法象生年形成了宮與宮的交易、象與象的碰撞、而象與象的碰撞預示了變化。

我們認為，

飛宮像是靜態呈現。

而自化主變化，

所以飛宮象遇自化象，時間走到，則容易有事情來應。

三合：

我們的主要著眼點在星辰，並且認為，

同宮或鄰宮（夾／輔祿）—暗合—對宮—三合。

三方四正可以理解成周邊的環境，財官則是最高頻出現的環境。

鄰宮可以理解成左右手 身邊的人。

主要看星辰之間的能量和作用，以及在三方四正的呈現，來論斷事情的關鍵。

這裏需要注意的是，我們需要鄰宮構成雙星夾宮的架構，才可以認為其能量是強於暗合宮的。如果只是單星相鄰，則不可。其原理有二，其一是因為父母宮和兄弟宮，代表了命主身邊最近以及最能直接產生影響的人，見到對星，會讓命主身邊所有人具備相似對待；其二是紫微斗數存在對星的概念，而對星的能量是有1+1∨2的效果的。

紫微斗數中常見的對星以及理解：

天魁天鉞星，天魁天鉞有貴人星，在六吉星之中是層次最高的存在，自帶高級及幫助的象徵。天魁天鉞有兩個經典格局，其一是坐貴向貴格，命遷各有一顆天魁天鉞，是典型的狀元格，代表自己本身有貴氣，在外也容易遇到貴人提攜，從才氣增益的角度講要強於昌曲。其二是太乙拱命格，天魁天鉞在三方見到，代表高頻環境中有貴人來扶持，也是極好的格局。天魁天鉞作為貴人星，若能夾命宮，代表身邊人（父母宮＝領導，父母，兄弟宮＝身邊人及好朋友）易出貴人提攜自己。

文昌文曲星，代表才氣，或者更準確的說，是認可。昌曲夾，則認為身邊人都願意附和自己的觀點及建議。而昌曲本身自帶反覆及週期性的意思，所以換在現代，其實也可以理解為商業互吹的屬性偏多。昌曲有很多用法，比如在疾病中，可以代表慢性病。在和廉貞忌同宮時候，可以代表貸款。在感情中，可以代表糾纏。昌曲喜會廉貞天梁，會廉貞為禮樂格，代表建設性的內容或者一些新的觀點更易被人認可。其本質都是昌曲自帶週期的意思，此時如果是對星來夾，則其反覆性會更強。

左輔右弼星，其代表追隨者。如果說天魁天鉞是高級貴人，昌曲是平級貴人，則左右則是要比自己低一級的。所以，在紫微的格局中，其喜歡見到左右，為君臣慶會格，一個皇帝，是不需要和自己平級以及比自己高級的人的。左右若能夾命宮，其能量強於暗合，可直接抬高命主本人的貴氣，親近之人願意站在輔佐者的位置幫助命主。

化祿＋祿存，其代表了雙祿輔，也是身邊之人同時給予助力且為自己看重的象

徵。

擎羊＋陀羅，擎羊與陀羅永遠夾祿存，同時帶有攻擊和守護的意思。一般認為祿存坐命者，會更看重自我感受，就是因為其被擎羊與陀羅夾命，先天覺得身邊之人自帶攻擊性。

火星＋鈴星，火星與鈴星帶有爆發的象義，同時存在，也可以認為身邊隨時都存在隱患。

地空＋地劫，空劫本身都帶有無限的含義。地空，更傾向於無吉凶情況下的空，既可以是無，也可以是無限。地劫，則是挖空的意思，自帶痛苦、搶奪、競爭的色彩。空劫夾命，更多是表徵在身邊之人都處於會隨時溜走的狀態，無法陪伴在自己身邊。在古代影響很大，現代因為有手機及互聯網，影響就還好。

能量大小層級的劃分：

同宮與鄰宮（輔祿或夾煞）──暗合──對宮──三合

三方四正理解成周邊的環境 財官是最高頻出現的環境 鄰宮理解成左右手 身邊的人。

實際論事中主要看宮位之間的情況：

1. 宮位本身的狀態
- 本宮或鄰宮 — 暗合 — 對宮 — 三合

2. 宮位之間的交易（逢成局時需尤其注意）
- 飛宮交易
- 疊宮交易
- 兩個宮位都有同類自化交易

當兩者都確定之後，我們就可以主次分明的來論事。舉個簡單的例子，如果我們要看事業，可以把用神宮取在官祿，根據時間維度，來確實是選用流年官祿（1年以內），還是大運官祿（偏長期）。其次，看官祿本身的星辰能量，做第一個層次的

176

6. 祿出、權出、科出、忌出

舉例：權出

權出 指 生年權所在的宮位的 本宮和對宮上，有自化或者視同自化。

分析，再根據能量大小層級的劃分，做第二個層次的分析，先分析本宮，在分析鄰宮是否存在吉星夾或者煞星夾或者雙祿輔的情況，鄰宮結束之後看暗合，暗合結束之後看三合。結束掉第二個層次之後，再分析第三個層次，也就是不同宮位之間的飛宮交易或者自化串聯。第三層次分析，可以把不同宮位結合到一起，比如官祿和疾厄宮的交易，就可以直接理解為工作環境的變更，和子女宮交易，就多表徵在合作合夥上面，可以增加事情分析的維度。當然，最重要的，飛宮和自化，具備時間概念（紫微斗數是時空概念，時空聚在，就必有應事），所以是計算應期的關鍵。

出的意思是加強其質，而反其道而行（物極必反的意思）吉凶要重新論斷。

吉凶論斷的簡單方法：

自化所指向的宮位在六內宮還是六外宮。

在六內宮主吉，在六外宮主凶。

忌出毀三光：

忌出的危害性。

其他生年所在的宮位會被破壞。

7. 四鳳三旗兩儀標

無生年，有自化，而且若該宮為自化祿或自化忌，則需同參該宮飛出忌或祿所落宮位來論吉凶。

1. A宮的鄰宮，則代表祿忌的關係是屬於「相欠型」的。
2. A宮的隔宮，則祿與忌成對待關係，可論吉凶。
3. 由A宮順時針或逆時針的第三宮，則祿忌關係為「有變化」。
4. A宮的三合宮，則三合宮的另外一個宮位，可以直接論斷事件和吉凶。

8. 三象一物與四象一元

三象一物，只有三象，生年、自化、視同自化加起來三象（最好是同級別三象），則一人一物，遇見一個人，發生一件事，發成了變化。

第四個像為媒介是發生變化的原因。

三象一物的發生時間：象所落得宮位的本對宮。

發生條件：一個宮位飛出去三個不同的象在一條線上，應象在本對宮。

四象一元,主必然成事,且事情複雜呈混沌,只能通過宮位看事情細節。

9. 在天成象,在地成形

在天成象:代表生年四化象

在地成形:以生年宮位和對宮的飛宮象對生年象進行進一步解釋。

比如:生年忌在田宅宮,則可以用田宅宮和子女宮飛宮忌 忌入的宮位對田宅宮的生年忌做進一步解釋。

10. 反宮忌與太歲入卦

反宮忌:當在子丑寅卯四個宮位時,如果有自化忌,則會出現飛宮忌逢自化忌,

此時忌的力量會被退回到發射宮（也有說是退回到大限命宮），大限命宮及發射宮重疊時代表一定有。

太歲入卦：以所看之人的天干地支去合本命盤。天干四化及地支對應的宮位為命宮來取。

比如97年生人 去合命主的盤 做合盤分析

則97年為丁丑年

天干為丁　地支為丑

天干作四化

地支作命宮

比如01年生人　辛巳年生人

天干為辛　巨門祿　太陽權　文曲科　文昌忌

地支為巳　命宮坐巳宮

11. 氣與理

在所有飛宮象中，逢自化／視同自化 需要法象生年 逢生年，則需合參來因宮。

飛宮象：

由小歸大原則，且逢自化，要上下宮位同參。

大限宮位祿照本命宮位，主大吉。

大限宮位祿照本命宮，主大吉。

大限宮位忌照本命宮，主大凶。

大限宮位忌沖本命宮位，主大凶。

大限宮位忌沖本命宮，主大凶。

飛化應期：

飛化應期在發射宮位或者象所落得宮位 及其對宮。

第四章 斷命訣與實際運用

第五章
棋盤決
（依婷老師所創）

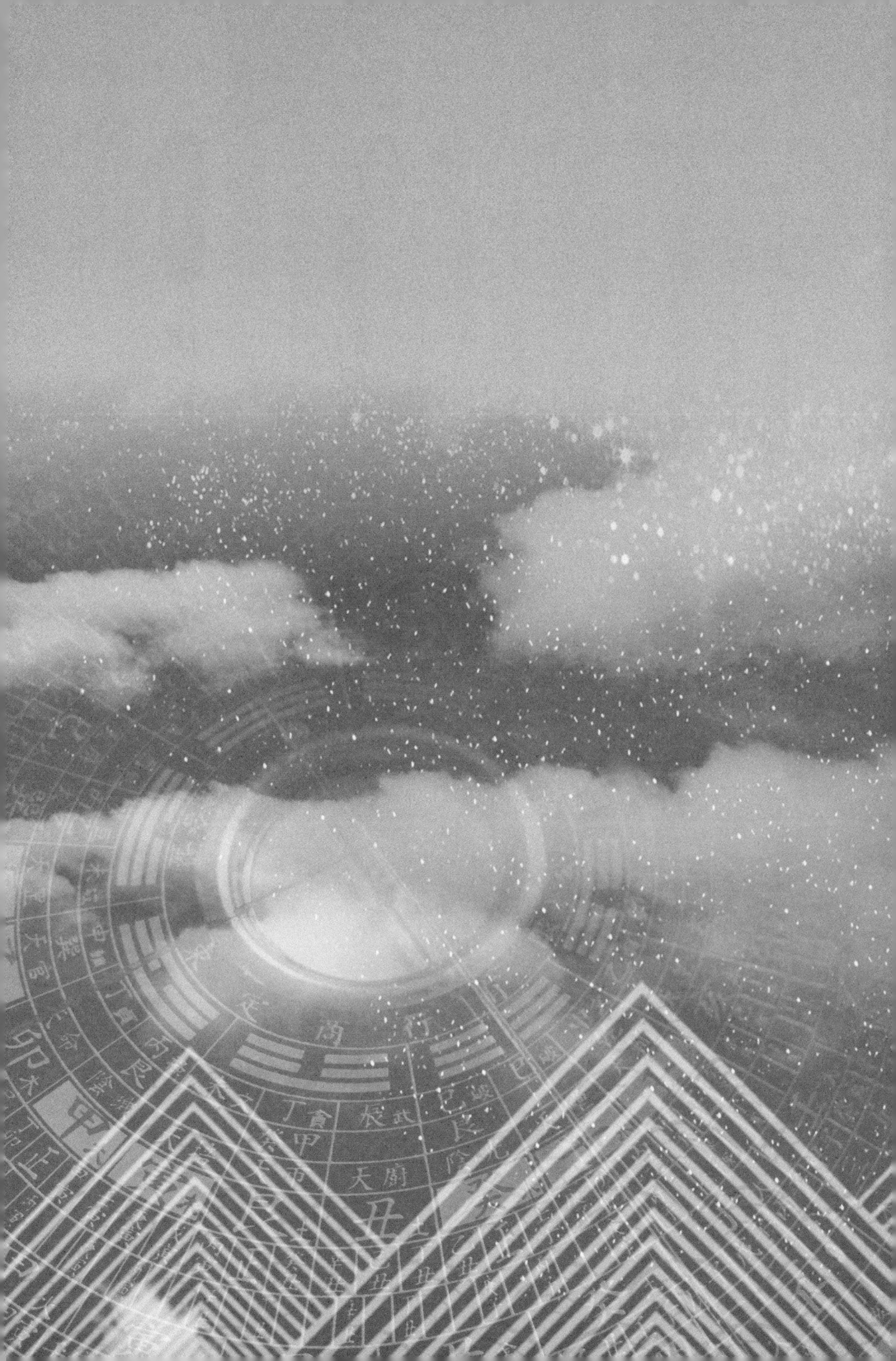

第五章 棋盤訣（依婷老師所創）

1. 棋盤訣的原理

(1) 紫微斗數是全息影像。對內，可以照己身，從這裏我們就衍生出了紫微風水的概念，可以調節家庭內部的佈局，從而改善盤中的忌氣走向。可以看外部環境，比如太陰、貪狼、巨門、天相四顆連接的大方位會有河流。故也可以代表公司環境。

(2) 紫微斗數中不區分人事物，大家都是平等的星辰垂象。在家居風水中，星辰垂象可以代表物，但是在公司環境中，星辰垂象可以代表業務所屬，可以代表不同的人在不同的崗位所扮演的角色，以及在命主的眼中，與命主產生交易所形

2. 紫府盤

(1) 紫府局星辰位置固定。以紫府為核心，其他星辰各司其職。

(2) 星辰各司其職，扮演關鍵位置。

① 紫微天府‐皇帝皇后

② 太陰‐天府星系、居於紫府之父母宮，與天府是姐妹關係。在紫府盤中居於紫府之父母宮，代表在公司裏面的地位是比較高的。太陰星，已經完全熟悉了公司的內部架構與運轉，但是為人處世都比較低調謹慎。坐於該處的太陰星，其實已經厭倦了原本的公司，希望可以走出新的道路，所以會

(3) 棋盤決以紫微為核心轉動。

成的吉凶對待。

在原地學習的基礎上，學習一些其他的東西，期待跳槽或者轉行、轉工作。

③ 貪狼星 - 天府星系，居於紫府之福德宮，落於財帛宮的對宮。貪狼星的垂象：琴棋書畫都會的美女。但是，因為紫府盤的貪狼，首先沒有居於正位（正位指以紫微為太極點的核心崗位），其次貪狼星落於辰戌丑未線，故有才華無法發揮的情況。且在公司裏面，不算受用，故希望可以找到其他的路子來走，具體能否開創需要結合大限盤及整體來論。

④ 巨門 - 天府星系，為紫府之田宅宮，代表了太平盛世中的財庫及一些管道。首先巨門扮演了廉貞和貪狼之間的傳話筒，所以也代表消息四通八達的意思。巨門對公司上下複雜關係的是非都一清二楚，也對公司內外的消息很透徹，故，可以通過這些資訊門路獲得一些機會。

⑤ 廉貞天相 - 坐紫微之官祿。首先流年走到，代表在該年會居於公司中比較重要的部門，然後會做很多重要的事情。但凡流年命宮走到紫微三方（不

第五章 棋盤決（依婷老師所創）

⑥ 包括紫微，因為部分進入紫微會選擇獨立開創），都不會面對被裁員的情況。廉貞天相在這裏為制衡組合，首先靠近巨門，可以通過巨門獲取管道，其次廉貞天相想法上會打架，廉貞有不好的想法的時候，天相會勸廉貞。

天梁-天府星系，坐紫府之交友。代表局外人。天梁與紫微同為領導之星，所以也扮演了紫微之外的高人。一般上是關係手腕較高，但喜歡獨立化的人。最終容易脫離公司自主創業。天梁也代表了紫府的競爭者，存在去挖角懷才不遇的七殺和受到制化的廉貞星出來發展的情況。

⑦ 七殺-七殺在該盤中屬於不得力的位置，因為能力能威脅到領導，所以被外派邊疆，遠離核心，暗示七殺難以靠近老闆。當流年命宮走到七殺的時候，下一步必然會成流年命宮進入天同，天同代表新人，故該七殺容易成為事業變更的關鍵年份。

******** 但是！！！該七殺如果是自己做事情的話，反而代表在該階段，容

易得到貴人的賞識。遷移宮的紫府，代表新出現的老闆，見吉星且不見煞，代表有老闆的社交增加，同樣代表了機會。如果紫府的搭配給力，代表老闆甚至有機會給出財務支持。

啟示：命盤是固定的，但是我們可以根據自己的命盤去調整自己的選擇，以利益最大化。

⑧ 天同 - 紫微星系，紫府之疾厄，代表了公司的新鮮力量。如何評估一個公司是否足夠健康呢？從管理學的角度來講，人力部門是一個公司的根。而天同星，就必然代表了公司的人力部門的架構（因為天同必為紫微之疾厄）。天同星的搭配，代表了新人的品質好壞。

⑨ 武曲 - 紫微星系，紫府之財帛。財庫落於天羅地網位置，代表了財務上的安全。代表事業上容易有提升，自己的能力比較強，做事情的責任心也比較強。

第五章　棋盤決（依婷老師所創）

⑩ 太陽-紫微星系，紫府之子女宮。太陽位於四馬地，對照巨門，也代表了屬於勞動性比較高的位置。喜巳宮，不喜亥宮。（本質上是說太陽喜歡白天，不喜歡晚上，寅卯辰巳午未為白天，申酉戌亥子丑為晚上）

11 破軍-天府星系，紫府之夫妻宮。也是紫府盤上最得力的一個宮位之一。英星入廟格，無論你是在哪個公司，都代表你所在的部門是最耗錢財最重要的部門。坐夫妻也代表了公共的新專案。

12 天機-紫微星系，紫府之兄弟。老闆的身邊人，代表了老闆最得力的助手，和老闆也會走得比較近，甚至會安排老闆的一些私事。

********但是！！！該七殺如果是自己做事情的話，反而代表在該階段，容易得到貴人的賞識。遷移宮的紫府，代表新出現的老闆，如果紫府的搭配見吉星且不見煞，代表有老闆的社交增加，同樣代表了機會。如果武曲星給力，代表老闆甚至有機會給出財務支持。

啟示：命盤是固定的，但是我們可以根據自己的命盤去調整自己的選擇，以利益最大化。

紫微天府的格局為太平盛世之格，每個宮位都有主星在各司其職的工作。

第五章 棋盤訣（依婷老師所創）

2022 年

流年命宮走入紫府，代表事業提升及自我提升。

紫微天府為管理者，命主在該年成為專案的負責人。

流年財帛見武曲雙忌＋擎羊＋雙陀羅，代表錢財上開支很大，且容易陷入現金流不通的情況。

如何論紫府盤走到紫府位置的人：

1. 這個人在今年是比較領導化的，比較自我。

2. 結合流年的象數來論

(1) 比如 2022 年走入紫府，紫微化權武曲化忌，代表錢財上有消耗並且用於自我提升。

(2) 財帛宮武曲忌＋流年陀羅代表錢財上面開銷大、受損，且出現了現金流周轉的問題。

(3) 權利擴大，一般會成為負責人，包括但不限於小組、專案、部門、總經理。

具體成就，需要依照大限的走向來定。

2023 年

流年命宮走到太陰星。

開始學習新的內容，但是新的內容幾乎無法用到工作上。（原因：貪狼落於辰戌線，居於天羅地網位，代表不得力，空有才能，但是不得用）其次呢，貪狼星見雙忌，代表學習上阻力也偏大。貪狼地劫陰煞，帶別學習的內容偏小眾，可能代表學習的內容有玄學色彩。

太陰星的對宮見到天同星，代表會有一部分需要培訓新人的內容，但是新人是給其他人培養的。

2024 年

流年命宮走到貪狼星。

在該年，自己會想要把 2023 年學到的東西拿出來使用，但是會發現有難以發揮

第五章　棋盤決（依婷老師所創）

的情況。且在概念，會與公司的財務部門相對來講打交道比較多（因為遷移宮必為武曲），或者會存在一定的競爭關係。貪狼會地劫代表競爭，貪狼會忌代表競爭中落敗。從細節上看，競爭存在落敗的情況，遷移宮的武曲擎羊，認為對方雖然事情上有支撐，但是態度很不好。

再看細節，我們知道這一年的貪狼居於天羅地網位，才能不得用，其實是有想要走出去的想法的。其次，本身流命的三方見到殺破狼，代表公司本身的工作內容也會多動盪。流年財帛宮見到大限祿流年權，認為命主會採取一定的行動，因為在原本的位置上已經處得非常不舒服了。

對於跳槽或者幹其他的事情，會評估流年遷移宮的三方，以及第二年的流命三方。

評估副業機會：

1. 流年遷移宮見到了祿科組合，且是府相朝垣，紫府朝垣，認為這一年如果有機

會兼職副業，會是不錯的機會。流年財帛見到破軍大限祿流年權，認為這一年是存在機會的。

2. 流年遷移宮三方見到空劫，代表從事主業之外的其他工作，自由度是足夠的。

3. 建議把更多的精力放到副業和其他機會上去。而且能看到，機會的來源應該是父母宮的巨門權，破軍巨門為一六位，你表達想要掙錢的想法，你的領導有管道之後就會和你聊這個。

2025 年

流年命宮走到巨門，居於大限命宮位置，見到巨門生年祿大限權，代表有非常多的得利機會，見文昌忌，代表操作可能上可能存在違規的情況。且因為有大限權的引動，代表命主一定會行動的。

該年份，財帛宮和官祿宮形成了雙祿交流格，代表進財穩定。

如何看副業能否找到？

3. 紫貪盤

1. 以巨門為用神，評估管道能否打通。
2. 巨門見權，代表有行動力，開始去找管道了（非必要，因為有時候管道是別人提供，主動找上門來的）。
3. 評估管道能否打通，以及能否賺錢
   (1) 大限祿搭配流年權，評估認為管道好，能賺錢；
   (2) 大限忌搭配流年權，評估認為管道不好或者找不到管道。
   (3) 巨門生年祿＋大限忌＋流年權，生年祿代表我自身具備尋找到好的管道的能力，大限忌代表環境不支持，流年權落福德，為財帛之遷移，代表我今年會行動，但是結果不好。

(1) 紫貪的背景：桃花犯主格

紫微貪狼巨門，皇帝沉迷美色，不務正業，然後宮中太監當道。

天機太陰，其實是大臣和後宮的妃子有勾結的意思，需要同時服務皇帝和皇后

兩個領導。

天府，皇后星，對皇帝失望，自己忙自己的去了。

太陽，下麵要伺候武破，上面又不能讓天府星失望，自身會過得比較累，然後就會想跑。

天同，上梁不正下梁歪的典型，比較害怕碰到煞星。

廉貞七殺，奸臣與將軍勾結，隨時可以自立門戶。

天梁，上承七殺，下接天相，情商非常高，可以周轉於不同人之間，有時也表徵周轉在黑道白道之間。

天相，坐巳宮四馬地，為忠誠，在紫貪的架構裏面，是紫貪是福德，天相也會想要去勸誡皇帝，但是最終往往都會失望退場，並且選擇自己開創。天相的開創會比較偏向舒適度、奢侈品這個行當。

基於紫貪棋盤決的背景，隨著流年命宮的轉動，會呈現出自身角色的變化。

添加四化象的吉凶關係，代表了我在變動中的各種吉凶論斷。

第五章　棋盤決（依婷老師所創）

在這裏，基於三合盤的四化象基礎，我們添加了欽天派關於飛宮學的吉凶理論，認為飛宮中氣的流動亦可以主吉凶，並且能夠更清楚地看到，在大環境中產生交易的宮位。

1. **2022 年**

流年命宮走到天機太陰

自己在今年碰到天機太陰這樣的人。天機祿,代表和朋友處的不錯,太陰忌代表和母親及女性處的較差,比較容易出現心裏比較壓抑的情況。

流年命宮踏大限子女宮,認為客戶中的女性是對自己不利的。

子女宮的武曲忌暗合如命宮,我們子女宮是有雇傭關係和合作關係的人事物,武曲星除了代表人還可以代表律法星,也認為在合作中容易受到各種規章制度的制約而無法順利推進。

天機太陰以紫微為用神來看,居於紫微貪狼之兄弟宮。

所以從天機太陰的角度來看,我的老闆不靠譜,因為紫微貪狼代表我的老闆沉迷自己的愛好,不務正業,就容易給人不靠譜的感覺。(紫微見權則認為不靠譜的感覺會減弱)。

第五章 棋盤決（依婷老師所創）

因為該盤的紫微貪狼見雙權，且三方見空劫。代表我是沒有辦法抓住我老闆的行蹤的，但是我老闆對我的管制又比較大。

天機太陰坐四馬地，對領導不滿意，就會想要隨時跑路。而且會約著同事一起跑路。

另外一個方面，天機太陰坐四馬地，自身的跑動也會比較多一點。

2023 年

流年命宮走到紫微貪狼。

在棋盤決中，紫微星為用神，代表了最高統治者。故，流年命宮走入紫微的宮位，我們認為命主比較容易成為某一個專案的負責人或者成為部門領導或者升職。

從欽天角度的來看，升職有象，但是象數不算特別強。

其次論三合運勢，三方見大限祿權科，支持度很高，故認為事業上發展順利。父母宮

見巨門權，代表領導有操作，但是審核上面並沒有開綠燈，只能說五五開。

三方沒有見到特別多的人的垂象，所以即使事業上有提升，但是也不多。

父母宮為巨門，代表領導可能在給自己畫餅。自己命宮走到紫微生年權，與父母宮的巨門權形成暗害，就會有競爭的情況出現。

紫微貪狼忌，本身也代表自己不務正業，開始把重心放到其他的事物上面。命主需要注意的是，今年年末可能會存在有離職的象。

流年命宮三方見空劫，認為會處於比較自由的狀態。對於上班族而言，就比較容易出現想要離職的象。因為24年剛好又到了事業產生非常突然的變動的時間點，故我們認為23年年末有離職創業的垂象。

為什麼是創業？

貪狼地劫，代表愛好創業，三方見空劫，代表從穩定狀態進入自由狀態。

第五章 棋盤決（依婷老師所創）

流年命宮進紫微星，也可以代表自我創業。

假設玄學創業，那麼請問能否創業成功？

評估：能成功。玄學的用神會放在貪狼上面，這個時候需要去評估貪狼的三方。

可以看到貪狼的三方見到了三奇嘉會和紫微生年權，故認為主吉。

其次，論斷客戶數量，以交友宮為用神。這裏可以看到交友宮的三方是見到了左右+三八，認為數量上的支持度是夠的。

建議：可以以自媒體（創新創意）為通路打開管道。因為廉貞得大限祿，代表創意受到肯定。

2024 年

流年命宮走到巨門，代表會鑽研管道。

因為巨門與紫微始終存在暗害關係（其實也就是競爭關係），故當流年從紫貪

轉出來的時候，會代表巨門放棄或者被迫放棄團隊中的領袖地位。

也代表說，巨門在放棄領袖地位之後，有投注更多精力到自身愛好之事上面，並希望改變工作現狀。

同時也能觀察到，24年有錢財受損之象。主要體現在社交破財，自己主動且衝動算出去了。

遷移宮見到天同，也代表在這個階段會比較容易遇到一些新人。

補充：

流年命宮走到棋盤訣的位置，認為是自身角色的更替演變。

大限命宮走到棋盤訣的位置，認為是自身周邊的環境以及自己會遇到和逐漸成為的人。

4. 紫相盤

紫相的背景是挾天子以令諸侯，是說的胡亥和趙高時期的故事背景。在論事上和命主的人生選擇上，多用於講從舊環境突破出去的故事（比如革命比如朝政更迭）。

紫微天相 – 皇帝命宮

位於天羅地網之中，同時見天相，所以有挾天子以令諸侯的意思，也代表該皇帝缺乏主見，或者說比較偏細心，會去詢問其他人的意見。也代表在該盤中，我們去鎖定最高話事人的時候，會發現有兩個，分別為紫微星與宰相天相星。也代表去詢問老闆建議時，老闆還需要參考另外一個人的建議。

紫相見到大限擎羊和流年擎羊，都代表要更換領導的意思。

武曲天府 - 紫相之財帛

武府為得位格，象徵皇后控制財務，在棋盤決中扮演掌管財富之位。天府為盒子，武府為錢，所以也代表該位置能守財，同時在取垂象上，也代表了銀行的意思。

而逆轉，會接受新思想，並最終走到開創位破軍，主動蕩。

順轉是最終轉向了紫相，故在經歷貪狼的不安分之後，最終會居於穩定。

貪狼 — 紫相之夫妻

貪狼象徵的是一個桀驁不馴的人，比較容易對自己的領導產生不滿，從而出現想要出現脫離現有狀況的情景。

因為貪狼坐寅，屬甲木，必然會被對宮的廉貞吸引，因為廉貞屬火，木生火，就會產生想要脫離紫微，奔赴廉貞的垂象。

其次呢，貪狼又坐在四馬地，本就主奔波的意思。

如何判斷貪狼能否脫離原有情景去到新的位置呢？

我們會觀察廉貞的情況，若廉貞得祿，則代表外界機會佳，在無干預下，比較容易獲得廉貞的機會，也就容易更換環境。

注：貪狼見空劫落於寅宮，流年命宮走到，大概率辭職或者換工作。

天機巨門 – 紫相之兄弟

天機為紫微星系，巨門為天府星系。代表了雙方有不用的意見發表。天機巨門故也為機辦之星，流年命宮走到，會比較容易出現意見分歧或者意見討論的情況。

天機作為紫微之兄弟，依然是最靠近老闆的星系，故也會幫助老闆處理很多事情，會被老闆委以重任。

巨門為天府星系，與天相是屬於一脈的。當巨門見權，則容易與紫微產生暗害，代表下屬與領導之間存在競爭關係。或者下屬想要尋找新的管道，去做其他事情，或者代表下屬承接了外部的其他機會，而沒有專注到本職工作上。

天梁 — 紫相之父母

為朝中元老，智慧長者之象。地位高，會比較親近公司中的新人，也有培訓新人的意思，同時也是紫微天相都比較敬重之人。

七殺 — 紫相之福德

七殺位於子午宮，同時靠近了廉貞但是依舊為朝中臣子的垂象。轉向紫相，則上班居多，在大限命宮走到紫相位置時，若紫微三方不見空劫，且見到吉星來會，就比較容易升職，比如部門主管或者總監等。大運支持度極高者，可以直接到總經理、副總經理。

若七殺順轉，走向廉貞，則容易出現到第三大限跟隨廉貞創業。

位於四馬地，代表一方面想跑，所以和所有人都會保持一定的距離。在工作中有看著其他人去討論工作內容，自己置身事外的意思，同時也象徵在可能工作環境需要去和其他人發表意見，比如去外地或者其他部門培訓一些新人，出現了機辯之象。

日月為七殺之疾厄，日月有破的地方，就容易不聽勸，選擇自己想要的東西去做。

廉貞 – 紫微之官祿

坐四馬地，隨時有自己創業的想法。

兄弟宮及父母宮皆空宮，代表無需他人助力，更關注自己的產出及內容，有自己獨立的精神世界。廉貞星，本就擅長複雜精密的內容，性格硬朗浮蕩，坐寅申線尤其如此。

破軍 – 紫相之遷移

破軍在紫相棋盤決中，承擔的是開創團隊的垂象，但是助力上來講又不太夠。因為落於天羅地網位，又與真正的老大紫相相對坐，所以也有東躲西藏的意思。

此破軍為典型的個性反叛、不符傳統、雖然力量弱小，也要突破做一些新的事情。

破軍在戌，尤其需要破軍三方及天同的架構足夠好，這個時候代表破軍可成。同時破軍逆轉，從天同過渡到武府，也代表會進入到相對穩定的狀態。

天同 － 紫相之疾厄

天同位於紫相之疾厄，代表了紫微的根基及新人的品質。

在紫相盤中的天同，是屬於被保護及教育的比較好的一代。但同時，因為接觸了兄弟宮的破軍，也就一定程度上有了反叛的思想。

該位置的天同，會不安現狀，同時會設法去尋找自己的自由生活。一般來講家庭會比較優越，一輩子都不會太苦。不過創業的話，難以到企業級別，因為是以追求自我生活為主的創業思維，並不建立於野心之上。

太陰太陽 － 紫相之子女

在紫相的格局中，田宅空宮，太陰太陽同度照紫微之田宅，故為日月照壁格，代表了有錢。太陰太陽主個性解決，善於準備未來，居安思危，多為技術性從業者，

能夠獲得高收入，但容易委屈自己。

太陰太陽未雨綢繆，性格中庸，同時日月有交替，也代表工作內容的不停變更。多表徵幫助他人完成內容，且因為太陰太陽不太擅長拒絕的個性，比較容易成為公司裏的萬金油。

2022 年流年情況判斷

1. 貪狼本對線見空劫。代表今年會進入比較偏自由的狀態。

2. 同時貪狼在紫相起盤決中，代表了更換，外界有新的機會。同時貪狼落四馬地，代表自身想變動，這個時候我們要根據象數來判斷變動情況。

3. 貪狼忌會地劫，代表小眾領域競爭失敗，故如果是主動申請的專案，大概率會失敗。

4. 貪狼的遷移宮為廉貞忌會地空，貪狼先天被廉貞所吸引，但是因為廉貞見忌，代表外界的橄欖枝最終是呈現拒絕的狀態的，故也不會產生變動。

5. 總結：今年的事業狀態，其一大領導會抓得比較近，他和他的助手會非常忙碌。其二自身要麼工作中回歸自由狀態，要麼會離職，回歸到自由的狀態。

2023 年流年情況判斷

1. 首先天機見生年權，代表今年會比較容易幫助領導解決各種麻煩事，包括但不限於工作、生活及各類瑣事。

2. 巨門見雙權，合天機生年權，代表今年是屬於非常忙碌的一年。但因為天機巨門之官祿空宮，所以也可以斷所忙之事並非自己主業，在忙其他的事情。也代表命主本人在今年比較容易和自己的領導競爭或者找其他的門路。

3. 天機巨門，代表今年在工作中比較容易出現有意見分歧的情況。

4. 大限官祿視同自化科忌，流年命宮走到，也代表今年比較容易有事業上的漸進式的變化。

5. 流年官祿之遷移見太陰太陽，可能存在部門借調的情況。

6. 暗合宮位見破軍祿，代表其他人會有一些新的事情及內容，可能會來主動找你

7. 兄弟宮見貪狼忌會地劫，有破財之象，陰曆5月及陰曆的1、2、3月份，比較容易出現大額開支。

2025年

1. 流年命宮走到大限命宮且走到官夫本對線上，一指代感情上容易有發展，且容易出現長輩的介入。二代表自身比較容易出現事業上的提升及職權擴大的象。

2. 因為見權，所以認為命主多忙碌，忙碌方向在官祿之遷移的夫妻宮，也就是天機巨門。代表發表建議，加上遷移宮見天同祿，代表在這個階段有忙於培訓或者去其他部門帶新人的垂象。

2022年（自由業）

1. 流年命宮貪狼，代表在這個階段會學習新事物，同時比較偏好快速的完成事情。同時也有脫離原有行業，或者說通過學習新事物，給原有環境增加一定新鮮感

的情況。

2. 流年夫妻宮見武曲忌，沖流年的官祿，代表今年的工作會比較容易受到政策限制，開展起來會比較難。

3. 流年命宮落入到福德宮的貪狼，代表該階段想要掙一些偏財快財。

4. 自由業，首重兄友線，以交友宮三方來評估整體的力度，如果是中小客戶，我們更側重於父母宮的能量，如果是大客戶，我們更側重於交友宮的能量，如果是合作客戶，我們更側重於子女宮的能量。

5. 流年交友宮見擎羊獨坐，父母宮見天機科巨門忌，代表客戶端其實是不太好處理的。因為流年官祿宮的暗合力度一般，所以也不建議合夥。

命主回饋是今年屬於偏停滯的一年，有學習新的東西，想換行業。

2023 年

天機巨門代表容易在各種關係裏存在意見分歧，以大限疊宮為准。疊疾厄宮、

第五章 棋盤訣（依婷老師所創）

田宅宮，代表和家庭會出現意見相左的情況。

流年命宮見巨門權，在自由中，代表新的管道尋找及開發。但凡涉及新管道，我們主要鎖定暗合宮位及遷移宮的支持度。

另外一種斷法呢，是以亥卯未三合木局為支撐點，看父子友三合的情況，這裏不用看。

流年疾厄宮見破軍權，代表有人會主動來找我合作。因為破軍三方為殺破狼組合，代表對方在開創一個新領域的事情，因為流年疾厄宮見祿，代表對方比較積極主動。

是否會合作？看大限子女宮飛化

大限子女宮祿入本命官祿宮的武曲，逢自化忌，代表必有應象。子女宮與官祿宮交易，代表事業合夥。流年子女宮走到，代表合作就在今年。

5. 紫殺盤

那麼今年的合夥機會好還是不好呢？

答案：好。長期合作機會，我們是要從大限去找答案的。大限命宮為武曲天府，長期合作要看大限命宮官財的暗合宮位，能看到，大限父母宮太陰生年祿暗合入大限命宮，代表對方還是比較主動ok的。同時大限財帛宮也得天梁大限祿支持，這種更多體現在，對方去帶自己，把事情做好的垂象。

因為自身大限命宮走到武府，官祿見紫相，也代表自己最終能成為領導之一。

流年的夫妻宮見到太陽太陰祿，代表外界可能會給你現在的工作提供一定的支持度。包括但不限於領導或者平臺給了新的機會新的客戶。

第五章　棋盤決（依婷老師所創）

紫武廉是一個三合，紫微為中心，為常，武曲在財，廉貞在官，為穩定。

殺破狼為一個三合，七殺為中心，為變，貪狼在財，破軍在官，代表衝突與動盪。

紫殺盤，為皇帝禦駕親征之格局。紫殺象徵成吉思汗，代表該盤的領導者會不斷的向新領域和新事物拓展，攻城易，守城難。

紫殺在前衝殺，則皇后，也就是天府星，鎮守後宮。這裏也有夫妻不能相守的意思在。

以紫殺為核心，定宮位之用神

紫微七殺坐巳亥－禦駕親征格

代表紫殺善於攻城，也喜歡在不同的新的領域開拓前進，好處是對新事物的接受程度非常高，也會不斷的學習補充自己。缺點是沒有守城的意識，會不停地在新領域之間開拓然後更換陣地。對老闆而言，一般負責開拓市場，並參加培訓，更新產品與服務內容，以達到應對，知己知彼百戰不殆的效果。在同一領域的不同方向，深耕

研究，往往會比較容易有成就。

同時紫殺也主奔波勞累，與自己的皇后分居兩地之象。

空宮坐命，同陰子午 - 紫微之父母

空宮坐命，借對宮天同太陰。流年命宮走到，多代表去為兄弟宮的紫微七殺忙碌籌備事宜，現代多為後勤與行政類工作。

同時也代表，可能需要去其他部門或者外地培訓新人。

性格上來講，處事周密，善於謀劃，聰明。對事業投入度不高，喜歡planB，且多有雙收入管道。

空宮坐命，武貪丑未 - 紫微之福德

本命空宮，對宮見武貪，代表為錢財欲望奔波之象。所以流年命宮走到，也代表忙碌。

218

第五章 棋盤決（依婷老師所創）

此格局本命三方穩定度高，所以其實不主動離職一般不會面對被辭退的情況。但是遷移宮見武貪，貪狼三方必為殺破狼，所以也代表比較容易因錢財不滿而產生離職跳槽之事，具體需要觀察三方的四化與結構而定。

空宮坐命，巨日寅申 - 紫微之田宅

此格局同樣為外出發展之格，流年走到，多需要外出負責談判與交流相關的事情。對內，屬於團隊工作，隊內氛圍和諧與否以及團隊相處是否愉快，需要觀察四化與其他星辰。

性格來上講，脾氣好，善於社交，體察人心。錢財上相對大方，願意分配給其他人，因為見太陽，所以也是為別人付出較多的垂象。

該宮坐命之人，適合講師、團隊工作、服務業。

廉破坐卯酉 - 紫微之官祿

廉貞破軍象徵系統的革新。流年命宮走到，往往代表制度上出現了新的內容，也代表工作上需要嘗試接觸的新的內容。是比較容易出現突破的一年。

廉破坐命之人，會比較喜歡高挑戰性的工作，能處理非常複雜的內容。多見於一些複雜資訊整頓、修復、破後重組的工作內容，如高級會計師，編程人員，工程師等。也多見一些創意工作者，比如創作歌手，美容師。

空宮坐命，機梁辰戌 - 紫微之交友

其一可能代表在原公司不受重視，屬於局外人。

其次，該宮坐命之人，有對於錢財不滿，去開創副業的想法的行為。

同時，遷移宮見機梁，多代表需要去服務於其他大型公司，同時做依託於大型公司的工作內容。少見服務個體，多服務於政府、大型企業、大型組織的專案與管理。

對宮見天機天梁，也有到外面去進行培訓的垂象。

天府巳亥 - 紫微之遷移

天府坐紫微之遷移，且為皇后星，其實是皇后代替皇帝掌管內務的意思。

流年命宮走到，多被委以重任，幫助紫微七殺守業。但長此以往，因為業務不被領導重視，所以也會容易覺得自己被冷落。

天同太陰坐子午 - 紫微之疾厄

天同太陰代表了公司中的新人是有人看顧的，流年命宮走到，代表需要忙碌與新人招聘以及帶小孩或者帶學生相關的事情。

出現了明顯的團隊工作的垂象。

天同太陰坐子，也是水澄桂萼之格，為清貴的文格。為人聰明好學，心思細膩縝密。見武貪暗合，所以多數會比較喜歡投資相關的內容。一般都是高智商高收入群體。

武貪丑未－紫微之財帛

武貪的垂像是欲望與金錢走到了一起。首先該年往往會被委以重任，比較忙碌，且掙得多、花得多。貪狼是一顆好動的星辰，所以大限走到武貪的人，工作領域容易與鍛煉、培訓、運動、健康之類的有關係。當然也不乏與金融投資、風險投資等領域相關。

巨日寅申－紫微之子女

紫微之子女代表了公司裏的核心中層，也就是幹活的人。巨日，代表需要比較多的溝通表達，同時也有中層員工借助系統漏洞，去獲取偏財的垂象。巨日本身也是異族格，所以代表容易跑動，容易出差去他鄉發展。

天相卯酉－紫微之夫妻

該天相，上承機梁，下接巨日，為居中協調之位，官祿空宮，財帛天府，代表

第五章 棋盤決（依婷老師所創）

進財穩定，本身事業也不算特別忙。

遷移宮武方強，易創業。

夫妻宮武貪，代表對配偶的要求高，擅長訓練配偶。

機梁辰戌 - 紫微之兄弟

機梁為最靠近紫微之人，在新領域中往往也是和紫微站在一起，同時學習的意思。

天梁代表了領域中的先行者和長輩，天機是紫微最倚重的近臣。

流年走到，有明顯的團隊工作的垂象。天梁得祿，在代表團隊領導靠譜，能夠學到知識。

機梁坐命之人，善於管理團隊和安排工作，心思縝密，事無巨細。工作強度不高，有機會兼職其他副業工作，能否開創，取決於紫微架構和遷移宮三方的好壞。

223

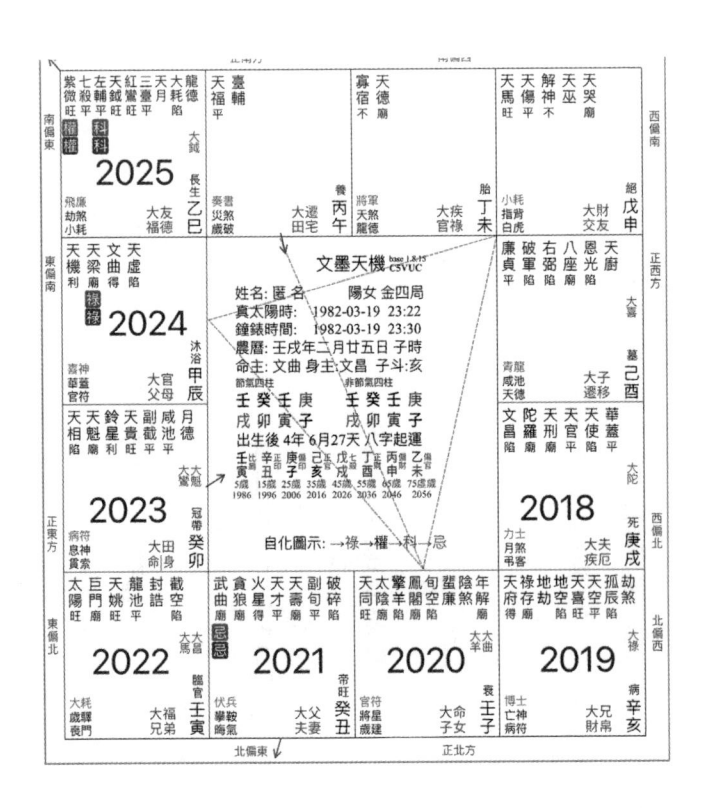

紫微旺 七殺旺 左輔平 三台 天鉞平 紅鸞旺 天月 大耗陷 龍德	臺輔 天福平	寡宿不 天德廟	天馬旺 天傷平	天巫廟 解神不	天哭廟
科權					
2025 長生 乙巳	奏書 災煞 歲破	養 丙午	將軍 天煞 龍德	胎 丁未	絕 戊申
飛廉 劫煞 小耗	大耗		大遷 田宅	小耗 指背 白虎	大財 交友
天機利 天梁廟	文曲得 天虛陷			廉貞平 破軍陷	右弼陷 八座廟 恩光陷 天廚
祿祿					
2024 沐浴 甲辰	嘉神 華蓋 官符	大官 父母		青龍 咸池 天德	墓 己酉
天相陷	天魁廟 鈴星廟 天貴利 副截 咸池平 天德平			文昌陷 陀羅廟	華蓋 天使陷 天刑廟
2023 冠帶 癸卯	大鸞	出生後 4年 6月27天 八字起運			大陀 死 庚戌
病符 貫索	大田 命宮			力士 月煞 弔客	大夫 疾厄
太陽旺	天姚廟 龍池旺 封誥平	武曲廟 貪狼廟	火星得 天才廟	副旬 破碎陷	天同旺 太陰陷 鳳閣陷 旬空廟 蜚廉廟 年解
忌忌					
2022 臨官 壬寅	伏兵 攀鞍 晦氣	**2021** 帝旺 癸丑	大父 夫妻	**2020** 衰 壬子	大命 子女
大耗 歲驛 喪門	大馬 龍官	大昌		官符 將星 歲建	大羊

第五章 棋盤決（依婷老師所創）

2018
流年命宮走到文昌陀羅，代表需要服務於大型公司的垂象。也可以認為是有大公司來找自己合夥做事。屬於非常不錯的評估。

2019
自身狀態比較自由，但是社交圈子裏面比較容易出現開創型老闆，可能會有新專案給到自己，但是自身是屬於遠程或者居家協助的狀態，不干涉自由。

2020
流年命宮走到大限命宮天同太陰，疊本命子女，代表多需要參與培訓及帶小孩相關的事情。流年見科忌，代表孩子比較叛逆，自身比較費心思。

2021
會突然接觸到一些新的理財投資知識。但是自身學習之後可能感受度並不算特好，也代表如果出現大額投資，多數為虧損的狀態。

2022

流年兄弟宮見武曲三忌，代表有破財之象，流年福德見天梁三祿，且疊了本命的父母，代表有來自父母的饋贈。

巨門三方空宮，獨坐於寅，且不見四化引動，代表主業投入度低，存在口舌使用比較多的情況。

同時流年命宮踏大限福德宮，代表有副業產生，但是盈利一般（因為沒有見到任何四化象去引動能量）。

2023

天相坐命會鈴星，代表今年溝通相關的事情會增加，因為本身也居於亥卯未三合木局，處在了以人際關係、社交為主的環境中。

天相三方，官祿空宮，財帛見空劫，代表自身自由度高，本職工作投入度不高。

流年遷移宮見破軍祿，代表外界有讓自己感興趣的機會。

但是今年不易開始，比較容易收到不利好的消息。武曲忌會貪狼忌，也代表會容易受到政策及相關內容的影響。

另外一方面，天相比較注重質感，所以家裏面可能會購買一些新的東西，做出一些小翻新。

流年父母宮見天機天梁文曲，也是利於學習的垂象。自身也會比較感興趣。

且 2022 年福德宮天梁得祿，在 2023、2024 可以繼續為用。

2024

流年命宮走到大限官祿及本命父母的天梁位置，天梁引動的具體年份在 2022 年的福德宮。這一年命主開始學習玄學，所以認為命主學習玄學的收穫年在 2024 年。可能是學得比較好，有所成的關鍵年份，也可能是以玄學為業，從事教導相關的業

務。

同時，2024 年為事業變動的關鍵年份，流年命宮踏大限官祿宮，事業會成為這一年的重點。

三方見解神天巫陰煞，可能會做玄學相關的工作。

工作壓力不大（可以認為是原工作帶來的壓力），有開創副業的精力和機會（流年官祿之遷移見巨日，也是雙業並行）。

因為流年夫妻見太陽忌，如果是做新業務，可能會出現推廣相關的問題，建議推廣交給其他人。

6. 紫微獨坐盤

以家庭為背景分析紫微獨坐盤中棋盤決的運用

天機			破軍
七殺			
太陽 天梁			天府 廉貞
武曲 天相	天同 巨門	貪狼	太陰

1.2023年流年命宮必見到太陽天梁

如果以家庭為背景，則代表紫微棋盤是家庭棋局。換言之，家庭就是命主的工作場所。

流年命宮見太陽天梁，可以認為是有老師來家訪。

因為太陽天梁的本質，是認識到

了專業度更高的人，同時自己有學習的傾向。對於全職家庭主婦而言，太陽天梁，要麼代表自己在網課上有學習新的內容，要麼代表有老師（專業度高的文化分子）家訪，也可以代表老公帶來了新的男性朋友認識。

同時，因為流年官祿宮空宮，代表命主可能不想要去做家庭主婦了，或者說，對家庭的關注度減少。

23年，巨門必化權，破軍必化祿，形成16關係，代表社交圈子中比較容易出現新的機會支持。破軍祿去支持巨門權，代表在和朋友的相處中想要去做一些賺錢的事情。

此時還可以結合大限的落宮來分析。

若太陽天梁落於父母宮，則加深了學習的垂象。若落於夫妻宮，則代表自己和老公的長輩，會摻和進入婚姻，影響婚姻狀態。

如果是未婚，在該年談戀愛，可能會碰到刻意隱瞞自己有孩子的人。

第五章　棋盤決（依婷老師所創）

紫微獨坐盤的背景

紫微獨坐盤叫做群雄並起，盤上到處都是人才，所以紫微就會顯得勢孤力薄。

該紫微星，擅長韜光養晦，多屬於親和且重視人才的類型，同時邊界感也會比較重一點。

該紫微盤，相對也最容易出現奴欺主的情況，尤其在太陽天梁後者廉貞天府出現了會見擎羊的時候。

該盤最鮮明的點，在於公司注重人才培養及技術專利，把這個作為自己的核心競爭力。同時群雄並起，所以老闆不會特別強勢，甚至經常出現禮賢下士的情況。

紫微坐子午，命主所處的環境為亂世之中出英雄的環境。

紫府盤－穩定－適合市場需求穩定，業務穩定的公司。

紫貪盤－桃花犯主格－適合自由業。

紫相盤 — 革命盤 — 適合亂世中取勝，也代表業務更替。

紫殺盤 — 禦駕親征格 — 適合高新技術產業公司。

紫微獨坐盤 — 人才多，各方面發展均衡；犧牲了管理者的影響力及中央集權。

紫破盤 — 專案革新及翻新局，一般代表把舊有推翻迎接新的內容，比如做IPO的金融公司。

紫微坐命，落子午線

該紫微領導能力強，擅長識人用人，同時身邊能人輩出，所以自身也始終保持在比較謙和的狀態，會更加關愛下屬體諒下屬。

但其實邊界感強，習慣獨自下決定，不與他人商量，也不依賴他人。

空宮坐命，落丑未線 - 紫微之父母

明珠出海格，暗合紫微，代表需要紫微星的支持才可成事。喜坐未宮，見日月並明格局，此時代表命主精力旺盛，發展順暢。在工作中，擅長處理細節與錢財，太

第五章 棋盤決（依婷老師所創）

陰不見煞，則晚年易投資獲利。

代表人物：諸葛亮。

破軍坐命，落寅申線－紫微之福德

該宮坐命之人，為獨立於紫微的另外一方能量，同時也有破舊立新的意思。所以主開創。

性格上有梟雄特質，六親無靠，不擅長處理親密關係。心思縝密幽深，但對外形象卻又屬於剛正溫和的類型。小時候是大家的開心果，默默照顧周圍的人，但是卻扮演了小孩子的形象。長大之後，喜怒不形於色。

工作偏好有新鮮感的內容，故無法久居於一地。若紫微與貪狼搭配良好，則代表易得大佬助力。

空宮坐命，落卯酉線－紫微之田宅

父母易為知識份子或具備專業能力與技能之人，同時比較容易通過父母認識到

一些性格溫和懂得照顧人的長輩。自己內心會對這部分人比較有崇拜心理，並且自己也會希望成為專業知識過硬，同時又懂得照顧他人之人。

性格溫和開朗，擅長表現自己（前提是太陽不化忌）。但是也容易因此被借錢。事業上多需要用口舌，同時也會積極表達自己的想法。工作中會尋找新的管道，作為第二計畫與打算。

廉府坐命，落辰戌線－紫微之官祿

此命格者，三方穩定性強，行事穩重靠譜。擅長鑽研，專業能力強。

太陰只要不見煞星，一般家庭情況都會比較不錯。

廉府在金錢上有自己的特徵，不會鋪張浪費、花天酒地，但是在別人有需要的時候，會比較講義氣，大額金錢也願意出手。

太陰坐命，落巳亥線－紫微之交友

第五章 棋盤決（依婷老師所創）

太陰坐亥，為月朗天門格，代表財主。在紫微盤中，代表投資者。

同時，該太陰也會有比較多的專業技術型人才的朋友，在太陰不見煞後者見祿的情況下，擅長打理資產及投資。當然，見祿，也會把錢花在享樂上。

貪狼坐命，落子午線-紫微之遷移

擅長社交，桃花旺，身邊的有錢人、老闆會比較多。

耐心不足，所以工作和學習都適合短線內容，講求快准狠。福德為武曲天相，代表隨著成長，為人會偏耿直正面，同時會比較喜歡投機機會。遷移三方明顯高於自身三方的穩定性，故代表可能會依託大平臺去發覺尋找機會，或者被對宮的紫微挖走，在穩定平臺下麵做著不太穩定的工作，比如服務於紫微的高端客戶，太陰星流年命宮走到貪狼，往往代表社交偏多。

天同巨門坐命，落丑未線-紫微之疾厄

多服務於公司和老闆。

天同巨門為紫微之疾厄，流年命宮走到，多代表成為公司的新人，或者成為某個領域的新人。在該年會有比較多的想法，同時也很樂意把自己的想法表達出來。

天同如果見權，則代表在今年會有一次思想革新，想要追求新鮮事物，也會對自己的要求增加，變得更加有追求，出現想要創業或者獲取第二副業的情況，伴有一定執行力的提升，但是想的一定會比做得多。

武曲天相坐命，落寅申線－紫微之財帛

武曲天相坐命者，一般在工作中都能做到比較高的位置，尤其是在第五大限。

武曲天相在命者，生活直來直去，會比較講究一點，同時為人正義感強，樂於助人。工作中沉穩靠譜，一般會被委以重任。所以也容易在職場中混到比較好的位置。

對宮見殺破狼，代表自身居於穩定情景之下，當外界出現好的機會比如破軍得祿或者貪狼得祿的時候，會想要去外面搏殺。

流年走到武曲天相之人（紫微坐子之人在今年會進入到武曲天相），代表在公

司中身居比較引人注目或者比較體面的位置，工作內容與公司的財務息息相關。今年相對壓力會比較大，容易出現錢財的虧空和現金流周轉不通的情況。

太陽天梁坐命，落卯酉線 - 紫微之子女

該雙星坐命者，性格溫和醇厚，樂於助人，易成為某領域專家，有非常強的英雄主義色彩，所以對周邊的人容易懷抱特別的責任感，關注每一個人的情緒，照顧周邊的人。

該雙星搭配者，若三方見文昌加會祿存，則會陽梁昌祿之格，容易成為某些領域的專家。

事業上多最終從事於管理監督的工作或者需要培訓教導新人的任務，例如外出演講等。

七殺坐命，落辰戌線 - 紫微之福德

該七殺屬於自身能力強，但是卻不擅長管理下屬。七殺坐命者，習慣做一些短

線的事情，工作上偏好有變化而非一成不變的內容。

自身能力強，一般會出現在幫助公司外部或者新領域開拓的位置。流年走到，會需要去接觸專業性較強的新技術、新內容，然後把這些內容給打出去。所以多見一些銷售經理的位置。

七殺坐辰戌，也有被限制無法發揮出來的意思。

天機坐巳亥，落巳亥線－紫微之兄弟

該命宮坐命者，生性跳脫，不能居於一地。所以在一個地方待久了，就會出現強烈地想跳槽的想法。

同時流年走到該天機星，距離老闆會比較近，容易成為老闆的得力助手，處理老闆的一些貼身內容和工作，並通過老闆認識到一些有錢的投資者。

賺錢整體來說比較舒適，並且能在舒適的環境中找到其他的副業生財的機會。

第五章　棋盤決（依婷老師所創）

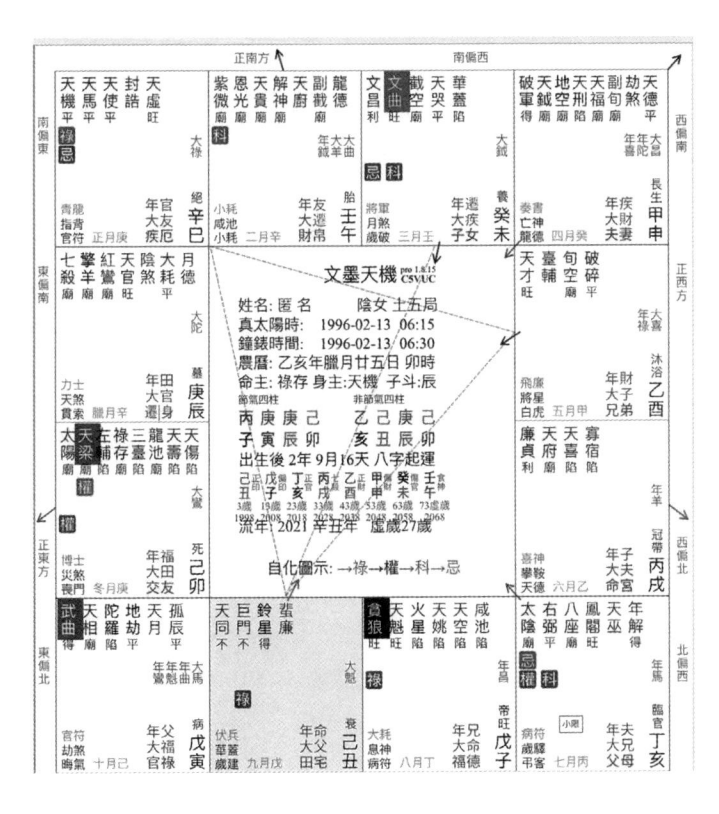

因官祿宮對宮見太陽天梁，所以也代表了工作環境會出現比較多的大佬和專業領域人才。

2021 年

流年命宮走到天同巨門祿。

學習了新知識，成為新的學生，作為新生入學。

流年命宮踏大限父母宮，認為是和學習相關的內容。大限父母宮見到視同自化忌，可以認為是學業環境的變更。命主回饋，是這一年升入研究生。

確定是在讀書之後，去按照棋盤決看細節。

導師神龍見首不見尾，不能經常見面。

自身受到暗合宮位貪狼的影響，學業及事業上投注度不高。

和自己的同學，反而關係不太好，因為流年官祿宮天機忌，該象尤其表徵在團隊合作及小組作業上面。

2022 年

第五章 棋盤決（依婷老師所創）

流年命宮走到武曲天相會陀羅地劫。

22年壓力大，自身狀態比較自由，但是受到的管制也會相對來講比較多。

錢財上來講，有受沖之象，破財比較嚴重。

這一年導師的事情比較多，也成了我壓力大的原因之一。但在涉及審核和評估、打分的事情上面，並沒有為難我。

2023年

今年會進入事業變動的關鍵節點，代表一個階段的結束。

在今年會遇到具備太陽天梁垂象的人，代表有知識的長者。也象徵著今年有學習的垂象。

我在錢財上會認為掙錢比較難，比較容易因為錢財產生焦慮的情況。

我今年賺錢的執行力比較高，雖然焦慮，但是一直在想多個辦法。包括但不限

於比如做副業掙錢、同時找實習掙錢、又或者接一些小單子掙錢、投資掙錢。

因為大部分精力都放到賺錢上面，在學業上的投注度相對就會比較低。同時出現了很明顯的想要去早日找到工作的垂象。

我今年在錢財上有理財的想法，也是基於我的錢財焦慮導致的。同時，會有一些租房性質的開支。

2024 年

流年命宮走到七殺

這一年比較容易有開創。流年官祿宮見到空劫，事業上會形成自由態，加強開創的特性。

財運好，火貪成格。且比較容易出現爆發格。

7. 紫破棋盤訣

紫破的世界觀

紫破的世界觀是以更新為主的，代表不停的會有新的事情發生，有新的案例要做，也不會讓自己停留在重複的事情中，整體相對會走的偏動盪一點。

凡該基本盤者，公司或者自己所在的部門，多經營於案例型或者更新換代比較快速的內容，或者有經常需要辦的不同類型的活動。比如抖音裏面去給達人寫稿子、拍視頻、律師。同時紫破會比較注重形式感、美感。公司的財務部門，相對會偏激進一點。

紫破落在丑未線上，為四墓地，尤其丑宮，合巳酉丑三合金局，代表了固定和穩定性。和紫破結合解釋，可以認為是在大平臺有更迭性質的業務。

紫微坐命，落丑未線

紫破坐命，化煞為用。代表本人穩中有進，做事靠譜，野心大。見六吉星來會更容易得到助力。在事業上喜歡新穎、創新、推陳出新，會地空代表更喜歡鬆散和目標導向的公司制度。缺點上來看，會更注重體面感、形式感等直接人前展示的內容，而實際內容缺乏，所以更喜設計創意等行業。

在錢財態度上，喜大開大合，一擊即中，不喜歡磨磨嘰嘰的態度。

紫破坐命者，善於抓住機會，故需要開放和發展的時代來助力，不然容易被評為異類。同時耐心不足，不能在一個地方長久待下去，所以也是大成大敗之格局。

空宮坐命，落寅申線－紫微之父母

該位置坐命之人，身邊老闆會比較多，但是關係上來看，僅是認識與熟知，多是在外面參與一些培訓時候認識瞭解到的。

同時性格上來論，有小孩兒的一面，也有成熟穩重的一面，喜歡大家一塊兒其樂融融的感覺，容易給人留下智慧的印象。善於鼓勵別人，幫助別人，對物質要求不

高。因為落四馬地，所以也有想要四處看看的情懷與想法。

錢財上大方，事業上多會擁有一些副業賺錢的管道，機會來自於自己的好兄弟（前文說過，會有比較多的老闆朋友）。

自身因為接觸的人的格局都比較高，所以也屬於見過世面的人，性情穩重，不會大驚小怪。認知上也會偏成熟一點。善於歸類資訊，佈局排列，安排細節。流年走到，可能會被安排去原公司以外的地方帶團隊培訓新人等。

天府坐命，落卯酉線 - 紫微之福德

此天府擅長在外獲取短線高回報錢財，並且在不見煞星情況下，藏於自身（暗指一下不告訴其他人的資產或者存款），但是不擅長理財及完成財的留存。

脾氣好，社交圈子同輩人會比較少一點，多是比自己年輕或者比自己年長可以帶領自己之人。

在感情的處理上相對比較糟糕，容易覺得厭倦，無聊，穩定一段時間之後就會想換新地，但在對外的時候卻會把自己的感情包裝得比較完美。配偶多老闆、配偶，有協助自己配偶做事情的垂象。

錢財上喜歡花在好看美觀的事情上面，比如給自己的桃花買一些好看的首飾。同時此天府坐命之人，要同參紫破三方的強度，紫破三方越強，此天府越能有所發揮。

天府坐命，官祿對宮見紫破，可以認為有協助配偶完成事業之象，也有自身工作依託於更大的平臺去完成工作的垂象。

太陰坐命，落辰戌線 - 紫微之田宅

此太陰因坐紫微之田宅，所以尤其擅長打理家事，或者把一些雜亂無章的東西變得更加有條理。

因為對宮坐太陽的原因，所以容易因為學業或者工作原因而與自己的配偶分離異地（大限走到也是一樣的）。

與天府相反，此太陰擅長做錢財的留存，也就是存款（前提是不見煞星或者祿星，不見祿星是因為見祿會花在享受的地方偏多，但同時祿星也會強化投資能力）。同時富有愛心，錢財也願意借給自己的朋友。

此格為機月同梁格，在工作上會更偏好團隊工作。

若太陰坐戌，則還滿足日月並明格。個人不管是思考還是幹事情，精力都會比較旺盛。

廉貪坐命，落巳亥線－紫微之官祿

廉貪坐命者，長相好看有魅力，審美線上，具備非常獨特犀利的人格。在工作上高效靠譜，執行力強，錢財上消耗也會比較大，多花在裝飾自己上面。

廉貪的創意是所有格局裏面最強的，擅長欣賞和創造美，一般是走在潮流前線的人，若逢地劫，則容易小眾審美，在外人看來就會顯得有點標新立異了。廉貪相對會比較適合設計、寫作、廣告、文創等行業。

廉貪的生長環境，會有比較多的喜歡勸導人的長輩（天梁不見煞情況下），但是他們一般都不太搭理。雖然自己是屬於特立獨行的，但反而會更喜歡和溫柔細膩一點的人做朋友。

流年走到廉貪，工作上也會比較容易得領導信任，同時可能會負責或者接觸到優化公司結構及系統的相關內容，一般是做系統優化或者一些對外展示美化的部分。

巨門坐命，落子午線－紫微之交友

巨門子午，為石中隱玉格。喜暗中研究各種特殊技巧，同時喜歡保持自身的神秘感。

此巨門對宮天機，且天機暗合紫微，比較擅長接觸領導身邊的人。並且能夠通

過這部分人，來為自己謀取利益。

巨門與太陽三方來見。若巨門坐子，則工作精力旺盛表現力強，主事業順利。

若巨門坐午，則代表工作上相對容易累，且容易做一些日夜顛倒的活。

同時，也會有主業與副業並行之象。雖然主業做得不錯，但是心裏會覺得錢給得不夠，然後想一些可以獲取錢財的第二管道，並且投機的可能性偏高（比如通過收買的行為來達成一些交易）。

天相坐命，落丑未線－紫微之遷移

該天相坐命者，脾氣性格往往都不錯，但是性子會偏過於柔和，所以也有容易受欺負的意思。圈子裏面多一些高大上的朋友，所以自己反而不算是特別突出的人。

同時該天相會比較注意自己的形象與排場，遷移宮的紫破也可以表現在對外好大喜功上面，好處是會結識到老闆。官祿宮空宮代表追求自由輕鬆的工作方式，容易被其他更好的工作吸引。此天相同樣有想要當老闆的心，所以即使本職工作不錯，依

然想要去外面闖蕩，整體上容易通過身邊人獲得機會，容易演化成高級消費供應的生意人。

天相對照紫微破軍，象徵了為了老闆監管工程之官員，也可以認為是依託於紫破的小平臺。

同梁坐命，落寅申線－紫微之疾厄

同梁坐命者，都會表現出一定的矛盾性。他們多有追求新生活的心，但是實際行為上還是依照傳統而來，所以會比較羨慕那些能夠活出自我之人。圈子裏面，也多見不太墨守成規，喜歡搞事情的人。

個性上喜歡收集資訊，散漫，樂善好施，喜歡大家一起和和氣氣的，不喜歡自己一個人或者獨居的生活，但是又很偏好自由，因為落在四馬地的原因。

流年走到天同天梁，比較容易自己和某個領導上級長輩走得比較近，又或者出現某個上級或者長輩告訴自己，離開這個公司，這個公司沒有前景和未來。但實際出

250

第五章 棋盤訣（依婷老師所創）

現行動的時間，是在第二年，因為流年轉入了武殺的原因。當然具體事業變動，還是需要參考欽天的四化象來論，大運官祿宮起的作用也是至關重要的。

武殺坐命，落卯酉線 - 紫微之財帛

武殺坐命之人，原則性強，有自己的堅持，執行力高，幾乎只要開始做一件事情，就能非常專注地把一件事情迅速做好，因為是兩個金星的組合，所以效率也是所有星辰組合之中最高的。

武殺之人，做事靠譜，穩中有進，同時會比較看重自身創造的實際價值，所以也不喜歡無聊的工作。注重自身美感，錢財上要麼花費在桃花之上偏多，要麼花費在門面裝飾之上偏多。

若吉星彙集，多見金融行業從業者，若煞星多或者工具星多（天魁天越擎羊陀羅），則往往代表需要用到金屬的某些技術工作類型。

太陽坐命，落辰戌線 - 紫微之子女

此太陽與太陰類同，容易出現與配偶異地不能相聚之象。

工作勞心勞力，喜歡思考，錢財上面也多見副業收入，且一般是自己的朋友給出來的機會。

責任心強，對內積極陽光，對外溫柔禮貌，坐辰優於坐戌。喜歡靠自己，社交上不喜歡閒聊，有事情才聊天，多和一些做事果斷靠譜的人成為朋友。彼此雖然不常聯繫，卻能夠在真正需要時相互助力。

空宮坐命，落巳亥線 - 紫微之夫妻

個性柔和，幽默有趣，善於服務。府相朝垣，落官祿與財帛，代表在事情的處理上是比較容易給人舒服的感覺的。

廉貪坐遷移，代表注重在外形象氣質，力求完美。

朋友多一些比較時髦的，走進他們的內心之後，會發現這些人都還挺溫暖的。

第五章　棋盤決（依婷老師所創）

天機坐命，落子午線 - 紫微之兄弟

此天機靠近紫微，多得領導長輩的喜愛、信任和提攜。因為紫破的垂向代表了翻新、新事物等事情。所以天機也會獲得很多專案管理的權利，隨之也就誕生了很多牟利的機會。

當流年走到天機星的時候，巨門如果見化祿，則機會會實質化，也就有和巨門串通獲利的意思。

身邊的朋友圈子，多一些特立獨行，或者詩情畫意之人，總之都是比較有個性愛好的這一類人。

工作內容穩定，喜歡團隊工作，或者說工作環境中有多個人的交互，而不是閉門造車的那種。常見教職及安排規劃工作的內容。

可以彼此照顧，相互照應。

紫微斗數命盤

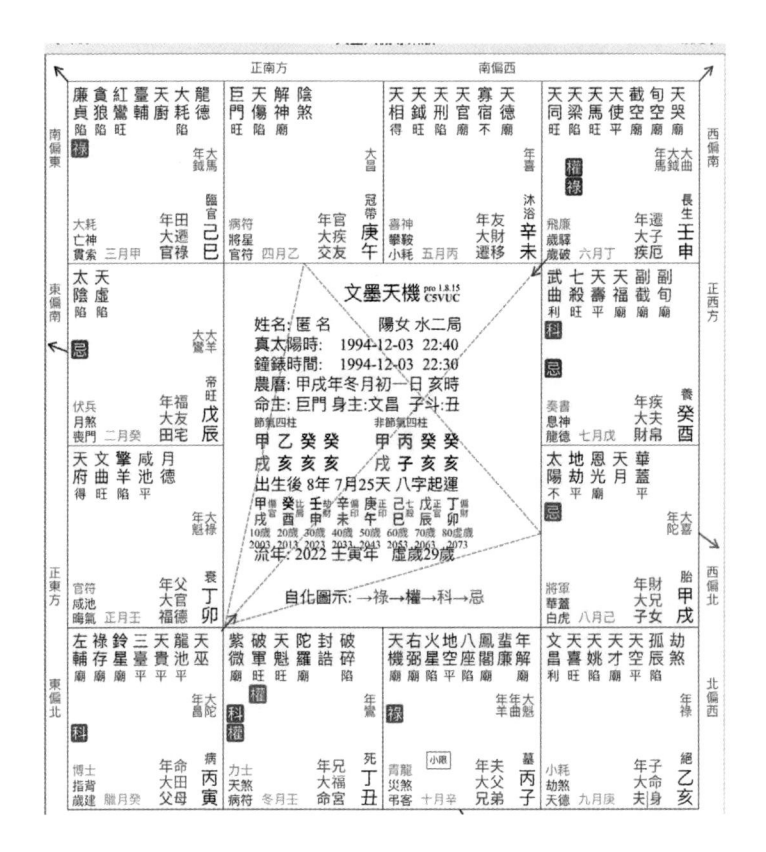

正南方 / 南偏西

宮位1 (南偏東)	宮位2	宮位3	宮位4 (西偏南)
廉貞陷 貪狼陷 紅鸞旺 臺輔 天廚 大耗 龍德 祿 大耗 亡神 貫索 三月甲 大馬 年錢 臨官 遷 田 大官 祿 己巳	巨門旺 天傷陷 解神 陰煞廟 大昌 病符 將星 官符 四月乙 年鉞 冠帶 官 疾 大交 交友 庚午	天相得 天鉞旺 天刑陷 天官廟 寡宿不 天德廟 年喜 喜神 攀鞍 小耗 五月丙 年友 友 遷移 沐浴 辛未	天同旺 天梁陷 天使平 截空廟 旬空廟 天哭廟 權祿 大鉞 飛廉 歲驛 歲破 六月丁 年馬 年子 疾厄 長生 壬申

中宮

文墨天機 pro 1.8.15 CSVUC

姓名: 匿名　　陽女 水二局
真太陽時: 1994-12-03 22:40
鐘錶時間: 1994-12-03 22:30
農曆: 甲戌年冬月初一日亥時
命宮: 巨門 身主: 文昌 子斗: 丑

節氣四柱				非節氣四柱			
甲	乙	癸	癸	甲	丙	癸	癸
戌	亥	亥	亥	戌	子	亥	亥

出生後 8年 7月25天 八字起運

甲　癸　壬　辛　庚　己　戊　丁
戌　酉　申　未　午　巳　辰　卯
10歲 20歲 30歲 40歲 50歲 60歲 70歲 80虛歲
2003 2013 2023 2033 2043 2053 2063 2073

流年: 2022 壬寅年 虛歲29歲

自化圖示: →祿 →權 →科 →忌

東偏南 / 正西方

| 太陰陷 天虛陷
忌
大羊
伏兵 月煞 喪門
二月癸
年福 大田宅 帝旺
戊辰 | | | 武曲利 七殺旺 天壽平 福德廟 副截廟 副旬廟
科忌
奏書 息神 龍德
七月戊
年疾 大疾厄 養
癸酉 |

正東方 / 西偏北

| 天府得 文曲旺 擎羊陷 咸池平 月德
年大
衰
官符 咸池 晦氣
正月壬
年父 父母 福德
丁卯 | | | 太陽不 地劫廟 恩光廟 華蓋平
忌
大陀
將軍 華蓋 白虎
八月己
年財 大兄 子女
甲戌 |

東偏北 / 北偏西

| 左輔廟 祿存廟 鈴星廟 三臺平 天貴平 天巫
科
大陀
博士 指背 歲建
臘月癸
年命 大田 父母
丙寅 | 紫微旺 破軍旺 天魁
科權
力士 天煞 病符
冬月壬
年兄 大福 命宮
丁丑 | 天機廟 右弼陷 火星陷 地空平 鳳閣廟 八座 蜚廉 年解
祿
年羊
青龍 災煞 弔客
十月辛
年夫 大父 兄弟
丙子 | 文昌利 天喜旺 天才陷 天空廟 孤辰廟 劫煞
年祿
小耗 劫煞 天德
九月庚
年子 大命 夫妻
乙亥 |

正南方

2022 年年運

有外出參與培訓（接受培訓或者培訓其他人都有可能），且在這個過程中會認識到一些老闆，培訓的機會也是很不錯的，老師的實力會比較強。

在這一年，會比較想要去找一些新的工作機會或者管道來做副業。這一年壓力比較大，尤其財務狀況比較不好，但是又要撐場面的事情。這也導致了自身的現金流周轉出了問題。

2022 年會產生事業的變動。（命主回饋辭職了）

流年父母宮見擎羊文曲，代表面試他的人不好相處。自身狀態也不佳，所以打負分。去找新工作就會比較吃力。

但是，外界如果有新的機會，代表新的機會還是很不錯的。

2023 年

現金流周轉不好，可能存在需要分期借貸或者付款的情況。

流年疾厄宮太陽忌,代表很多事情憋在心裏,不表達,壓力很大,同時也會對自己的情況不滿意。今年的脾氣也會相對來講差一點,但是因為天府在,所以會剋制。

今年府相朝垣格,三方不見權,代表自身的執行力比較差,反而會更想留在自己舒適圈的感覺。流年夫妻宮對宮見破軍祿,代表外界大平臺會有機會,這裏也會建議命主去把握一下會比較好。因為今年剛好也是走在了事業變動的關鍵年。

需要注意的是,這一年不能夠挑挑揀揀,不能只規劃,只思考,不行動。

建立面試的時間點,陰曆4月,陰曆9月。

今年感情上可能會和配偶更進一步,對方可能會想結婚。但是命主因為本命盤和大限盤同時帶了妻田交易,故可能不想結婚。

8. 棋盤決總結

紫微星系和天府星系會包括完整的14顆主星。

區分紫微星系和天府星系的方法是固定搭配。

1. 紫微星系

紫微之兄弟 — 天機星

紫微之子女 — 太陽星

紫微之財帛 — 武曲星

紫微之官祿 — 廉貞星

紫微之疾厄 — 天同星

紫微星系其實是代表了一個生態系統。

2. 天府星系

天府之夫妻 — 破軍星

天府之遷移 — 七殺星

天府之交友 — 天梁星

天府之官祿 — 天相星

天府之田宅 — 巨門星

天府之福德 — 貪狼星

天府之父母 — 太陰星

天府星系代表了另外一個生態系統。通過與紫微星系不同的搭配，構成了不同的世界觀。

是不是感覺紫微只要會了棋盤決，就能斷大部分事情了？

答案是否定。棋盤決，不能斷出應期，也不能在吉凶上給出更加正確的論斷。

3. 定數與變數

258

第五章 棋盤訣（依婷老師所創）

星辰垂象為定數，四化象定吉星。

大成與小成的區別：氣！

主要落點在兩個地方

1）宮位

2）用及體的引動

我們看事情皆是看垂象，垂象為定數，但是好壞程度為變數。

動輒定人生死，下定標籤，實非明智之舉。

故，也不用因為一些不好的象數，而感到憂慮焦躁。很多時候，正是因為這種負面的能量而導致人生下行。

大部分時候，福禍無門，唯人自召。

第六章 格局

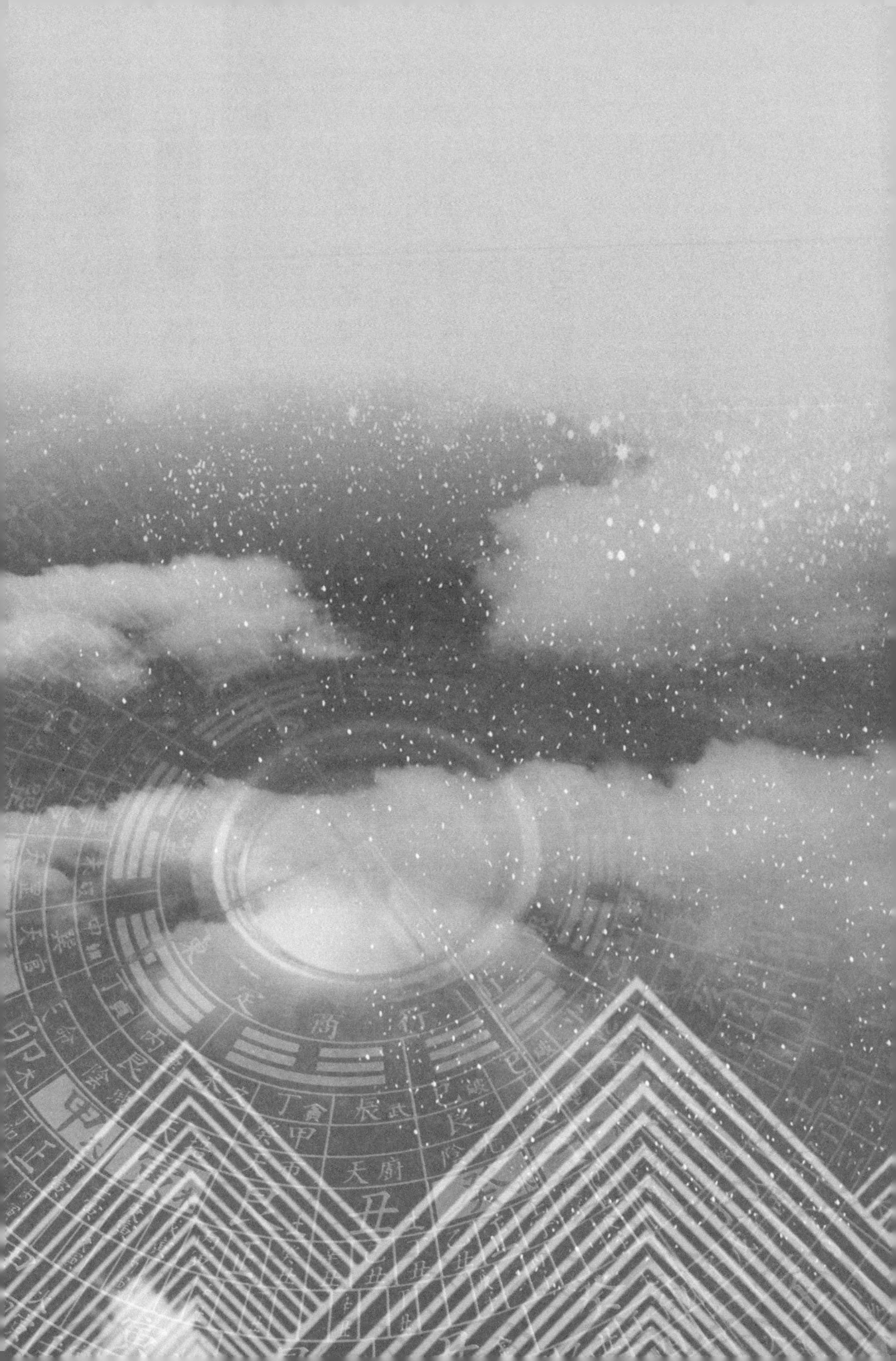

第六章 格局

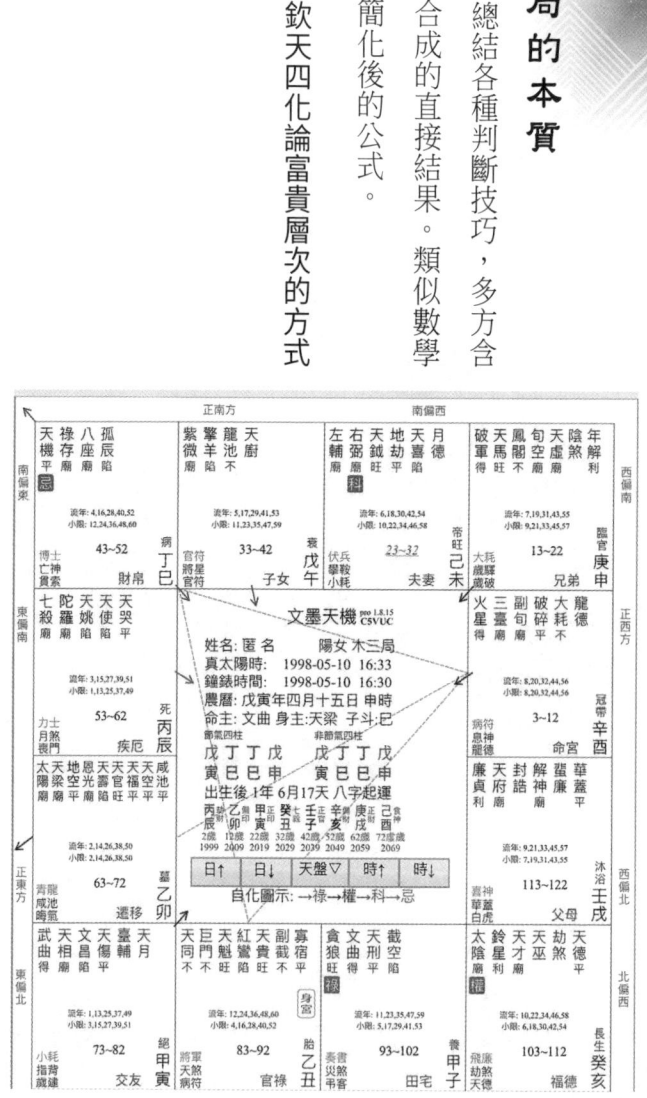

格局的本質

總結各種判斷技巧，多方含義匯合成的直接結果。類似數學裏，簡化後的公式。

欽天四化論富貴層次的方式

正南方			南偏西	
天祿八孤 機存座辰 平廟廟陷 忌	紫擎龍天 微羊池廚 廟陷不	左右地月 輔弼劫德 廟廟平陷 科	破天鳳旬天年 軍鉞閣空虛煞解 得旺不廟廟利	西偏南
流年:4,16,28,40,52 小限:12,24,36,48,60	流年:5,17,29,41,53 小限:11,23,35,47,59	流年:6,18,30,42,54 小限:10,22,34,46,58	流年:7,19,31,43,55 小限:9,21,33,45,57	
博士 43~52 病 亡神 丁 貫索 財帛 巳	官符 33~42 衰 將星 戊 官符 子女 午	伏兵 23~32 帝旺 歲驛 己 小耗 夫妻 未	大耗 13~22 臨官 歲驛 庚 龍德 兄弟 申	
南偏東	文墨天機 姓名: 匿名 陽女木三局 真太陽時: 1998-05-10 16:33 鐘錶時間: 1998-05-10 16:30 農曆:戊寅年四月十五日申時 命主:文曲 身主:天梁 子斗:巳		火三副大 星臺旬耗德 得廟廟平	正西方
七陀天天 殺羅姚使哭 廟陷陷平			流年:8,20,32,44,56 小限:8,20,32,44,56	
流年:3,15,27,39,51 小限:1,13,25,37,49	戊丁丁戊 戊丁丁戊 寅巳申寅 巳巳申 出生後 1 年 6月17天 八字起運		病符 3~12 冠帶 息神 辛 龍德 命宮 酉	
力士 53~62 死 月煞 丙 喪門 疾厄 辰				
正東方	太天地恩天咸 陽梁空光壽池 廟廟平廟陷旺 權	自化圖示:→祿→權→科→忌	廉天解封蜚華 貞府神誥廉蓋 利廟 廟 平	西偏北
流年:2,14,26,38,50 小限:2,14,26,38,50			流年:9,21,33,45,57 小限:7,19,31,43,55	
青龍 63~72 墓 咸池 乙 晦氣 遷移 卯			喜神 113~122 沐浴 華蓋 壬 白虎 父母 戌	
東偏北	武天文臺月 曲相昌輔月 得廟陷平	巨天紅副寡 門魁鸞截宿 不旺陷旺旺	貪天天截 狼刑空陷 旺廟平陷 祿	太鈴天劫天 陰星巫煞德 廟利 平 禄	北偏西
流年:1,13,25,37,49 小限:3,15,27,39,51	流年:12,24,36,48,60 小限:4,16,28,40,52 身宮	流年:11,23,35,47,59 小限:5,17,29,41,53	流年:10,22,34,46,58 小限:6,18,30,42,54	
小耗 73~82 絕 指背 甲 歲建 交友 寅	將軍 83~92 胎 天煞 乙 病符 官祿 丑	奏書 93~102 養 災煞 甲 弔客 田宅 子	飛廉 103~112 長生 劫煞 癸 天德 福德 亥	

1. 看忌的落宮

(1) 忌落六內宮

(2) 六內宮分別為：命疾田官財福

2. 來因宮 - 找來因四宮，來因四宮見四化象代表吉

(1) 先找到來因宮 - 此盤為戊年生人，故先找到戊宮，戊宮為來因宮，也是命主的子女宮。

(2) 然後找到來因宮的對宮 - 此時找到了來因四宮中的兩個宮位。

(3) 找到和來因宮有生成關係的宮位（或者說具備16共宗關係的宮位）- 此處為官祿。

(4) 找到官祿之遷移，則來因四宮鎖定 - 此處為子田官夫。

(5) 觀察來因四宮中是否見到四化象，見四化象主吉。

3. 看生年四化象中的祿權科是否全部落在六陰宮或者六陽宮

（命宮是陰陽兼備的）

(1) 從命宮為1，逆數排位，則1357911代表的宮位為六陽宮，其餘宮位為6陰宮。

(2) 六陽宮主貴，六陰宮主富。

(3) 只要祿權科能量集中，就算加分。

4. 看權落的宮位

(1) 權要落在命宮、疾厄宮、官祿宮、財帛宮、福德宮為吉 - 此處權落福德，還行。

前3條滿足2條，就ok。- 這個是我看了很多命人盤得出的結論。

第四條，最好是本命盤要滿足，如果本命盤不滿足見權的特徵，那大限的高頻宮位見到權也是ok的。

占驗派論富貴層次的方式

一個人格局的上限取決於紫府日月的搭配情況，尤其需要關注其亮度。

三合格局

264

日麗中天格

1. 紫貪盤特有的
2. 太陽在午時光芒最盛，釋放能量最高，所以又稱為金燦光輝格，本格是自帶貴氣的。缺點是容易鋒芒畢露，給人期望過高。因為太陽自午時之後就漸衰，所以容易出現高開低走的情況。
3. 總結：爆發性強，但是持續表現的能力弱。

知識延伸

天盤與地盤

1. 我們認為天盤就是天干指向，是處於變化之中的。隨著時間流轉一直在變。
2. 地盤是星辰與地支的組合，無論時間如何走動，地盤的組合都是保持不變的。

地支的運用

1. 健康

2. 生活習慣

日照雷門格（日出伏桑格）

1. 為紫微獨坐盤特有（紫微坐午）。

2. 來源：卯宮在後天八卦中為震卦，也稱之為雷門，五行屬木。木生火，增旺太陽，故稱為日照雷門格。

3. 卯時的太陽，還在繼續上升。主初生的太陽突然冒出頭角，一鳴驚人，震動大地的意象。也是說新人崛起的垂象，主得貴。

4. 持久度會比日麗中天格要好。

知識延伸

1. 後天八卦圖
2. 過宮法

日月同宮格

1. 為紫相盤特有。
2. 日月二星坐守，主聰明，想得遠，也比一般人多角度思維，也主晉升跡象。善於評估利弊，不會盲目衝刺。
3. 缺點是想的太多，容易因為糾結而裹足不前。
4. 丑未的區別在於日月的強度不同，丑宮的日月亮強，想得多，但是執行力減弱，主富。未宮的太陽強，執行力和表現力會增加，但是思慮的縝密程度沒有未宮的強，主貴。

日月並明格

1. 紫府盤、紫微獨坐盤皆有。
2. 紫府盤的日月並明格會更好一點，此時紫府在申。因為太陽入官祿，太陰入財帛主吉。而在紫微獨坐盤中，太陽入未宮之財帛，而太陰入未宮之官祿，故不及紫府盤的日月並明。紫微獨坐盤中的日月並明，代表了工作保守，花錢大方。

日月夾命格

1. 紫貪盤特有
2. 命宮坐丑未，紫貪盤，代表命宮為日月所夾。有利於財運和發展，善於聽取別人的意見，觀察力佳，善解人意。
3. 也代表身邊的人意見不一致，需要協同處理。
4. 這個可以延伸出很多類似的看法，當你的命宮被反義詞的星所夾的時候，一方面鍛煉你的人際社交能力及處理問題的能力，一方面也代表周邊的人易出現意見相左的情況。

水澄桂萼格

1. 太陰、天同星在子宮坐命，為紫殺盤特有。
2. 舉止清秀優雅，有學識，善思考規劃佈置籌備，為人謹慎保守，擅長調查質詢，找出弱點。有時候會有點喜歡潑別人冷水。

3. 也為母嬰格。

為什麼子宮為水鄉，亥宮不是？

因為子宮在後天八卦中，坐北方位，代表坎水宮。

日月反背格

1. 兩星光芒皆弱不旺，勞碌命，求人不如求己。無閒享清福的意思。
2. 容易白天沒有精神，但是晚上精力旺盛，適合晚上工作。

日月反背格需要命官財三方見到，不然印證程度一般。

片火焚天馬

這個是說天馬不喜火星，也不喜名氣與壓力。代表流年走到，容易因為是非而想要逃離的垂象。

代表名氣的星辰，主要是廉貞與太陽。

天馬是不喜與火星同宮的。

重羊逐祿存

擎羊多了，祿存就會跑。

其實換在任何宮位也一樣，忌煞多了，這個宮位的人就會離開。

當然這種時候，也要評估他的抗壓能力，穩定性而言。

一般見空劫肯定就跑掉了。

暗祿明祿格

化祿和祿存位於暗合宮來支持，兄弟宮和財帛宮暗祿明祿來會，富貴之格。

官祿田宅暗合，家庭幫助事業的垂象，宜產業投資。

常規來看，祿存是出資方，化祿是分享方。

坐貴向貴格

天魁天越在命遷線對坐，則為坐貴向貴格，此格局運用較廣，代表能得貴人賞

識，能為所用，文章與意見都容易被人認同。

在古代，是典型的狀元命，代表寫出來的東西，大家都喜歡，也是比較大的格局之一了。

天乙拱命格

三方四正魁鉞來會，則成天乙拱命之格，天乙也是貴人的另外一種說法。

天魁天越在才氣方面是優於昌曲的，古代很多狀元格局，會優先觀察天魁天越的情況。

白天生人，遇天魁會更得力一點（陽貴人）。夜晚生人，得天鉞會得力一點（陰貴人）。另外，貴人星也有科名的意思，是比昌曲更高級的存在，昌曲其實會更注重自娛自樂一點。

而魁鉞的才華，是可以給別人使用，幫助別人賺錢，所以才能吸引貴人。

機月同梁格

天機天梁天同太陰彙集在三方四正，其實是團隊工作的垂象，代表文職，在辦公室，機構裏面工作的。善於檔處理，幕後規劃，保守路線的人。在古代，也多代表政府官員，公務員。

殺破狼格

殺破狼三方會集，代表個性喜歡求變，求新鮮，善於外務。追求突破與刺激。這裏需要注意的是，殺破狼並非能直接代表開創，一般見忌煞過重，開創的可能性更大。如果是吉星彙集偏多，則在公司上班，負責外務的可能性也會偏大。和機月同梁是能夠形成對比的。

陽梁昌祿格

太陽＋天梁＋文昌（或文曲）＋化祿（或祿存），主功名得利。也叫狀元格。

此格的成型條件，是可以組合獲得的。比如命宮陽梁，大限命宮走到祿文昌祿存，則亦成格。

太陽文昌若能於官祿宮，也代表皇殿朝班，富貴全美。也是主才華出名的垂象。

過宮法：

本命宮的星辰會一直攜帶，與大限及流年碰到的星辰相互碰撞。

堆金積玉格

祿存坐田宅，財帛兄弟見化祿，代表富貴的意思。

玉袖天香格

福德宮見昌曲。主修養很好，溢出了才氣，動作文雅紳士。容易吸引貴人。

君臣慶會格

紫微被左右夾，或者紫微的三方有左右來會，是專門用來強化紫微的格局。

文梁振紀格

天梁星與昌曲三方來會，或者天梁被昌曲左右夾。主博學多才和專業人士。

簡單來論，就是紫微喜左右，天梁喜昌曲。

比如李光耀的盤，是國家總理，也是聯合國的經濟顧問。

英星入廟格

破軍子午代表破軍得力。因為破軍屬水，坐坎水宮被生旺，坐午火宮合水火既濟，在棋盤決中，會認為這一年在公司中的重要部門。

石中隱玉格

巨門坐子午。

主有聰明才智，也主晚發格局，在紫破盤中特有。

石中隱玉，比較喜歡神秘感。和明珠出海格類同，需要遇到伯樂去發揮自己。

禮樂格

廉貞在寅申入廟，合昌曲同度拱照則為此格。代表好禮樂（規範與儀式的意思），多才多藝，有創意。

極向離明格

紫微坐午，三方四正無煞星，逢吉。在古代認為是可以直接位至公卿的盤。優點是謙和，善於交際，健談，沒有價值，但是卻具備領導能力。典型代表是劉邦、劉備。

將星得地格

有兩種說法，一個是武曲坐天羅地網，辰戌宮，代表能守財的意思。

另外武曲是執法之星，辰戌的武曲為廟旺，主能發揮武曲的能力，環境中可以得以發揮，能得到欣賞，順勢上升而得權。

常見的惡格

桃花犯主格（極居卯酉格）

紫貪坐卯酉，主分心。若煞星或者桃花過重，就比較容易出問題，會吉星多，則有可能是個大領導，變化上來講會比較極端一點。

天機巳亥格（叛主離宗格）

天機落於巳宮或者亥宮。

詩云「天機巳亥格，為人性似弓，商賈多精詐，機謀必離宗。」這個略顯誇張。本質上是因為天機性格跳躍，且狡猾。

因為落於四馬地，所以有事情不成就逃跑的垂象（感情上尤其明顯），故形成了古書的這個格局。

另外也有說合夥人不適合找天機巳亥格，因為天機巳亥有金蟬脫殼之術。

機巨化酉格（木敗水死格）

天機巨門在酉，一個在十二長生中的絕地，一個在病地。能量不夠，但還是要闖蕩的象。

古代是破蕩格，代表心思高遠，但是聰明反被聰明誤。現在主想走捷徑，想要回頭的時候已經晚了。（個人覺得不准確，有待考證）。

只有坐命宮才算。

刑囚夾印格

天相見刑和囚，則代表刑囚夾印格。多表徵在廉貞（化氣為囚）與天相坐子，若加擎羊（刑），就等於成格。代表牢獄之災、官非、訴訟、刑傷。女命也容易先生早逝，流產。印證來看，其實不限於子午宮的廉相組合，夾宮、三方四正的彙集其實也算。

這裏的本質，其實是說的印星受損。另外也有說法，巨門化忌，傷害天相，天梁為刑，易等於刑囚夾印格（占驗派）。

刑囚夾印格，重點在天相，印星受損，且落於父母宮的時候，相對來講就比較容易產生官非。

刑囚夾印格，坐田宅宮，是最容易坐牢的格局。（重點是天相要在子田線）

甲年廉貞祿，代表很多創意會出來。這種創意往往伴隨著規則不完善，有漏洞。然後在丙年，創意結束，廉貞會忌，就伴隨著相對應的官非，也代表一個階段的結束。

鈴昌陀武，限至投河

武曲文昌鈴星陀羅同宮或者本對線見到，且武曲化忌或文昌化忌。

本質是因為武曲管肺部與呼吸，見到文昌及鈴陀，就有呼吸困難的垂象。在古代多代表溺水的問題，在現代也會看成一些手術上，風險很大的格局。

第六章 格局

巨逢四煞格

巨門忌且三方見到擎羊陀羅地空地劫。

巨門是是非星，如果逢四個煞，就非常的凶，是古代的流刑之災。也代表容易有歪心，所以容易引發官非之事。

巨火擎羊，終身縊死。巨羊鈴，巨火鈴，都是自殺格局，代表自己有口說不清，陷入爭端之中。

本命格局，本命為貪狼天喜天姚，性魅力強。三方見到擎羊火星地空陀羅，見到四煞星，外界有不好的衝擊。

2017年，流年命宮走到酉宮，酉宮空宮借對宮巨門，逢巨門流年忌，代表外界留言攻擊有理說不清。其實在這個階段，能看到他的生活環境裏面有很多人是幫助支持她的，但是命宮攜帶的四煞星會伴隨，代表命主還是不相信周邊的人的。而且身邊人（兄弟和父母）對她是不理解的態度。在該年，羊陀夾忌，加重了這個祿存逃離的垂象。故最終選擇了自殺。

羊陀夾忌格

其實是說祿存的狀態不好。羊陀本身是要保護祿存的，但是見到化忌，代表保護的過分了，就變成凶象了。也代表委屈或者有自閉傾向。

自閉的好處是，也容易出某些領域的天才。

文星失位格

文昌文曲坐寅午戌守命宮，再逢忌煞（羊陀火鈴）或者破軍星，代表文星失位。

本質是因為，文昌屬金，文曲屬水，故落於火局中不受用。也有懷才不遇的意思。

桃花滾浪格

命宮再戌見文曲，官祿為巨日，代表口才好，桃花滾滾。

這個是代表，配偶的職業性質，雙方聚少離多。而命主因為職業便利的因素，形成了他在外面一個太陽一個巨門，也就是一個官配一個情人。文曲在這裏代表糾纏，也代表多的意思。

馬頭帶箭格

七殺擎羊坐命在午。小時候比較容易遇到嚴重的意外，身上容易有疤痕。

這類人一般脾氣都比較爆，也有成敗起伏大的意思。

小人在位，君子在野

這個是說命宮身宮都沒有主星扶持，但同時又坐了很多煞星，多表徵在，別人說好的，他不相信，反而容易相信不好的東西。

泛水桃花格

貪狼坐子，貪狼屬癸水，子宮為水鄉，故增加水的元素。同時也讓貪狼的甲木飄蕩，就成了漂泊之格。

也代表桃花事比較複雜。但是並不代表花心，花心的話需要見到左右昌曲彙集才可。

巨日同宮格

這個主要是因為三方皆空宮，且坐於四馬地，所以有去外地漂泊，無依無靠的垂象。

逢天馬祿存，可以直接論富格，外交之家，可以賺全世界的錢。

離正顛倒格與粉身碎骨格

貪狼＋昌曲為離正顛倒，代表分心。

貪狼＋文昌＋忌，粉身碎骨格。因為貪狼有血肉的意思，所以逢金剋木，就主有刑傷。

這個也是典型的比較容易出國的盤，但前提是需要見到天馬。

刑耀格

天機天梁會擎羊，刑耀格。代表多人責備，譴責之意。官祿見此格局，也代表工作環境惡劣。

和廉殺在一起用的比較多。

太陰火鈴，十惡之格

形容一個人非常計較，摳門，復仇心態強烈，代表意象是高利貸和比較勢力的

律師等。

太陰擎羊，人離財散之格

坐官財，代表虧損，坐感情，代表離婚，家人糾紛或者感情被反對。

而且太陰擎羊離婚，多半是賠錢的。

財與刑仇格

廉貞化忌＋武曲化忌一起。一般上解釋為官非＋賠償的問題。不利投資。

路上埋屍格

廉貞七殺坐丑未，逢忌煞有意外組合的意思，多與粉身碎骨格，結合來看。

其實也有客死他鄉的意思。代表適應能力強，在哪里都可以適應下來，是廉殺獨有的天賦，在古代因為外出之後就沒有音訊，所以叫路上埋屍格。

水中作塚格

284

破軍文曲同宮坐亥宮、子宮,且見文曲忌引動。破軍文曲皆為水星,坐在水鄉,其實是溺水格。

文曲本身也是暗曜(紫微斗數一共有兩顆暗曜,一個是巨門,一個就是文曲)。

所以此格為水厄格。

第七章 婚姻斷法

第七章 婚姻斷法

1. 夫妻宮怎麼看

本命盤中的夫妻宮，代表了最長期的趨勢，包括配偶大方向上的特點，以及我所喜歡的類型。

夫妻宮是配偶之命宮，所以可以以夫妻宮立太極點，作為命主配偶的命宮而論。

1. 看配偶的性格及處事

(1) 使用棋盤決中的角色位置來論述配偶的整體情況

第七章　婚姻斷法

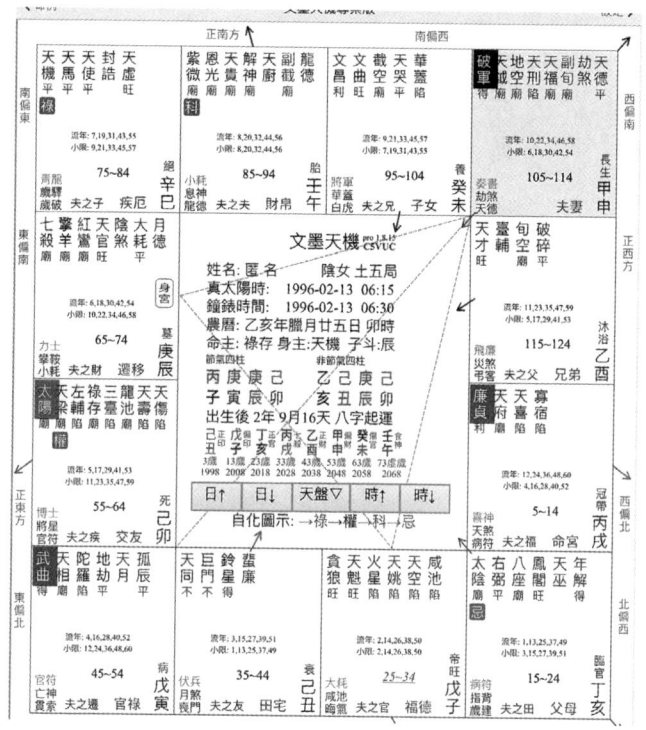

天機 天馬 封誥 天虛 旬 平 平 旺 祿 流年：7,19,31,43,55 小限：9,21,33,45,57 **75~84** 歲驛 辛巳 絕 青龍 夫之子 疾厄	紫微 天恩光 解神 副截 龍德 廟 廟 廟 廟 廟 科 流年：8,20,32,44,56 小限：8,20,32,44,56 **85~94** 息神 壬午 胎 小耗 夫之兄 財帛	文昌 文曲 天哭 華蓋 利 旺 平 陷 流年：9,21,33,45,57 小限：7,19,31,43,55 **95~104** 華蓋 癸未 養 將軍 白虎 夫之子 子女	**破軍** 天地 天天 副劫 天 得 戌空 刑福旬煞 德 廟陷 廟廟 平 流年：10,22,34,46,58 小限：6,18,30,42,54 **105~114** 劫煞 甲申 長生 奏書 天煞 夫妻
七殺 擎羊 紅鸞 陰煞 大耗 月德 廟 廟 旺 廟 流年：6,18,30,42,54 小限：10,22,34,46,58 **65~74** 攀鞍 庚辰 墓 力士 夫之財 遷移	文墨天機 CSVIC 姓名：匿 名　　陰女 土五局 真太陽時：1996-02-13 06:15 鐘錶時間：1996-02-13 06:30 農曆：乙亥年臘月廿五日 卯時 命主：祿存 身主：天機 子斗:辰 節氣四柱 　　　非節氣四柱 丙 庚 庚 己　乙 己 庚 己 子 寅 辰 卯　亥 丑 辰 卯 出生後 2年 9月16天 八字起運 己 戊 丁 丙 乙 甲 癸 壬 丑 子 亥 戌 酉 申 未 午 33歲 23歲 13歲 3歲 33歲 23歲 13歲 3歲 1998 2008 2018 2028 2038 2048 2058 2068 日↑　日↓　天盤▽　時↑　時↓ 　　　自化圖示：→祿→權→科→忌		臺旬 破 廟 平 碎 旺 流年：11,23,35,47,59 小限：5,17,29,41,53 **115~124** 災煞 乙酉 沐浴 飛廉 弔客 夫之父 兄弟
太陽 天祿 三龍 天 廟 梁存 台池 傷 祿 廟 廟 廟 陷 流年：5,17,29,41,53 小限：11,23,35,47,59 **55~64** 將星 己卯 死 博士 官符 夫之友 交友			廉貞 天天 寡 宿 利 府喜 廟 陷 陷 流年：12,24,36,48,60 小限：4,16,28,40,52 **5~14** 天煞 丙戌 冠帶 喜神 病符 夫之福 命宮
武曲 天陀 地天 孤 蜚 得 相羅 劫刑 辰 廉 廟 陷 平 平 流年：4,16,28,40,52 小限：12,24,36,48,60 **45~54** 亡神 戊寅 病 官符 貫索 夫之邊 官祿	天同 巨鈴 蜚 不 門星 廉 得 流年：3,15,27,39,51 小限：1,13,25,37,49 **35~44** 月煞 己丑 衰 伏兵 喪門 夫之友 田宅	貪 火 天 咸 狼 星 姚 池 旺 旺 陷 陷 流年：2,14,26,38,50 小限：2,14,26,38,50 **25~34** 咸池 戊子 帝旺 大耗 晦氣 夫之官 福德	太陰 八 鳳 天 年 廟 座 閣 巫 解 旺 廟 得 忌 流年：1,13,25,37,49 小限：3,15,27,39,51 **15~24** 指背 丁亥 臨官 病符 歲建 夫之田 父母

破軍坐命會地空天刑

代表命主配偶是相對比較容易有宗教信仰及哲學思想的。

觀察夫妻宮三方彙集，代表配偶本身對世界持悲觀態度。在事情上，喜歡短線、快准狠的內容。性格上獨立自強，不喜求助他人，忽明忽暗，喜怒無常，是具備很強的梟雄特點的。錢財上容易有衝動開銷的垂象，事情上偏好做自己喜歡的內容。

能看到配偶的動向很強，故容易異地。

2. 欽天與三合的使用技法區分

三合：三代四化，以星辰動象來分析。

欽天：只使用生年四化，以飛宮、法象生年的分析為主。

欽天比較善用法象的技法，法像是指所有的象（自化象、視同自化象、飛宮象）都是要回歸本體，也就是生年象的。

在這裏，也就同樣有了體用關係。

生年象為體、其他象數全部未用。

本命宮為體，其他11個宮位全部為用。

本命盤為體，大限流年盤為用。

3. 關於夫妻宮的引動

引動原則,但凡涉及體用關係的引動,都認為事情發生的可能性以及能量是倍增的。

1. 生年四化象＋自化象,代表時空俱在,必有配偶。
2. 夫妻宮見到自化象,代表後天不停的演變發展,同樣代表感情會比較容易有變化。
3. 關於配偶的描述,自化象＝放了一個小型的生年進去。

夫妻宮見到破軍自化權

代表配偶的破軍星,在後天演變中,凡流年走到,都會引動到一次權的變化。

夫妻宮除了作為配偶之命宮,也代表了我的感情態度。

破軍星,具備去舊迎新的意思,在夫妻宮更容易代表我的感情上的去舊迎新,

所以就出現了破軍坐夫妻，必主離婚的象義。

但是在現代，破軍星坐夫妻宮，更多代表感情上的緣起會比較豐富，談戀愛會比較多一點。

因為見到自化權＋武曲視同自化科，也代表感情上面易有變故。權科為一組，一顯一隱，代表感情線上可能會存在多個並行的狀態。

夫妻宮是配偶之命宮，見破軍自化權，則認為有一個小型的生年權，坐在了配偶的命宮。認為配偶是具備執行力的，且搞事情的能力比較強。

又因為見到武曲自化科，代表人是屬於比較講原則的，且原則是比較放寬的，對他人是比較寬容的。雖感受到外界的東西多偏負面，但是脾氣是比較ok的。

破軍自化權法生年權，進交友宮的天梁權。

代表感情的變化狀態，與身邊的長輩或者偏成熟的同齡人密切相關。

且這種長輩，不是家裏的長輩，而是偏朋友關係的長輩。

4. 關於本命夫妻宮的看法關注點

1. 棋盤決中的位置
2. 命宮中帶的生化四化象
3. 命宮中帶的自化象及視同自化象

關於配偶的家庭

1. 觀察夫妻宮的三方
2. 觀察夫妻之父母（關注的重點）及夫妻之田宅（非重點）
3. 夫妻之父母也是婆媳關係的重點宮位

比如在此盤中
夫妻之父母宮空宮。有兩個象義上面的解釋：

1. 代表配偶屬於不依賴父母之人，甚至很多想法也不會父母講，屬於比較獨立獨行之人。

5. 關於相處對待

1. 廉貞屬火，天府屬土，火生土，代表我的屬性是屬於土象更重一點的。

2. 夫妻宮破軍屬水，土剋水。代表我的城府穩重以及坐得住，會讓破軍的水的性質，比如忽明忽暗，自身想法不講出來等不舒服。代表我會讓我的配偶不舒服。

※ 隔角煞 - 兄弟宮在四馬地，代表交流有阻礙。

2. 也代表父母無法完全摻和進入我和配偶之間的感情。代表不是住在一起的關係，不是天天見面的關係。

3. 但是，對方父母一定會介入婚姻感情，比如遠程操控。

4. 對方家庭條件比較ok，比較容易屬於書香門第，所以規矩可能也會比較多。

5. 對方的個人實力不如我，但是家庭條件好過我。

關於我和配偶的氣勢對比

1. 命宮為廉貞天府，三方見紫微，而夫妻宮是殺破狼，忌煞來沖比較嚴重，代表在婚姻感情中，比較容易出現女強男弱的局面。

2. 雖然女強男弱，但是對方家庭條件更好。

3. 夫妻宮化祿入我的命宮，代表我的配偶喜歡和我相處，即使在相處過程中有時候會覺得不舒服，也會向我靠近。

先天是否有婚姻

1. 沒有妻田交易。

2. 夫妻宮見自化。

3. 夫妻宮既無自化，也無生年的情況，要看飛宮。飛宮落入婚姻六內宮，且見同組或者先天象數，則認為也是有婚姻的。

婚姻六內宮：夫妻宮、財帛宮、疾厄宮、交友宮、田宅宮、命宮。

關於妻田交易

1. 夫妻宮與田宅宮出現了忌的交易。
2. 疊宮交易。
3. 法象生年交易。
4. 暗合忌。

先天的妻田交易，主不想結婚。

後天大限出現的妻田交易，主感情出現問題，且更多表現在對家庭的定義上面。

其實是說，感情有因，但未必有果的意思。

6. 1324 原則

事物從1出發，與3認識發展，在2中產生共振，獲得4的結果。1324 暗示了事物的發展路徑。

第七章 婚姻斷法

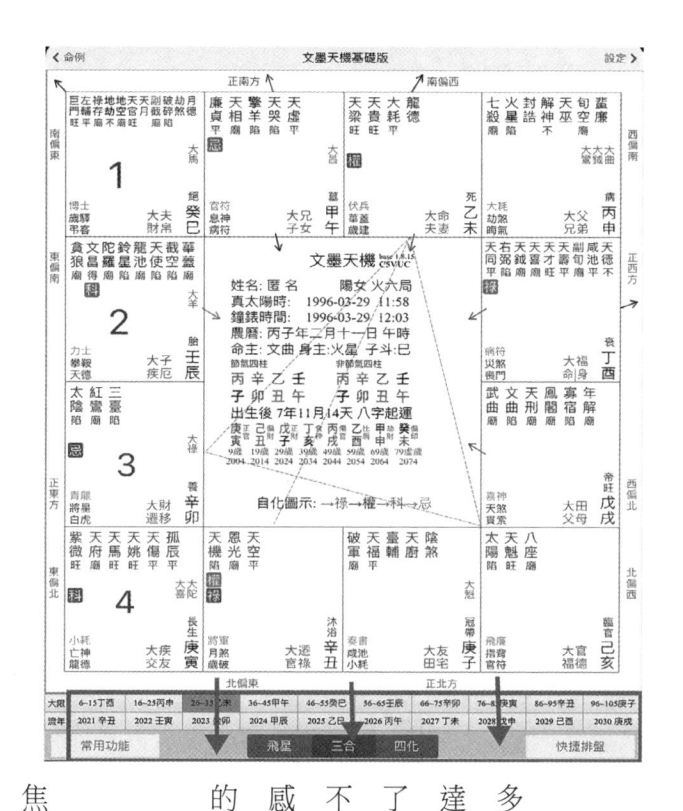

21年-23年上半年 對感情的渴望會比較地多一點，但是不會和外界表達這種情緒。同時因為見到了空劫，代表這種情緒是抓不住的，放空的。也代表對感情的態度是從重視到流失的一個狀態。

23年下半年-25年 感情上面比較容易出現焦慮的情緒。

26年-28年上半年

這個時間段,對感情的要求會下降。貪狼文昌會陀羅,可能會喜歡一些愛玩的會撩的男孩子。

28年下半年－30年

感情上面區域穩定。

1324 在流年斷法多看自己對感情的態度

陰曆1、2、3月份,會比較想談戀愛

陰曆4、5、6月份,對感情的渴求就沒有那麼大了,同時能看到這個階段的事業比較容易受到政策規則的限制。

陰曆7、8、9月份,感情上面的能量又會比較積極充足,同時也有積極表現的能量。

陰曆10、11、12月份,感情上面是比較容易收穫到好的情緒好的能量的。

7. 感情的流動變化

看法1：種子效應

種子效應代表了在一個階段開始的事情，後續產生的變化與發展。

種子效應1：以流年四化為依據，來看事物的發展變化。（首先要保證流年夫妻宮的引動與流年四化有關係）。

比如 2022 年談戀愛，則四化對應為天梁祿、紫微權、左輔科、武曲忌。

當流年夫妻宮的三方進入到祿的位置的時候，我們認為感情比較容易利好，當流年夫妻宮進入到忌的位置時候，就比較容易產生矛盾。

種子效應2：以夫妻感情成立的這一年算起，去觀察夫妻宮的三方與後續年份中產生的四化交易。

比如該命盤 2022 年談戀愛，則命三方為殺破狼。

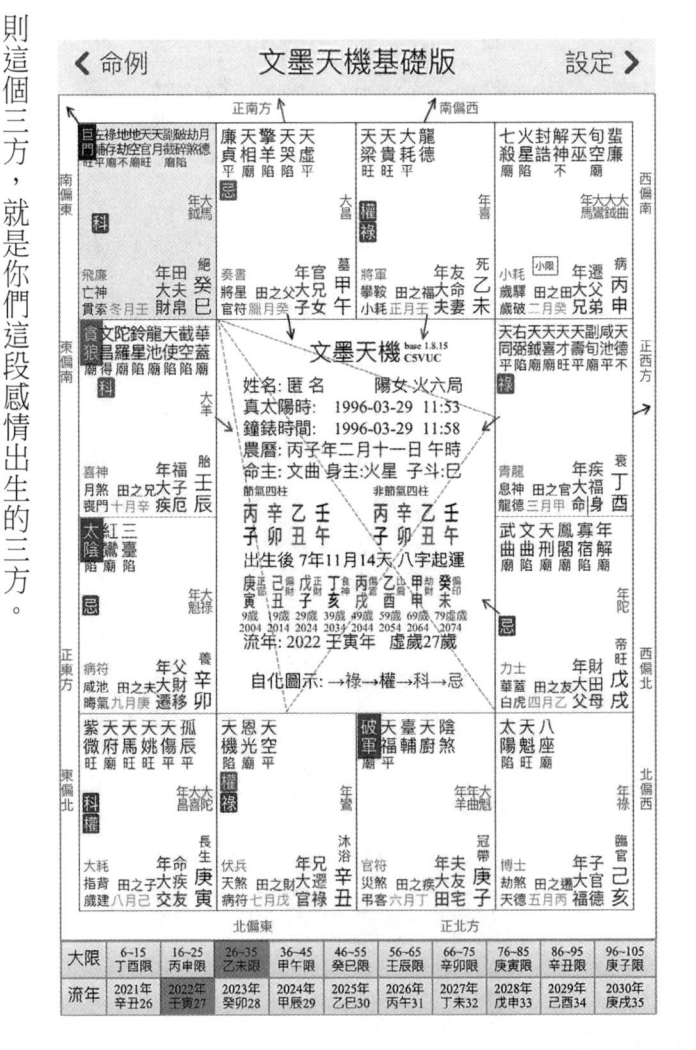

則這個三方，就是你們這段感情出生的三方。

當有流年祿進入該三方的時候，則認為感情利好，如果有流年忌進入該三方的

話，則認為感情不好。

流年破軍祿、貪狼忌代表了事物會發展到一個新的階段，要麼完全推翻，要麼開關進入新階段。命主回饋這一年是想要談結婚，但是沒談攏，所以分手了。

8. 合盤對婚姻感情的重要影響

2022 年的對象時間－1995 年正月21日

95年為乙亥年，可以使用太歲入卦的方法來判斷和這個人的感情發展。

以亥宮作為此人命宮，以乙年四化安裝進入命盤。

紫微斗数命盘

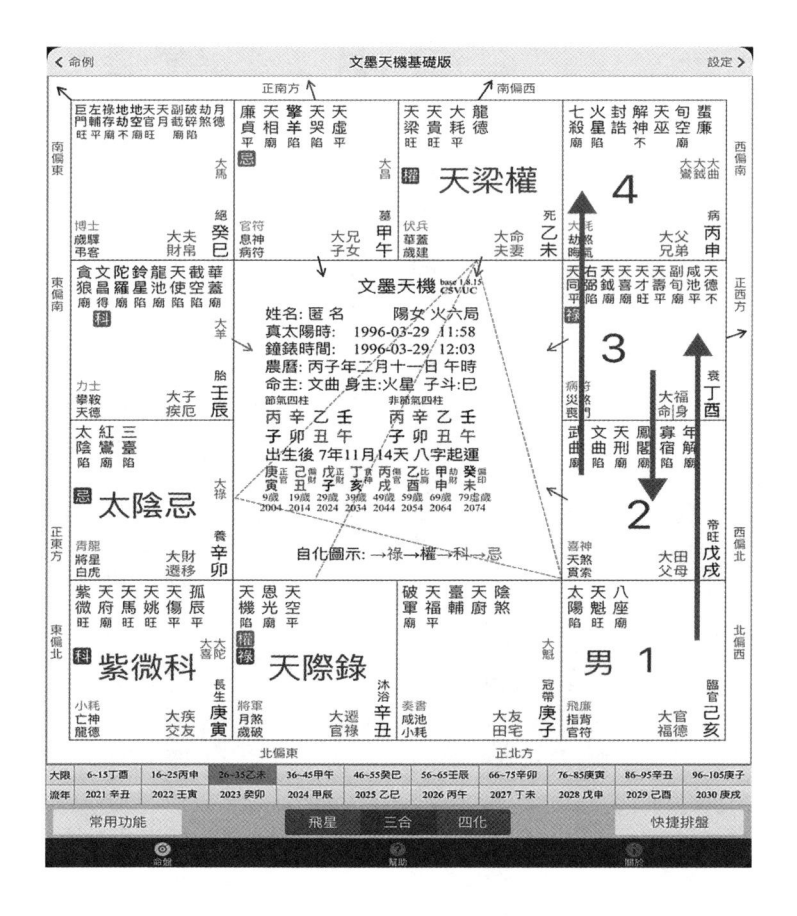

第七章 婚姻斷法

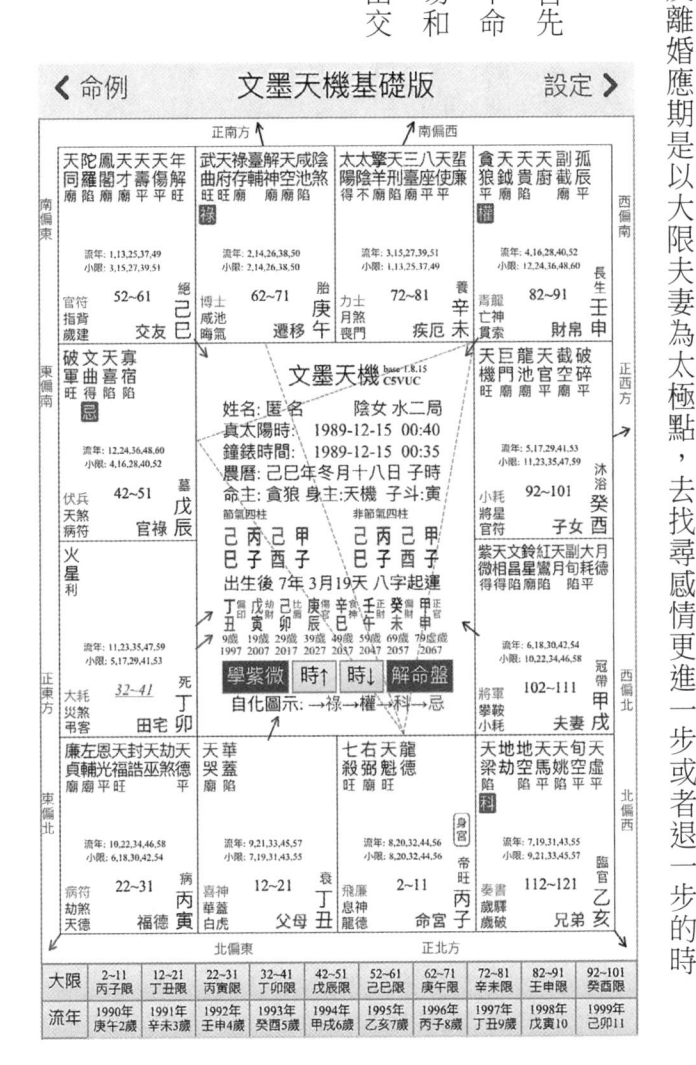

9. 結婚應期

結婚及離婚應期是以大限夫妻為太極點，去找尋感情更進一步或者退一步的時間節點。

1）首先需要排除本命盤妻田交易和大限盤妻田交易的情況。

從盤上來看，大限田宅入官祿沖夫妻，代表在該階段，2019年之前，都是不易結婚的。

認為感情比較容易發生問題的階段，會集中在2013年、2015年（概率最大）、2019年。

而感情應象的時間點，要從大限夫妻宮去找機會。

1. 大限夫妻宮見自化，則當流年的命遷線走入，我們認為是有感情發生的；

2. 看大限夫妻宮的飛宮四化

    a) 要落入婚姻六內宮 — 命宮、疾厄宮、夫妻宮、財帛宮、交友宮、田宅宮。

    b) 落入的象要逢自化象或伏象，必須產生象與象的碰撞。

        i. 同類象碰撞。

        ii. 形成同類象組 — 祿忌一組、權科一組（能量不夠，只能說有）

        iii. 形成先天象數（祿忌、權忌、科忌）。

304

第七章　婚姻斷法

關於該盤感情的應期（注：感情應期多表徵在感情更進一步，包括不限於談戀愛、擺酒、領證、結婚酒席）。

1. 2012年，流年命遷線走入了本命的官夫線，我們認為是有感情發生的。

2. 2013、2015感情上容易發生矛盾。

3. 2018年，流年命宮走到本命夫妻宮，流年夫妻宮走到本命福德宮的本對線，認為感情必有應象。同時因為見到流年夫妻宮忌星引動，所以也認為這一年會發生比較大的爭吵。

4. 命主回饋在2018年與88年生人結婚，正常來講應有爭吵或者不愉快發生，因為走到了忌星引動的關鍵年份，所以結婚比較容易出現不開心的情緒。因為配偶剛好是戊年生人，一定程度上，可解夫妻宮化忌入廉貞的問題，所以沒有大問題發生。

斷法補充：在天成象、在地成型。

四化象為先天象，四化象之飛宮象為在地成形。

10. 大限夫妻宮的天干，代表對感情的進一步解釋

因為天干會氣化飛渡，與其他宮位形成交易，從而構成了感情和其他宮位的碰撞。

但同時，天干有固定飛化的四化象，每一組四化象，都有一個固定的體系或者說追逐的內容。所以天干，其實代表了大限夫妻宮中，感情變化的進一步解釋與推進。

大限夫妻宮天干為丁，丁天干代表太陰祿、天同權、天機科、巨門忌。

代表這個十年的感情線條上面，想得會比較多，也會容易因為胡思亂想產生問題。

進一步，可以通過飛化象的落宮，去尋找細節。

飛化祿入本命的夫妻宮，認為感情大體上是開心的。

自化權逢生年忌，認為容易出現，對感情不滿意，就會馬上逃走的垂象。

科忌入本命命宮，代表雖然想跑，但是跑不掉。那天同權的內容，會只表徵在想法上面，而不能表徵行動上面。

為什麼會跑不掉呢？

因為科忌入命，人位入人為，所以在這裏是代表了糾纏。天機科巨門忌在感情裏面是最麻煩的，巨門忌是比較容易亂想，但是巨門忌生天機之科，又會出現特別容易心軟重感情的現象。在感情裏面，就會更加出現剪不斷理還亂的情況。

11. 三合理解的應期尋找（只能作為加分項）

三合認為，對方的生年祿，可以化祿到我的流年鸞喜、大限鸞喜或者本命鸞喜，就認為是進入了結婚的應期。

12. 如何催旺桃花或者尋找到自己想要的配偶

原理：我們碰到的配偶是採用的加法原則我們對其的形容是 本命（自己喜歡的）+ 大限（環境裏比較多的）+ 流年（實際碰到的）來決定，我們具體談戀愛或者結婚的人的狀態。

舉個例子，如果你喜歡長得好看的，就可以挑當流年夫妻宮或者流月夫妻宮走入最好看的宮位的時候（比如廉貞、貪狼，或者桃花星見得特別多的宮位），來談戀愛。

如果喜歡有錢的，就直接找當夫妻宮落入紫微星的時候。

308

但是，當你的流年夫妻宮走入的時候，並不是你想談戀愛的就能談的，這個時候可以通過風水去調和增旺。方法主要有4：

1. **天干祿命** — 去找到對應天干的人（比如想要紫微化權，就找壬年生人）

2. **顏色催旺** — 天干是有對應的顏色的，顏色可以起到催旺效果

3. **方向催旺** — 找到對應天干的方向，增加這個方向的氣的流動，可以產生增旺效果。

4. **增加法** — 在夫妻宮中增加對應的星辰及對應的垂象。

甲干顏色的表徵，呈現出青藍系列的顏色：水藍色，中藍色，深藍色。

乙干顏色的表徵，呈現出青綠系列的顏色：淺綠色、深綠色、墨綠色。

丙干顏色的表徵，呈現出鮮紅系列的顏色：粉紅色，珊瑚紅，朱紅色。

丁干顏色的表徵，呈現出赤紅系列的顏色：茶紅色，紫紅色，暗紅色。

戊干顏色的表徵，呈現出亮黃系列的顏色：桔黃色、淺亮黃色、鵝黃色、金黃色。

己干顏色的表徵，呈現出土黃系列的顏色：米黃色、土黃色、深土黃。

庚干顏色的表徵，呈現出黃白系列的顏色：米白色、乳白色、微黃白。

13. 婚姻中的特殊情況

1) 長輩介紹：當流年夫妻宮或者流年交友宮見到天梁祿或者天梁權，代表容易出現長輩介紹配偶的情況。

2) 與朋友私奔：流年夫妻宮見天機太陰（僅限男性）。

3) 小三的論法（不小心介入別人家庭的）
   a) 夫妻宮見到太陰天同（這個代表對面的女性可能是帶小孩子的）。
   b) 夫妻宮見日月（代表對方本來是完整的一起的，流年見到比較麻煩，因為也有日月交替的意思，原來那個可能就會被踹了，也代表命主容易騎驢找馬）。

辛干顏色的表徵，呈現出純白系列的顏色：銀白色、象牙白、純白色。

壬干顏色的表徵，呈現出淺黑系列的顏色：淺灰色、鐵灰色、淺黑色。

癸干顏色的表徵，呈現出深黑系列的顏色：暗咖啡、黑藍色、墨黑色。

4) 不利感情的垂象

a) 女性夫妻宮之遷移宮見到太陰天同（代表這個男性外面是有老婆孩子的）。

b) 天相在未坐命宮，命宮與夫妻宮見左右。

c) 命宮與夫妻宮見左右，且會左右化科。

d) 夫妻宮見日月。

e) 對宮見到桃花星與科星（比如廉貞貪狼祿，或者對女性而言夫妻之遷移出現太陰科）。

5) 如何看待海王組合

a) 夫妻宮見祿權（一生多情、次次真心）。

b) 欲望星桃花星過重（比如命宮見貪狼天姚紅鸞鹹池一起了），同時兄友線見到很多人。

c) 文曲坐命，官祿巨日，這是桃花滾浪格。

d) 夫妻宮見巨日也不好，代表明裏一個，暗裏一個。

第八章 事業斷法

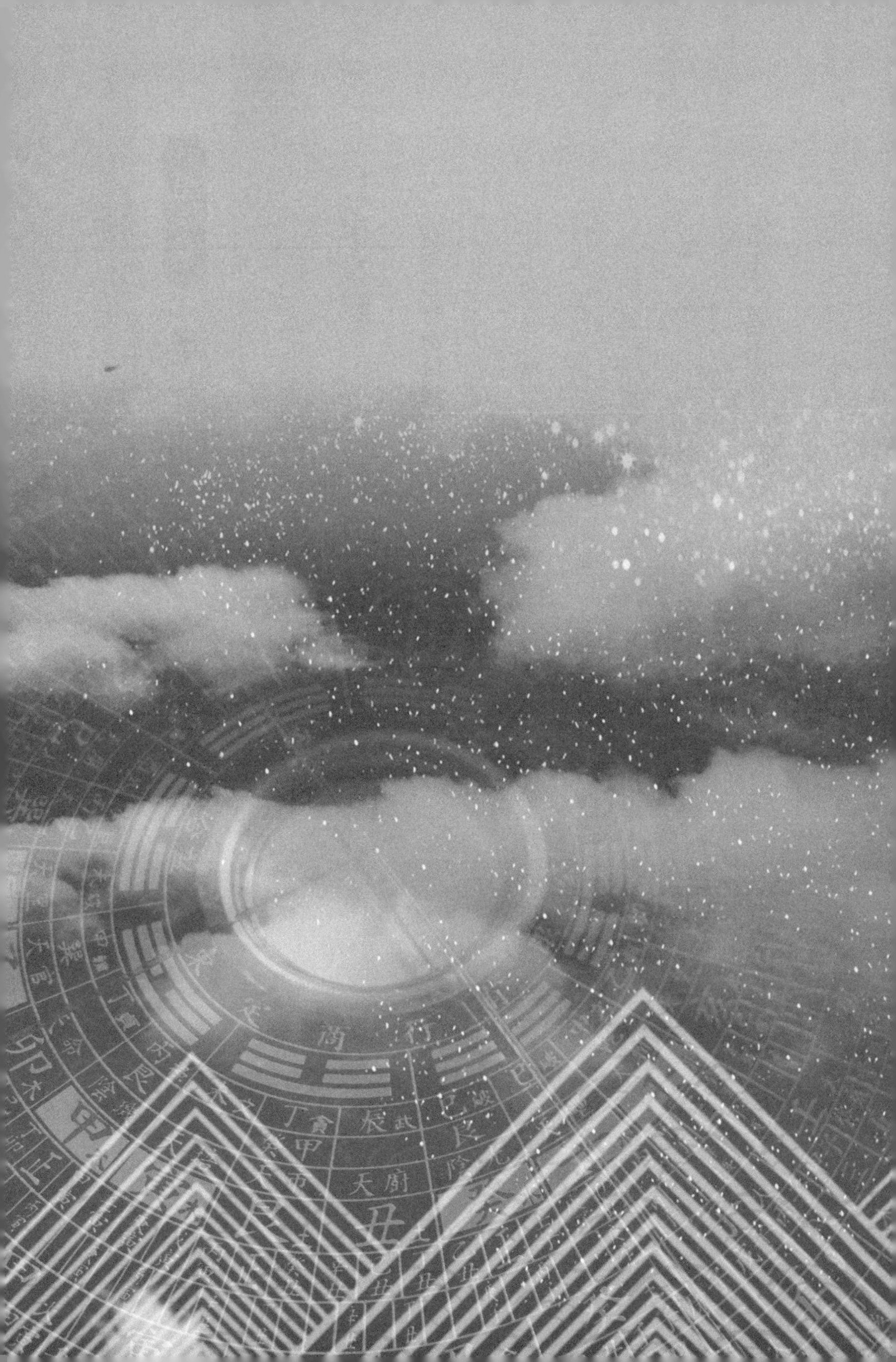

第八章 事業斷法

1. 事業解

看職業參數選擇：

1. 以命宮、財帛宮、疾厄宮生年四化定象；權重最高。
2. 以本命盤財帛宮之祿入位定象；權重其次，也代表最終的歸宿。
3. 以本命盤官祿宮參考工作狀態、工作環境；
4. 以大限盤財帛宮祿入方向定象。

*** 本命盤往往代表最終的職業落點

看事業運勢的起伏：

第八章　事業斷法

1. 命宮與官祿宮是否見化權
2. 看大運

2. 十天干四化表及世界發展趨勢

注明：四化的理解多種多樣，沒有固定的形式，可以在今天的課程內容上添加自己的理解。

1. 為什麼紫微斗數可以看世界發展趨勢

紫微斗數中，首先要區分內部效應和外部效應。也就是什麼事你個人盤中的象，什麼事外部帶來的垂象。

紫微斗數可以看世界發展趨勢的根本原因在於，從流年層開始，大家面對的四化是一致的。以流年的天干的四化人象為主。

315

同時，每個人的流年命宮都在流年的地支宮位。比如2023年，大家的命宮都會在辰宮，從紫微斗數十二基本盤的角度而言，也就是說流年垂象結合流年命宮，一共有十二中可能性，決定了世界的大部分事物的展開。

但是，這裏我們沒有討論四化的吉凶。而我們也說，四化是論斷吉凶的關鍵，所以在事物的發展演變中，誰是勝利者，誰是得利者，誰又會被淘汰，就要依據具體的四化象而言。

關於運勢

天運→地運→人運

天運：也就是指的三元九運，每20年一個運勢，代表了生旺的方向。

比如04年-23年，為艮土運，所以工業發展，房地產持續走高。

現在24年-43年，為離火運，利文化產業發展。

地運：國家政策及發展、平臺政策及發展、公司政策及發展。

人運：人運在一張盤中。

以投資為例，比如你今年的財運很差，但是股票大盤很好，你可能還是賺的。

但即使你財運很好，大盤不好，你可能也不能賺到錢或者甚至有虧欠。

2. 關於十天干四化的理解

甲天干

廉貞祿 破軍權（承接的癸天干的破軍祿） 武曲科 太陽忌

該四化，主開端創意與新生活。

廉貞：系統、桃花、文書紀律、精密、電子設備。

廉貞是管複雜精密與創意的。在該組四化中，更多的表達了創意的發生和突破。

武曲：投資、懲罰（執法者）、財、紀律（原則）；

武曲化科 = 原則被打破了，開始變得靈活了。有時候也會表徵在降低價格上面。

太陽忌 = 表達受阻，名氣沒有辦法打出去，名氣受損。

在個人上如何去把握呢？

這個要研究星辰關係，主星的分佈可以分為紫微星系，和天府星系。

廉貞、武曲、太陽都是紫微星系。

故，廉貞祿、武曲科三方會，講述了同一件事情，就是新創意帶來的原則讓步。

廉貞太陽，16關係，廉貞祿會影響太陽忌。

第八章 事業斷法

甲天干，是唯二可以強化紫微三方的天干。對於公司創建，非常有必要，也是適合成立公司的一年。

乙天干

天機祿 天梁權 紫微科 太陰忌

該組四化，是主團隊合作與分工的，也可以代表人際與社交。

從故事線上來講，是團隊為大，老闆勢弱的格局。

紫微科，可以是認為大家要推舉一名領導人出來，但是領導人是不具備實權的，因為事情還在發展階段，並不成熟，需要更專業的人（天梁權）及他的團隊（天機祿）來幫忙做事。

紫微化科，在這裏也有高級化包裝的意思，但是本身又缺乏真材實料。

所以一定程度上引起了太陰忌，也就是恐慌焦慮問題。

太陰忌也反映了管理和條理上的混亂，沒有回歸到應有的秩序中。

丙天干

天同祿 天機權 文昌科 廉貞忌

天同祿，認為需要招聘新的人手。同時也代表紫微在這個階段得力，會認為紫微也有受到天同祿的影響。

文昌科，畫大餅。可以理解為天機在給天同畫餅，或者說紫微給天機天同畫餅，讓他們更努力地幹活。

然後文昌科，也可以結合廉貞忌來理解，代表了在該階段開始出現貸款和公司債務。

廉貞是債務星，尤其是在見到昌曲的時候。

其次呢，廉貞忌也代表甲天干的創意會受到挑戰和調整。只靠創意已經難以出圈了，創意為先的時代在這裏會結束，接下來就是誰能把創意玩得更好。

丁天干

太陰祿 天同權 天機科 巨門忌

太陰祿代表開始規整化，系統化。

同時，新人也開始變得有實力，開始幹活，老一輩開始退居幕後。

中間也會出現比較多的內部鬥爭、質疑、不信任、背叛者等。

在這個過程中，太陰祿也代表了新的創意開始有大額盈利的跡象。在新創意變成生產線且活下來的人中，出現了能夠穩定賺錢的人。

戊天干
貪狼祿 太陰權 右弼科 天機忌

太陰化權，會承接丁天干太陰化祿，代表遷動場地、轉換基地，勤快整頓，強化監督。本質上，其實是對體制建設的進一步完善。

同時也認為，在丁年，完善的生產線和盈利指標是符合的。

在戊年，就有想要達成夢想，增大欲望，把追求拉高的垂象，也看到了掙更多錢的機會。

而在見到右弼科，會認為流量上面也是有利好消息的。

但是，同時也見到天機忌，代表在太陰強化管理的同時，一些坐在功勞簿上面養老的人可能要離開了。所以天機忌，其實是說就團隊的梳理分散。

己天干

武曲祿 貪狼權 天梁科 文曲忌

武曲是原則，是投資，是財。

貪狼是欲望，是行動。

* 紫殺盤，己年生人，見武貪祿權，很容易甲乙，代表精力旺盛。

武曲在掙錢上面，就不是偏財了和投機之財了，是通過身體力行的勞動去獲得的。同時武曲管投資，會出現融資或者金融化的跡象，同時也有規範化、立法的垂象。

貪狼權承接貪狼祿，代表在這個過程中，是見到了上個階段的好處，並且認為

322

這個好處可以繼續挖掘，所以也有增大目標，自律專注的意思。

天梁科文曲忌，是解決上一年的遺留問題，也就是天機忌，團隊分崩離析的問題，比如賠償，比如是否要重新召回等。

天梁，代表公司的創始人介入，會科星，代表勸誡約束，會文曲忌，也代表天梁的態度是曖昧的，並不是急於把事情解決，所以也代表事情會經歷多次和反覆的談判，並且結果未知。

庚天干

太陽祿 武曲權 太陰科 天同忌

在這個階段，已經開始有品牌概念了，因為見到了太陽祿，代表名氣提升。

太陽祿，有英雄化、偉大化、推廣的意思。也代表開始建立價值體系和品牌觀。

對於一個新生事物的發展，走到這個階段，幾乎就是紅海市場了，競爭會非常

激烈，大部分市場蛋糕會被龍頭奪走。

武曲化權，會承接武曲化祿，在接收到新的甜頭之後，很多其他的企業會模仿，覺得依然有利可圖，進行融資等金融化、證券化專案。

武曲化權，也代表了強化專案、提升規格、嚴厲管控和建立規矩。

太陰科天同忌，在這裏可以結合解釋，代表市場的新人比較難以收穫好的正向的回饋，也代表公司的新人現在已經沒有更多的發展空間了，因為事情已經發展成熟。

太陰科，一方面代表公司裏的人有去安撫新人的垂象，一方面代表在針對天機忌的問題上面，給了一定的退步去解決過去的遺留問題。

辛天干

巨門祿 太陽權 文曲科 文昌忌

巨門祿代表在這個階段，開始有人去尋找新的內容，新的機會。包括在成熟的公司模式裏面，去發現一些新的機會，或者直接去挖在這個行業裏已經深耕到一定程度的人。

太陽權承接太陽祿，代表吃到了推廣的甜頭之後，在繼續做推廣相關的事。也代表在正業的投注力度依然是足夠的（即使在這個階段想要去找新的出口，新的事）。

辛天干的質感，更多的是雙業並行，兩邊都想抓，所以帶來了昌曲科忌的麻煩，也就是事情多拖延，而無法得以快速解決。

拆開來接，文曲化科也可以帶包花言巧語、美化。

文昌化忌，代表了無資質、無憑證、不受承受以及文書相關的各種內容。

壬天干

壬梁祿 紫微權 左輔科 武曲忌

壬天干主要是承接辛天干帶來的問題，代表領導層及管理層開始加大重視力度了。

因為巨門祿，會洩掉公司的很多東西。所以出現了領導層都開始強化管理，施壓證券的情況。同時也代表了公司政策上的收緊。

在另一方面，也代表公司覺得各方面已經走到了高處，需要有更專業的知識、更專業的內容，所以有了天梁祿，代表學習的垂象。

見武曲忌，紫微權，其實也有說去投資提高自身實力，提高自身專業，提高公司專業認知的情況。

癸天干

破軍祿 巨門權 太陰科 貪狼忌

癸天干是十天干四化的最後一年，也代表了十年內容的總結。破軍祿，會承接

第八章 事業斷法

天梁祿,也是代表說天梁在22年的影響會直接轉成到23年。也就是說22年學習的專業知識和內容,在23年往往會成為事件的突破口。

因為破軍祿,必會巨門權,同樣也是16關係,所以代表了會尋找新的管道,新的突破口。

當然巨門權,其實也有勇敢發言,決斷選擇的意思在。

太陰科,在這裏主要是用來解決武曲忌的,政策過分收緊情況,會有一個簡單的回彈,關注度會降低。

貪狼與破軍要結合分析,因為永遠三方來會。代表了舊事物的厭倦和新事物的發展,以及新的機會新的東西和內容的產生。

那麼新的輪回即將開始,23年 Chat Gdp 已經初露鋒芒了,24年就會商業化了,希望大家都可以在這裏找到機會來發財吧。

3. 官祿宮含義及個人能力發揮

關於欽天中的飛宮用法

1. 大部分飛宮是需要被捨像的，因為在能量層級的影響中，飛宮的四化象能量是最弱的，甚至可以認為只是一個趨勢和傾向，而非具體事件。

（關於能量層級：生年象 — 視同自化 — 自化象 — 飛宮象）

2. 飛宮我們去論事件的時候，主要以大限飛宮為主，本命盤飛宮可看可不看。

3. 什麼情況下，飛宮的能量不捨象

1) 飛宮象逢自化象或生年象同象（比如飛宮忌逢自化忌或生年忌）。

2) 飛宮象逢自化象或生年象同組（比如忌和祿的碰撞，或者權和科的碰撞）。

3) 飛宮象逢自化象或生年象成先天象數組（比如先天象數科忌，則主要象與象碰撞構成科忌組）。

關於應期

以看感情應期為例

1) 流年命遷線走到大限官夫線，是一定可以代表感情的應期的（不討論任何自化飛宮的情況）；

2) 關於大限夫妻宮的飛化，這個參考上節課；

3) 關於落點，大部分情況下，由大限夫妻宮飛化出去的象，只能是流年的官夫線

4) 飛宮象逢多象，構成三象和四象，也代表必有應象（比如飛宮忌逢祿科）。

5) 構成了宮位以用及體的引動。比如大限夫妻宮飛象入本命的官夫線，則沒有碰撞，我們依然認為會有事情發生。

6) 本命命宮為最大的體，故只要大限宮位和本命命宮產生交易，我們也認為是必有事情發生的。

4）走到落點，我們才認為是應期；什麼情況下，流年的命遷線落進去也是應期呢？需要出現位法位，或者象法象，也就是說存在以用及體的引動。

事業部分

1. 本命官祿宮及大限官祿宮的含義及四化理解

本命官祿宮看的是自身的處事及天賦，尤其是在高頻環境中的事業選擇，或者說狀態選擇，也會一定程度上決定未來的事情。

舉例：

1. 官祿宮

2. 廉貞＋地空。廉貞是擅長處理複雜的事情，精密的事情。地空代表不喜歡被束縛。

3. 貪狼＋文曲。這就代表在事業狀態上會非常容易分心。

3. 天同＋巨門。天同巨門為吃喝玩樂格，代表在事業上面比較容易偷懶，尋找捷徑，做事情不踏實。

官祿宮見祿一定代表好嗎？

不一定。貪狼祿，天同祿，破軍祿是不利學業的，但是在事業中又是論吉的。其實不強。

大限官祿宮

大限官祿宮主要是用來看十年的事業運勢及工作狀態。但是對工作內容的體現，其實不強。

工作在現代，尤其是中國，會佔據掉一個正常的打工人60％以上的時間。所以其實工作內容，我們更多需要去看的是你的主題宮，也就是大限命宮和流年命宮。

大限命宮

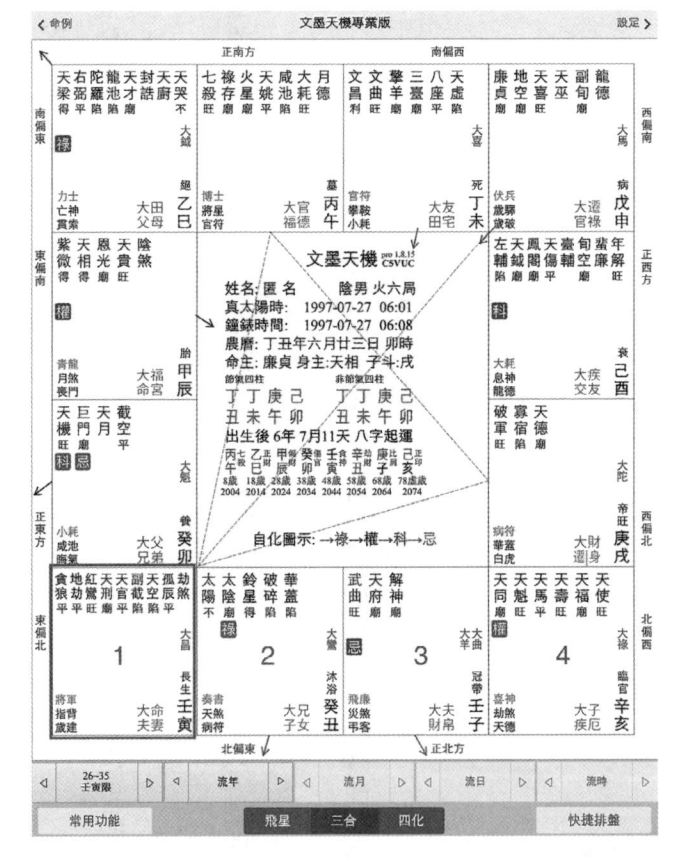

1號宮：貪狼地劫落寅宮。

參考內容：三合局及宮位落點（四馬地、四墓地、四桃花）。

第八章 事業斷法

四馬地：擴張、跑動
四墓地：穩定的平臺
四桃花：學習、社交、專業知識

1. 寅午戌三合火局落四馬地
代表會從事傳播相關的內容，並且是範圍比較廣的。

2. 去看做什麼內容，就可以參考星辰。
貪狼地劫－代表小眾，且競爭力比較高的行業。因為本命的命宮會到陰煞、天巫、解神。且大限命宮為貪狼地劫，故有很大的概率是會從事到玄學領域的。且因為貪狼為木，剋紫微之土，其實有愛好創業的意思。這個需要三方見空劫（代表回歸自由）來支撐，故也決定了命主所處的狀態是自由業玄學創業。

關於事業狀態的評估，則要看大限命宮的三方。

3號宮：武曲天府

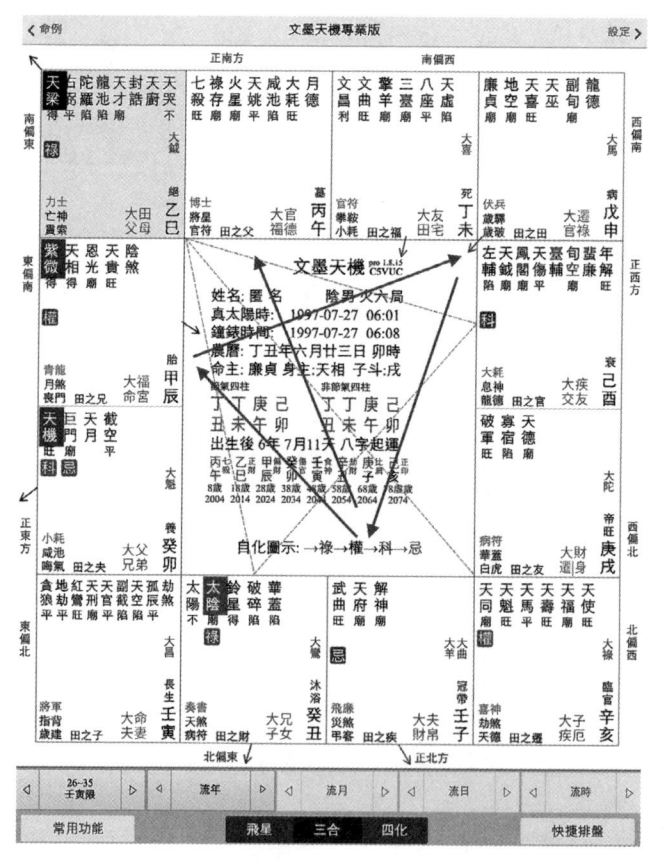

三合局：申子辰三合水局，知識、專業、學習的垂象。

宮位：四桃花。

代表這個階段專業度的提升。

再從星辰分析細節：

首先從空劫進入到無空劫的狀

態，故代表了自身自由度會被限制。

成立機構，規範化運營。學習一些新的關於融資的知識。

所以，我在該階段，需要主動地去尋求別人的幫助，因為很明顯，我獲得的助力會比較大。

流年命宮

觀察流年的事業主題。主題確定之後，重點是根據吉凶的關鍵，去尋找好的機會。流月的主體可以通過月命走到來對。

命主今年的事業重點：

1. 和其他人的合作、合夥。
2. 其他平臺的內容持續，尤其是具備合夥性質的。

事業部分2
關於天賦所在及事業發揮重點

1. 命遷線強，個人魅力，綜合評估。
2. 父疾線強，代表專業能力強。
3. 兄友線強，代表客戶能力和社交能力強。
4. 官夫線強，官祿宮強，代表個人工作能力強，夫妻宮強，代表機會多。
5. 子田線強，代表財富能力強，也是代表擴張的能力。
6. 財富線強，財帛宮主看現金流，福德宮看外界的財務機會及所得，多不穩定。

這裏可以把命官財作為一體，評估整體實力，遷移三方作為一體，評估外界機會。

父疾線的強度，決定了是否適合走專業度強的內容。

兄友線的強度，決定了是否適合做生意：兄友線喜見昌曲，代表了客戶迴圈消費的能力。

子田線的強度，決定了擴張能力的強弱。

如何評估強與弱

1. 象 — 祿的能量強，比如雙祿交流格；三奇嘉會；
2. 星 — 六吉星來會；見到紫微這種王者星，或者一些關鍵格局強格需有一定的煞星來刺激最好，煞星一般小於等於3為最優。

太陰祿和天梁祿決定了我最擅長的事情。

1. 適合教學
2. 適合管理

4. 合夥

1. 看合夥的思路分析
2. 尋找合夥的應期

2. 找到應期之後尋找合夥的細節

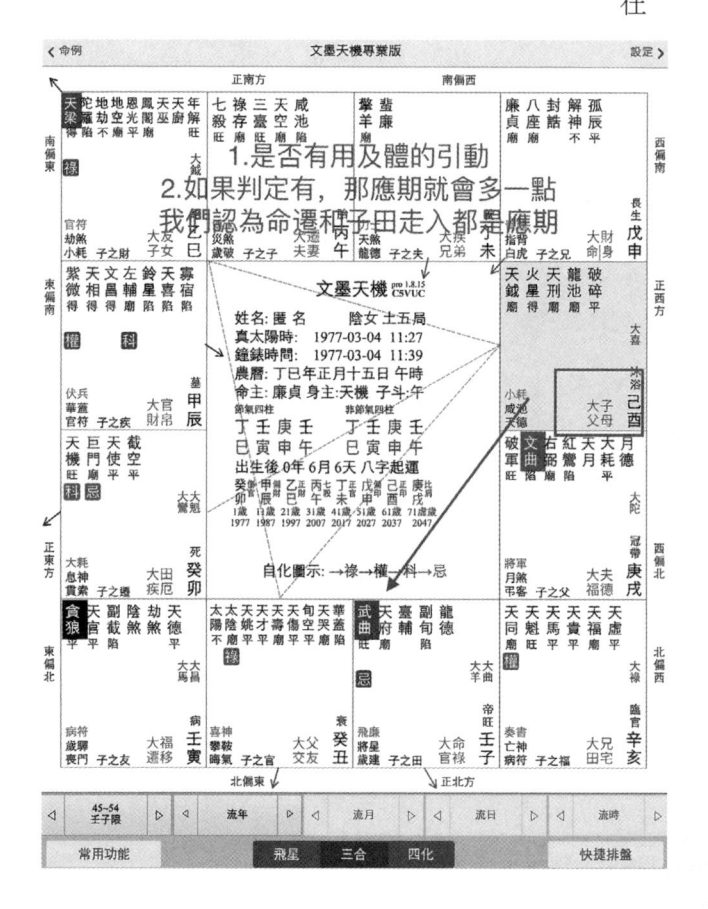

舉例

合夥的關鍵點在於尋找應期。

1. 是否有用及體的引動
2. 如果判定有，那應期就會多一點
我們認為命遷和子田走入都是應期

第八章 事業斷法

大限子女宮化權入遷移照本命宮，化科入本命子女宮逢自化權，認為是有有用及體引動的，應期會比較多（命遷子田走到都算），但是因為只逢了權科之象，更多表徵在行為傾向上面，難以有具體的結果。

大限子女宮祿入本命官祿宮，因為沒有看到本命子女宮（宮位的體），也沒有見到生年祿（四化象的體），故認為不存在以用及體的引動。

如果沒有用及體的引動
就要判定是否滿足成局的條件
那如果滿足條件
則應期為子田線走到

若不存在,則需要判斷,是有滿足成局的條件,若成局,則也認為應期走到,有事情發生。

大限子女宮祿入本命的官祿宮,逢自化忌,成祿忌組合,滿足成局條件。當流年子女走到,則會合夥應期。時間節點會鎖定在卯年(2023)和酉年(2029)。

注:流年命宮走到子田線,也是應期的加分項之一。

所以可得:

今年曉美是有合夥的,且按照道理來講,去年也有合夥,但是去年的合夥為權科之象組成,代表不能有結果,可能只是意象和部分行動。

從欽天角度理論

第八章　事業斷法

飛宮武曲祿逢武曲自化忌，會認為這個合夥的走向不會特別長遠。自化忌法生年忌，回溯尋找原因，認為是團隊之間存在分歧和不坦誠。

這個是結果論，武曲忌的話，會認為是規則政策或者經濟因素相關的問題。

從三合角度論細節

這個時候我們要去抓暗合的宮位

命宮暗合，看對方關於合夥的態度

官祿宮暗合，看做事情的支持度

財帛宮暗合，看錢財支持度

流年破軍祿暗合流年命宮。

破軍代表對方有開創想法，見祿代表對方偏積極主動。

因為破軍與巨門為16關係，破軍會引動到巨門權，代表破軍是有能力去撬動命主採取行動的。

巨門權的行動理解分兩種：

1. 核心為新的管道內容及合作關係；

2. 違背紫微，去做和公司具備競爭內容的事情；

第八章 事業斷法

總結認為,命主今年會碰到主動有合夥傾向的人,且專案應該是新專案。

七殺祿存暗合流年官祿的擎羊蜚廉。

七殺祿存認為對方的工作效率是非常高的,且見到祿存,認為產出也會相對比較有價值。

但是自己流年的官祿宮是空宮的狀態,故也認為自己在這個事情的投入度是不夠的額。

結合官祿宮對宮的太陽太陰祿來論,認為是命主需要負責和做的事情太多了,甚至有幫助其他部門、其他人完成一些事情。因為日月是主交替和多線程工作的。

貪狼忌暗合流年財帛的天同權。

這個象可以從兩個方向來解釋。

第一個站在破軍祿的角度去理解,認為有合夥意象的人來,其實本身就存在了對錢財狀況的不滿意,尋求合夥主要為求財。故可以理解為,在出賬分賬問題上,相

對比較容易出問題。

貪狼忌代表欲望碰撞和不滿意。在出錢情況下會容易嫌棄命主出得少，或者在分賬情況下，認為自己分得不夠多。

流年財帛天同權，代表命主不太在意錢財問題，更多的是想怎麼掙得很多的錢。

在三合中的星辰暗合解析。

廉貞天梁暗合

廉貞與天梁更多是體現在行政的性質上面。

所以廉貞與天梁的暗合，可以表徵在行政系統更高效快速的通行上面。

天梁也認為是可以幫助剋服一些規則政策上面的限制。

貪狼天同暗合

貪狼娛樂星、桃花星，天同是小孩子，玩具。

貪狼天同的暗合，可能更多表徵在運動、娛樂上面。

其次，貪狼天同也是娛樂星、學習星。故在搭配良好的情況下，可以認為是把原有內容添加娛樂化內容進去的垂象，比如快樂學習、趣味學習等。

太陰武曲暗合

武曲開源，太陰節流。

多表徵在錢財投資理財上的相關內容。若見雙祿，則極利投資。

反而若是太陰天梁雙祿，則極利管理。

天機破軍暗合

天機兄友，破軍社交。

主情義，代表了人機關係處理上面的事情。也代表了合作與開拓。

天府太陽暗合

主才華與表現。天府是內裏的才華，太陽是表達出去的才華。

5. 事業應期

事業應期

1. 以飛化定應期（準確度90％以上了）。

飛化規則與子女及婚姻的飛化規則一致。在事業的用法中，權是最主要的用神，多表徵在權柄擴大，等級上升上面。

飛化與天干的結合尤為重要，事業中喜官祿主見權，比如太陽、紫微、武曲、水星見權，則上升力度會顯得稍微差一點，臺階飛得不高。

在事業的變化過程中，祿的能量，多表業務量增加，忙碌，亦可代表收入上升。此過程同樣需要與天干四化結合，例如天同祿，往往不會代表忙碌，業務雖有增多，卻也有更多的同事助力。自身變懶，同時收入增加的垂象會更明顯一點。

第一步：抓重點大限

1. 官祿宮飛化祿權進的大限，我們會認為是比較好的大限的應期點。

346

第八章　事業斷法

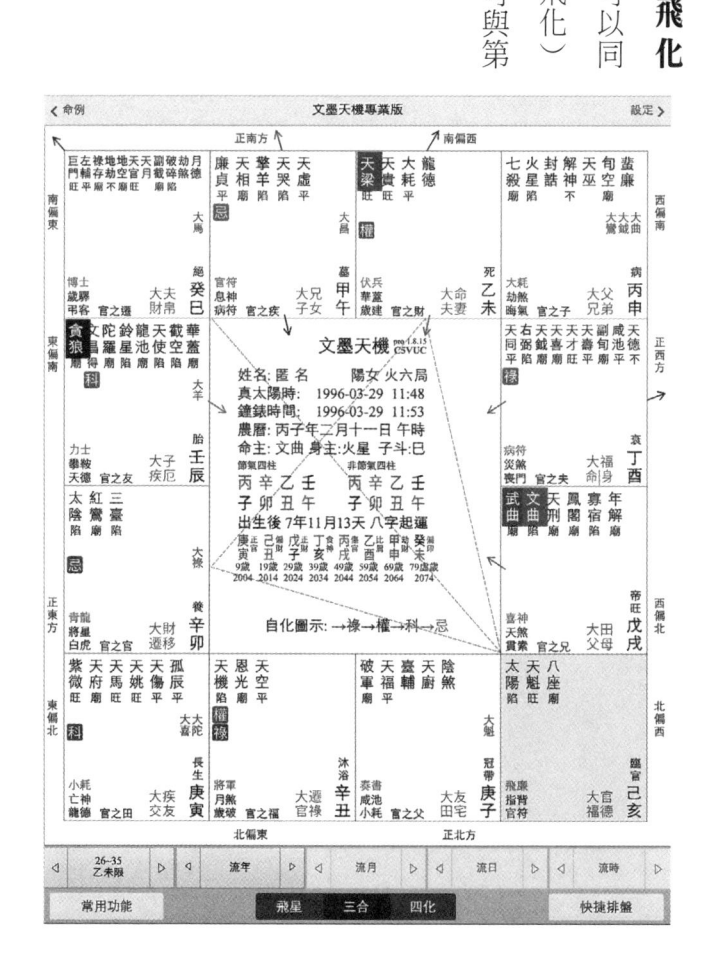

第二步：抓大限官祿宮的飛化

（部分時候也可以同參大限命宮的飛化）
該步驟，可與第一步完全獨立。

大限官祿宮，太陽天魁八座，天干為己。

以太陽為核心去理解官祿的走向與故事發展。太陽星代表在事業上會比較勤快，積極，有責任心，善於表現自己。

（論事邏輯上，先抓大限三方給人的質感，代表了長期的趨勢，也是這個大限加法的1）

大限天干為己，己天干對應四化 - 武曲祿 貪狼權 天梁科 文曲忌。

武貪的格局必然是代表了追逐利益的垂象。

在這個階段的事業過程中，會多學習提高自己，同時也會比較努力，去追逐。

因為武曲貪狼落在本命父疾線上，也代表這個階段，會著重提高自己的專業能力。

太陽本身為官祿主，士農工商皆可用，結合己天干武曲祿，代表會更看重工作帶來的實際利益，而非工作內容本身。武曲祿本身也代表是能夠掙到錢的。

文曲和武曲同宮，代表事情多波折，無法順利。正常來講，同組能量，祿忌雙

象會作雙忌解，但是這裏因為文曲是b類星辰，所以代表了波折，並不能理解成武曲祿的能量被文曲忌瓦解，最終一無所獲。這裏理解為還是有收穫的。

應期的斷法和我們之間所講的落點一致。

首先看官祿宮，祿入的點。

大限官祿武曲祿文曲忌入本命父母宮。無以用及體的引動，則當流年官祿宮走到，必有應象。（常規論法規則是這麼論的）。

這裏會比較特殊，因為武曲祿貪狼權文曲忌，在一條線上了，這個東西我們叫三象一物，會直接構成應事的標準，不需要其他的引動條件了。當流年官祿宮走到，則必然應事。

且欽天會認為，在三象一物中，剩下的那個象，會構成引子或者解藥。

當流年官夫線走到本命的父疾線上時，則認為必有應事。比較容易出現專業度提升、工資上漲、事業發生轉折變化之事。且原因會放到天梁科，代表有團隊中的領導去幫扶，但是也會出現曲折之事。

鎖定到午年（2026），然後去觀察三合中流年的事件與欽天事件的對比度和契合度，去推斷事情的細節。

刑忌夾印 刑囚夾印

刑＝天刑，在三方見到

忌＝廉貞忌 文曲忌

印＝天相

囚＝廉貞忌

則斷定，2026 年事業亦生變故，會有一些好的機會，但是也伴隨著非常掐那個風險，因為這一年是官非格，且落入了子田線，所以會希望命主尤其注意這個事兒。然後去尋找事情的來龍去脈，從兩個角度思考。

1. 欽天角度（應期角度）

應期角度更多體現在武曲祿文曲忌與天刑同宮。文曲忌帶來了官非上的麻煩。

三象一物，必然成局，故去科星找引動或者解藥，則定義為天梁化科。鎖定到2026年，流年命在廉貞天相，三方見紫微，認為是老闆的得力幹將。流年父母宮天梁權暗合入流年命宮。天梁與紫微會形成兩方勢力，且紫微勢弱，天梁勢強。天梁拉攏自己，構成了引動這件事情的原因。所以如果有其他的人給自己畫餅，讓自己做一些事情，先瞭解好這些事情的法律風險，在考慮要不要做。

2. 三合角度

從三合角度來講，廉貞流年忌引動生年忌，引動三方的官非格。

如果以流年廉貞忌為引動量，則逢忌找祿，去尋源，就能找到天同星。

天同流年祿，會構成引動大限福德生年祿的能量。認為有偏財，則當命主面對偏財和意外之財時，要格外謹慎，還是一樣，要探究其中可能存在的法律風險。

3. 關於官非

官非格落子田線，比較容易被約談。

總結：

常規論法

祿入的點，滿足應事條件，當流年官夫線走到，則認為會有漲工資或者好事發生。利生意人。

權入的點，滿足應事條件，當流年官夫線走到，則認為權柄擴大，容易有職級提高的事情發生。利上班族。

忌入的點，滿足應事條件，當流年官夫線走到，則認為工作上會發生變動。變動情況包括但不限於工作內容主體變更，辭職跳槽，從一個城市跑到另外一個城市。其他通俗的解釋是，一個階段結束，和一個階段開始。

三合論法：

三合論法中，事業上升的節點，以紫微為用神。

大限論：當大限命宮（這個能量層級最高），或者大限命官財的三方見到紫微

星，認為事業上面會提升。

流年論：當流年命宮（相對來講能量層級最高，命宮∨官祿∨財帛），流年命官財見到紫微星的時候，認為事業上面會有提示。

什麼情況下不可以論上升：

1. 紫微星無吉星相助。
2. 紫微星見空劫。
3. 紫微星見煞星（可有可無）。

什麼情況下提升會比較高：

1. 紫微見左右；
2. 紫微見其他吉星相助；
3. 三方見到象數的吉化。

第九章 財運斷法

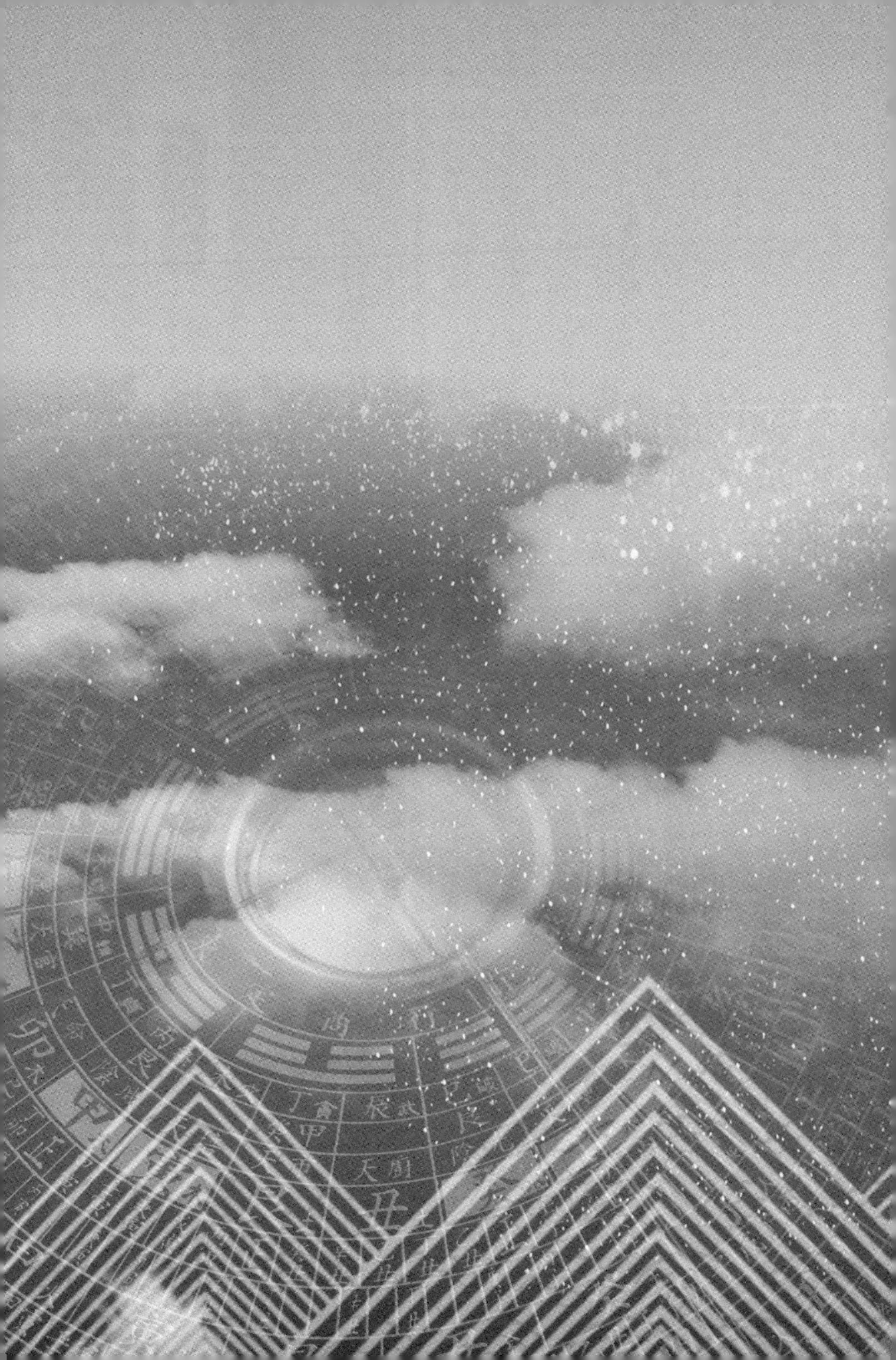

第九章 財運斷法

1. 三合派看法

首重 財帛宮 兄弟宮 田宅宮

財帛宮＝現金流
兄弟宮＝資金
田宅宮＝資產

本命財帛：

掌管一輩子，與慣性的理財手法有關，也可以看此人適合用什麼樣的方法掙錢，比較搭配上自己賺錢的方式。

大限財帛：

掌管十年之間的收入模式，一般會與本命財帛共同參照。

本命財帛代表喜歡的類型。

大限財帛代表可以有的選擇。

流年財帛：

掌管一年之間的財務波動，多數跟如何消費有關係。

大限財運及流年財運：

以兄弟宮、財帛宮、田宅宮三宮為主要取象，結合得祿的個數。

其中分為兩個化祿、兩個祿存。

祿存 更多代表物質方向上的增值。

化祿 更多代表在價值上的增值。

富貴格：

大限財帛宮見化祿 代表收入增加、會賺錢。

大限田宅宮見祿存 代表資產增值。

流年財帛宮

三方四正見祿的數量。

可以對比不同年份的浮動收入情況。

財的大小：

數目大：兄弟宮 紫微、化權星、化祿、天梁、破軍、武曲、貪狼。

數目小：財帛宮 天機 太陰 天同 化科 文昌 文曲 化忌。

快財：

火鈴、殺破狼、擎羊。

慢財：

科忌、昌曲、陀羅。

重要財星的理解

武曲和太陰

武曲主開源；太陰主節流。

武曲代表掙錢的能力，而太陰則代表管理錢財周轉管理的能力。

財帛宮見化祿：

一般代表收入增加，或者開心地掙錢花錢，往往對錢的概念不會太死板，不會很摳。

通常情況下結合不同的星辰，也會有不同的取象，比如理財手法上。

財帛宮見化權：

一般代表有賺錢的能力且善於賺錢，同時在賺錢上花費的精力也會比較大。

財帛宮見化科：

結合星辰垂向也有不同事宜，包括財的大小，掙錢的方式。

主平順,也主細水長流。

財帛宮見化忌:

代表掙錢方面的阻力。

同時結合不同的星辰也有收藏收納的意思,具體要結合本命盤和大限。

大限盤相對來說會尤其重要,因為大限盤意味著變化,大限盤財帛宮得祿,更能代表收入增加的情況。

被動收入:

找到同宮/對宮/三方見昌曲星的宮位,為發射宮,觀察其祿入的宮位。

當大限財帛宮走到落點,則代表容易產生被動性收入。

發射宮位的大限宮位決定了被動收入的性質。

若落宮見自化/視同自化則發生概率增加。

昌曲科忌代表不穩定。

見陀羅代表會延後。

2. 欽天派看法

先天財運：

看生年忌落的位置，落在兄弟宮 兄弟宮 是六外宮　先天財運不佳。

六內宮：命、疾、田、福德、官祿、財帛。

後天財運：

財帛自化忌 財的流向是財帛宮 可以說是錢會用於在投資　後天財運 中平。

武曲自化忌：賺錢會有一定的壓力、阻力。

後天財運還要結合大限運勢來看。

祿入子女宮 太陽（子女宮還代表娛樂行業、教育行業、合夥）。

忌入疾厄宮 天同（疾厄宮，主後天財運佳，但是財旺身弱，不能承財）。

3. 武曲太陰＆化祿祿存

武曲太陰管財，主開源節流。

武曲管開源，太陰管節流。

武曲更多會呈現出投資上相關的事情。

太陰代表了理財的狀態。

武曲太陰其實對於從事金融行業的人來講是非常重要的兩顆星，可以直接取用的。

1. 武曲太陰見雙祿，則認為這個階段，投資更容易賺錢（以大限論）。
2. 反之，見忌則容易虧損。
3. 武曲太陰可以評估流年的投資類事件的大盤走向。

化祿和祿存

化祿的話呢，更注重虛幻的，無實質的，或者發生的內容。

祿存呢，更注重產值的提高，原有東西的增值和增加。

化祿喜見空劫，化祿見空劫，主爆發，因為空劫是代表不設限。

祿存最怕空劫，因為祿存是實體，見空劫，主流失。

4. 本命財帛宮的垂象

財帛空宮，對宮見天同天梁：

不願意掙勞心勞力之財，偏好低努力高回報的錢財。同時福德宮見天梁，天梁為蔭星，當天梁得祿的時候，也認為在現金流上，相對容易獲得長輩的支持。同時也代表，命主本人會願意為培訓、學習相關的事情花錢。

巨門坐子，石中隱玉。

此巨門喜歡保持神秘感，會有自己喜歡鑽研的內容。

巨門會與官祿宮的太陽形成對照，也就是說主業忙一個，但是自己本身去鑽一個另外的事情。巨門祿存，入口含金，表達謹慎的意思。

財帛星辰理解之後，也要理解飛化與自化。

財帛宮向心自化忌，法生年進兄弟宮，被離心貪狼忌拉破，代表持續性消耗，會一定程度上傷及存款。

5. 大限財運的論法

本命財帛、大限財帛、流年財帛的區別：

本命財帛衡量自身常用的理財狀態及習慣。

大限財帛衡量十年的現金流狀態。

流年財帛衡量具體的單位性的事件。

這個屬於三合論法，直接看落宮星辰即可。

在飛化上，我們只取用大限財帛宮的飛化，去尋找關鍵應期以及財所論的故事發展線條。

大限財運的論法，重三個宮位，分別是財帛、兄弟、田宅。

財帛管現金流。

兄弟管存款。

田宅管資產。

大限財帛太陰科

主理財,主平順,也代表這個階段的計劃性會相對來講比較強。

福德宮太陽大限忌,在這個階段容易因為道德綁架損財,或者說因為面子原因及名聲受損而導致的損財。

論財之飛化

財帛宮祿入本命福德照本命財帛,認為財運會比較ok。

應期在2022年,錢財更多來源於長輩贈與。

大限財帛忌入武曲

代表投資的話比較容易虧錢。

大限兄弟天相青羊

契約、文書以及知識培訓類比較容易出現突然的開支。

現金流雖然穩,但是財庫給人的感覺是一陣一陣的,突然有了,然後突然的開

大限田宅空宮見文昌天鉞

這個階段比較難有自己的房子。

因為大限田宅宮丁干化祿太陰入本命夫妻宮，認為可以通過婚姻獲取房子。大限田宅科忌入本命命遷，認為流年走到，可能會有環境上的遷動之事。

對於財運公式而言，喜歡的架構：

1. 財帛宮見祿，兄弟宮田宅宮見祿存

代表現金流不斷有進入，而資產也在出現升值的情況，有現金流轉化成資產的意思。

2. 財帛宮喜見化祿會空劫（以大限祿為最優，以財星為最優）星辰比如貪狼、武曲、廉貞、巨門。

3. **最容易破財的垂象**

財帛宮空宮，且兄弟宮見空劫＋忌。

關於星辰的用法，貪狼是最容易導致破敗的星辰。火鈴貪主爆發，一夜暴富。這種往往是帶有賭博性質的，所以見忌，也主一夜虧空，一無所有。當兄弟宮見地劫貪狼的時候，一定要注意自己的開支和存款情況。

4. **正財與偏財論**

正財的話呢一般也是看財帛宮的。

紫微、武曲、廉貞三方是比較有利於正財獲取的。因為武曲本身就是正財星，代表通過努力獲得財富。

紫微三方足夠強，但是需要一個穩定的情況去發揮。同樣因為穩定性非常高的原因，在流命進入紫微的時候失業，是一個非常不明智的舉動。

2015年流年命宮走到紫微破軍。從銷售職員走到銷售主管。

正財更注重三方的穩定性。因為代表了自身實力的高低，以及事情做得好壞。

如果是生意人，創業的論法，則用法會與正財的論法完全不一樣。此時首重殺破狼、權星以及外界的助力。

6. 關於權星

1. 本命命宮、本命官祿宮、本命疾厄宮、本命福德宮見生年權，或者自化權，代表合格；

2. 大限命宮、大限官祿宮見權或者自化權，大限疾厄宮見權也勉強ok；

殺破狼的狀態

一般大限命三方進殺破狼和流年命三方進殺破狼是比較容易出現創業的情況的。

關於外界的助力

1. 遷移三方夠強,會有利於創業者的發展,代表外界會有比較好的機會。

2. 父母宮和兄弟宮夠強,代表身邊的支持和助力;

3. 交友宮三方及遷移,整體論述合作及客戶情況。尤其在與命主的事業直接發生交易的事情上面,見到昌曲。

做擅長的事情

1. 以生年祿和大限祿為用,去做擅長的事情。(具體可以回顧事業相關的事情)。

7. 完整論財

1. 財運好及壞的節點

1) 大限財帛宮通過飛化看現金流及財運找好的時間

第九章 財運斷法

成局條件：

宮象星

大限財帛宮天干為己，會飛祿入武曲，飛權入貪狼，飛科入天梁，飛忌入文曲。

並且會有這四顆星辰所在的宮位產生交易。

從宮位上來論發生事件的應期（以用及體的引動）

2） 財福線或者命遷線

應期的話呢，就是流年命遷或者財福線走到，則代表成局。

從象數上來論發生事情的應期

1. 存在自化象（包括離心及向心），當流年命遷或者財福走到都是應期；

2. 飛宮象逢自化象或生年象，構成同類象數，象一數一，也代表必有應事。但是應期會略有不同，若逢生年同類象，則流年命遷財福走到，為應期；若逢自化同類象，則只有流年的財福線走到為應期。

371

3. 飛宮象逢伏象或自化象，構成同組或先天象數（祿忌一組、權科一組，或者構成先天象數），則當流年財福線走到，認為必有應事；

大限財帛天干為己，代表此階段掙錢的執行力高，掙錢欲望錢，其落宮進本命財福和大限三方，認為是能夠賺到錢的。

2. 命官財三方論

- 評估適合做生意還是上班，參考標準。
- 命三方及大限三方是否見權。不見權則適合上班。
- 若見權，則兩方都可以。
- 此時一般以命主現在的狀態來進行後續評估。

所以我在看事業的時候，也會需要命主提供基本情況，若上班，以上班條件分析；若創業，以創業條件分析。

3. **上班**
   - 以大限官祿中祿的走向為准標定漲工資的節點（命官財是評估自身能否做好的關鍵）。
   - 以紫微斷權勢擴大，漲工資的節點。
   - 評估此大限是否有副業或者雙業的垂象。沒有，財帛宮可以同時評斷公司中獲得的意外之財。有，財帛宮斷副業發展好的時機及賺錢的時機。
   - 兄弟宮評估此大限的存款留存情況。
   - 田宅宮評估次大限的資產情況。

4. **做生意**
   根據命主的實際情況去判斷定象所應的類型。

- 以財帛宮走向定財運好的時間。
- 以兄弟宮判斷大限財庫情況和資源情況（最重要的）。
- 以交友三方評估客戶情況及比較適合的業務模式（高淨值還是低淨值）。
- 交友宮小客戶。
- 父母宮大客戶（對大型企業，父母宮和兄弟宮也是評估上市機會的關鍵）。
- 走量還是走價值？
- 暗合看合作過程中的好壞。
- 以子田線評估擴張情況（找到適合擴張的年份以及應期）。
- 以天魁天越評估貴人情況，以左右昌曲評估階段性規模以及是否有擴大的可能。

5. **其他**

命理之星：

太陰＋天機＋任意玄學星（天巫、陰煞、解神、華蓋、空劫）。

傳統文化之星 — 且限定到玄學範疇：

天梁＋任意玄學星（天巫、陰煞、解神、華蓋、空劫）。

五術之星…

貪狼

第二個關於我的發揮：

做生意要發揮自己最擅長的點，賽道可以隨意選擇。

結合生年祿＋大限祿所在，選定自己擅長的點。

因為是太陰祿＋天梁祿的搭配，所以選擇做老師。

根據三元九運選定行業，根據自身優勢，選定發揮的空間。

所以這裏選擇玄學，且選擇教學內容。

第十章 紫微風水及安星訣

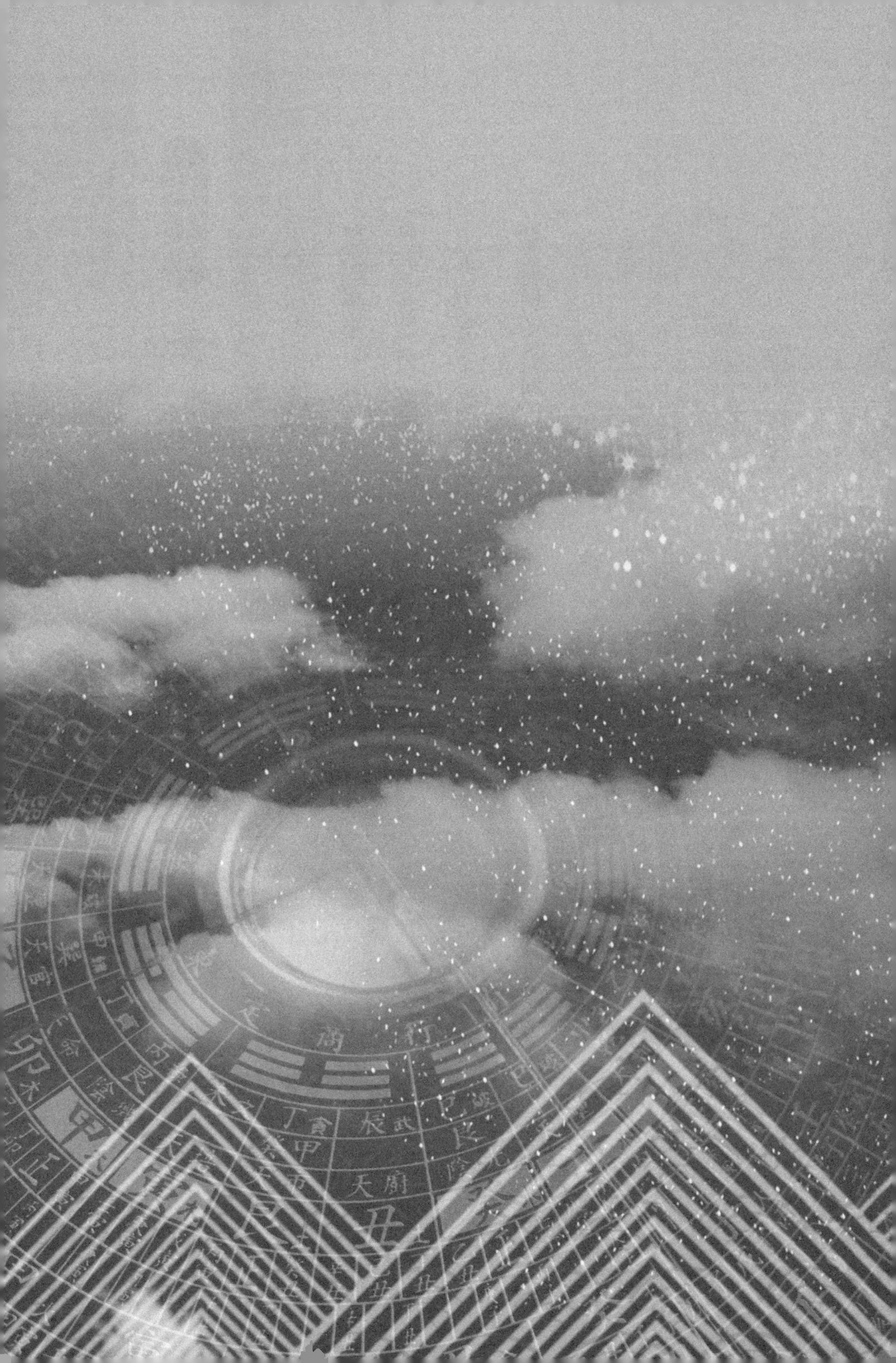
卯
天廚
丑

第十章 紫微風水及安星訣

紫微風水

環境是紫微斗數盤的全息投影,對應星辰,是自身習慣性的擺弄東西的方位。

不管是旺財,旺桃花,旺事業,都要以此為出發點。

紫微房宅外局

水星 — 多見河流

廉貞 — 多見看板、好看、裝飾美觀之地

太陽 — 多見發熱物品,加油站

土 — 山丘為主。天梁的話多見大樹,天府大型建築,紫微是高處地段。

天機 — 小草

貪狼 — 花朵、大樹、娛樂場所、學校

武曲 — 銀行工廠，刀具

七殺 — 尖銳物品，刀具

紫微房宅內局

屬水的位置 — 常見是廚房與衛生間

屬火的位置 — 一般與電器有關係

屬土的位置 — 常見是大型物品，床、沙發、舒適性較高的地方

屬金的位置 — 刀子、器械收藏室、停車位（平房）

屬木的位置 — 盆栽，木質物品、一根一根、長形的物品

甲 — 太陽化忌 — 燈壞、封閉、暗

乙 — 太陰化忌 — 漏水、污水、潮濕

丙 — 廉貞化忌 — 電子物品故障，故障機械、陰暗

1. 風水的使用

1）原局上的增加

- 財運增加

丁 — 巨門化忌 — 漏水，污水，潮濕，破洞，陰暗

戊 — 天機化忌 — 壞掉的自行車，故障機械，枯死的植物，蟲子多

己 — 文曲化忌 — 管道堵塞，雜音、破壞美感之事

庚 — 天同化忌 — 舊玩具的堆積，漏水

辛 — 文昌化忌 — 堆積的書本，檔夾，壞掉的字畫，刀子，割破

壬 — 武曲化忌 — 五金堆積之處，車子，故障機械

癸 — 貪狼化忌 — 酒色之物堆積，枯死的花，壞掉的玩具

正過來是呈現，反過來就是增旺與調和

第十章 紫微風水及安星訣

- 本命財帛宮擺放存錢罐

需滿足條件：

1. 五行屬性 – 金屬或者陶瓷（對應武曲）

2. 鎖定到對應的人 – 在存錢罐中放上一張紙，紙上寫下自己的出生年月日時、性別、出生地以及武曲化祿；財帛宮的地支為酉，也可以買對應雞形狀的存錢罐，另外也可以買對應自己生肖的，比如虎。

3. 使武曲星化祿，具備化祿的能量。

我們知道武曲化祿的天干為己，己在數字上代表6。所以存錢罐中的現金數量，需合6之數。可以是6666，也可以是600,6000.

對自由業者，在本命財帛宮安放武曲，其最大功能是穩定收入情況，不讓波動性太大，但是對財運增旺的維度不好評估。

- 快速增旺財運的方法

1. 需要看全局的情況，是否有剋，有剋就不行（見忌或者本身有破財之象）。
2. 快速增旺，需要以流月為維度進行佈置。
3. 現在是陰曆7月，庚申月，流月命宮走到疾厄宮，月財在午，為正南方。
4. 得財的通路，決定風水佈局的方法。

- 大客戶，選用紫微，以及化祿父母宮
- 財運上需要武曲化祿的支持
- 制定策略

   a. 正南方擺放紅包，金額為600，寫上武曲化祿及自己的出生年月日時、性別、出生地；

   b. 購買皇帝皇后的玩偶，放到北偏西或者東偏南的位置，需注意皇帝皇后的玩偶的五行屬性需要是土；

三個維度：

1. 本命盤 - 以穩定收入為主
2. 大運盤 - 以環境運勢支持為主（一般不用）
3. 流年流月盤 - 起效快，效果強

批註：所有的風水，都有邊際效應遞減的作用，所以是建議大家，不要太依賴風水，還是要有自身能夠安身立命的東西，再以風水作增旺。

2. 事業旺法

化祿或者化權官祿宮的星辰以天干為用，星辰的話同樣是以武曲和紫微為用。

3. 桃花旺法

在（流年）夫妻宮和（流年）子女宮去種貪狼化祿。

4. 催文書運

是有利於提高自己的專業知識和外界的認可度；

在公司有利於老闆對自己的評估，有利於升職；

一般要用自己的學歷證書（學校名氣越大，效果越好），技能證書，或者畢業證等都可以；

其他也可以使用名家題字及書畫，書寫者名氣越大越好；

這種一般是放在本命的父母宮，效果還是比較好的；

另外一種，就是針對考運，一般是取流年或者流月的父母宮，使其中的主星化祿，或者安裝文昌文曲（名家書畫寫字文昌文曲，或者自己使用過的紙墨筆硯也是

化祿主星的方法（本質上都是使用對應的天干）：

1. 顏色化祿
2. 數位化祿
3. 人化祿

天干對應的數字：

甲1 乙2 丙3 丁4 戊5
己6 庚7 辛8 壬9 癸10

天干對應的顏色：

甲天干：水藍色、中藍色、深藍色
乙天干：淺綠色、深綠色、墨綠色
丙天干：粉紅色、珊瑚紅、朱紅色

ok的）。

丁天干：茶紅色、紫紅色、暗紅色

戊天干：桔黃色、淺亮黃色、鵝黃色、金黃色

己天干：米黃色、土黃色、深土黃

庚天干：米白色、乳白色、微黃白

辛天干：銀白色、象牙白、純白色

壬天干：淺灰色、鐵灰色、淺黑色

癸天干：暗咖啡、黑藍色、墨黑色

5. 招貴人：

在天魁天鉞對應的方向點蠟燭。

蠟燭下麵壓張紙條，寫上自己的資訊和所求之事。

6. 威力大小的界定

名家、認可度、量都是決定威力大小的關鍵變數。

2. 修補法

1. 去掉壞掉的東西
2. 增旺化忌的星辰的五行，增加抗衡忌星的能量（也可以以第二年的科星的能量去解）。
3. 削弱或者使用泄和剋的方法。

案例：

未宮 廉貞七殺見青羊 這個是比較容易發燒的。

擺一個土質的陶瓷的東西，或者用土屬性相關的東西做通關，去制化這個剋耗的能量。

廉貞屬火　青羊屬金

火生土、土生金，以土通關，這個剋浩的能量就沒了，就發燒就好了。

3. 風水與健康

- 父疾線與子田線相疊。
- 發病的原因是這條線上的星辰。
- 如果發病的病因是子田線上的星辰，也是可以通過風水的辦法去調理的，但是不疊父疾線，效果沒那麼好。

宮的度數

24山 每個山15度，對應到具體的方位，在紫微斗數中易有呈現。

一個宮30度

巽巳	丙午	丁未	坤申
乙辰	24山		庚酉
甲卯	^	^	辛戌
艮寅	醜癸	子壬	乾亥

135-150-165	165-180-195	195-210-225	225-240-255
105-120-135	十二宮方位刻度		255-270-285
75-90-105	^	^	285-300-315
45-60-75	15-30-45	15-0-345	315-330-345

3. 內局

1. 田宅宮可以作為你所在房屋的第一層。順數就是上樓，由此我們可以通過紫微選擇自己最適合的樓層。

2. 辦公桌對應的朝向（見祿就是比較精神，見紫微、天梁比較容易有貴人）。

3. 兄弟宮為床位，修整財庫。

4. 福德宮為祖墳，福德宮見忌，要注意祖上是否有人慘死或者祖墳是否有不ok的地方。前者找人超度，後者要重新修葺。

4. 祿命法

1. 通過找到對應天干的人，使星辰化祿。

2. 通過方向，使得需要化祿的星辰化祿。

3. 通過對應數字和垂象的物品化祿星辰。

4. 選擇合適的天干去完成對應的事情。

5. 外出談判與工作相關的，儘量選擇比較好的酒店，風水在短期居住上也會呈現

出不錯的效果。

資產的大與小（房子與車子）

房子：太陰、天府、天梁、紫微

車子：天機、武曲、太陽、貪狼

5. 問還債

1. 先知道欠債人的生年化祿。
2. 數額小，則以月為單位，在流年盤中找，欠債人的生年化祿星辰會落在哪個月的財帛宮。
3. 大數額，則找會落在哪一年的財帛宮。

-兄弟宮同參。

6. 安星訣

1. 起五虎遁定天干地支的搭配

390

歌訣：甲己之年丙作首，已庚之歲戊為頭，丙辛必定尋庚上，丁壬壬位順行流；若問戊癸何處起，甲寅之上好尋求。

甲乙丙丁戊
己庚辛壬癸
丙戊庚壬甲
甲乙丙丁戊己庚辛壬癸

2. 安裝命宮

由寅位開始，順數至生月（農曆數），再逆數至生時（子時開始數）。

比如七月未時，順數7，在從子時逆數至未時，則可定位命宮在丑。

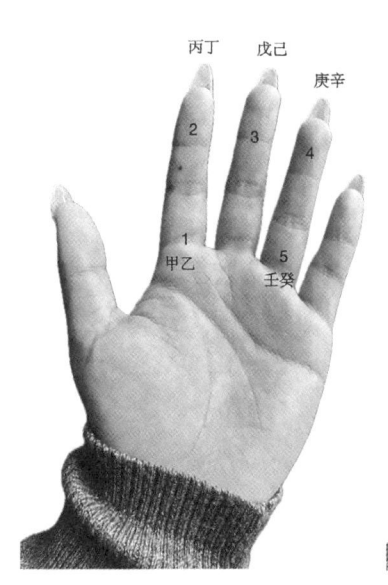

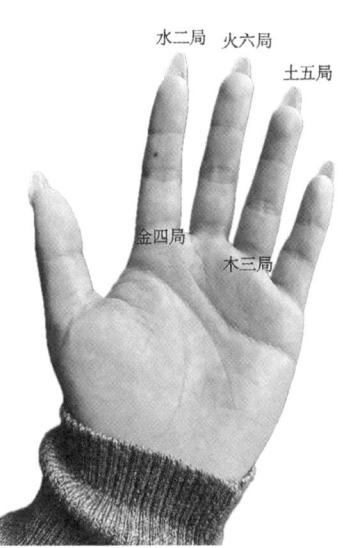

3. 定五行局

先知道命宮的干支，比如這裏命宮的干支為乙丑。

定出干支之後，在手掌上找出對應天干的位置，然後在用地支進行迴圈鎖定。

迴圈主要注意兩個點：

1. 一次只能迴圈3個數字；
2. 每個數字代表兩個地支。

一個數字代表兩個地支，則1代表子丑 2代表寅卯 3代表辰巳 1代表午未 2代表申酉 3代表戌亥 因為1為子丑 包含了丑，則五行局定位在對應的位置，則為金4局

4. 定紫微星

紫微星要根據日柱和局數來定，以陰曆的日子除以局數，丙根據能否除盡分兩種情況。

1. 能除盡的，直接從寅位起，順數；

2. 不能除盡的，要加上一個數字讓起除盡。除盡之後依然從寅位起順數，這個時候需要增加一步，看所加數字是雙數還是單數，雙順單逆。雙數順數，單數逆數。確定紫微星。

比如這裏，初九出生金4局，則(9+3)／4＝3。結論為3，所加數字為3，3為單數，所以要逆數。

紫微星系

巨門	廉貞天相	天梁	七殺
貪狼			天同
太陰			武曲
紫府	天機	破軍	太陽

天府星系

	廉貞		
			天同
			武曲
紫微	天機		太陽

第十章 紫微風水及安星訣

案例：丁丑年 九月二十三 酉時

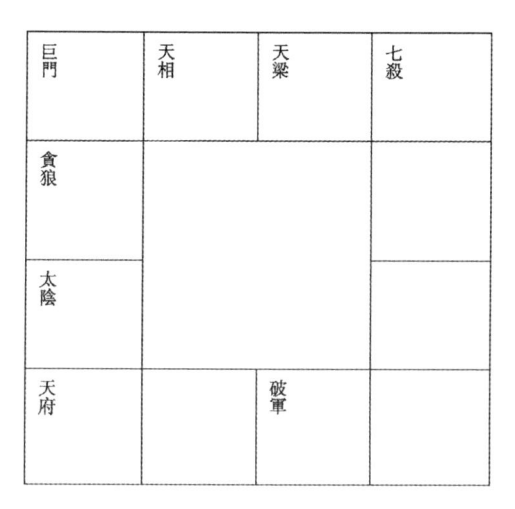

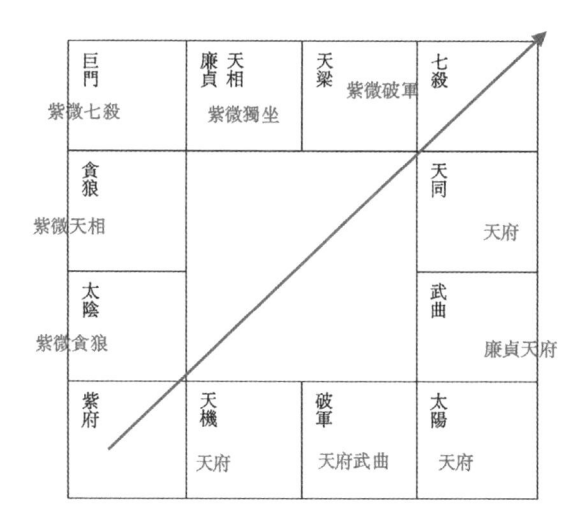

巨門	天相	天梁	七殺
貪狼			
太陰			
天府		破軍	

巨門	廉貞天相	天梁	七殺
紫微七殺	紫微獨坐	紫微破軍	
貪狼			天同
紫微天相			天府
太陰			武曲
紫微貪狼			廉貞天府
紫府	天機	破軍	太陽
	天府	天府武曲	天府

395

5. 安裝紫微星系和天府星系，以及把宮位補全。

6. 安裝6吉星

天魁天鉞 － 左輔右弼 － 文昌文曲

祿存 － 羊駝

三臺八座

年系星

（根據年柱可以直接得到的星辰的分佈）

天魁天鉞

甲戊庚牛羊，乙己鼠猴鄉。丙丁豬雞位，壬癸蛇兔藏。

辛年生人天鉞在午馬，天魁在寅虎。

祿存為年天干決定其所在的地支宮位，安星如下：

甲寅乙卯

丙戊巳

丁己午

庚在申

辛在酉

壬在亥

癸在子

祿存 + 羊陀

祿存之父母必為擎羊，祿存在兄弟必為陀羅。

月系星－左輔右弼

左輔是由辰宮起順數至生月，右弼由戌宮起逆數至生月。

時系星－文曲文昌 － 由辰宮起順數至生時，由戌宮起逆數至生時。（從子時開始數）

日系星－三臺八座 － 三臺是由左輔起初一，順數至生日；八座由右弼起，逆數至生日。

基本結論：

1. 天魁天鉞 祿存羊駝，只與年份有關，在擇吉的過程中，幾乎是很難去確定到具體的年份的，所以天魁天鉞及祿存大部分情況下會直接固定住；

2. 左輔右弼、文昌文曲、三臺八座是獨立於年系星排布的，所以在擇吉的過程中，我們大部分請開給你下會讓左輔右弼去配合天魁天鉞。而且，左輔右弼，文昌文曲，每一年在陰曆的月份和日子的搭配上是固定的。

擇吉的基本選擇：

1. 關於自己的時間擇吉

   在這裏我們會優先讓所選時間的六吉星匯到自己的三方；

2. 關於公司的時間擇吉

   在這裏我們會優先讓所選時間的紫微星，會到六吉星來助，且最好同時見到三臺八座，這個代表了公司的量級及大小。

關於創建公司的擇吉

1. 最適合創建公司的年份：甲年、壬年，其餘年份需要具體看。因為代表了甲年和壬年是最直接的強化紫微三方的時間。所以明年是最適合開創企業的年份。

2. 通過星辰搭配選到最可以吉化紫微的時間。

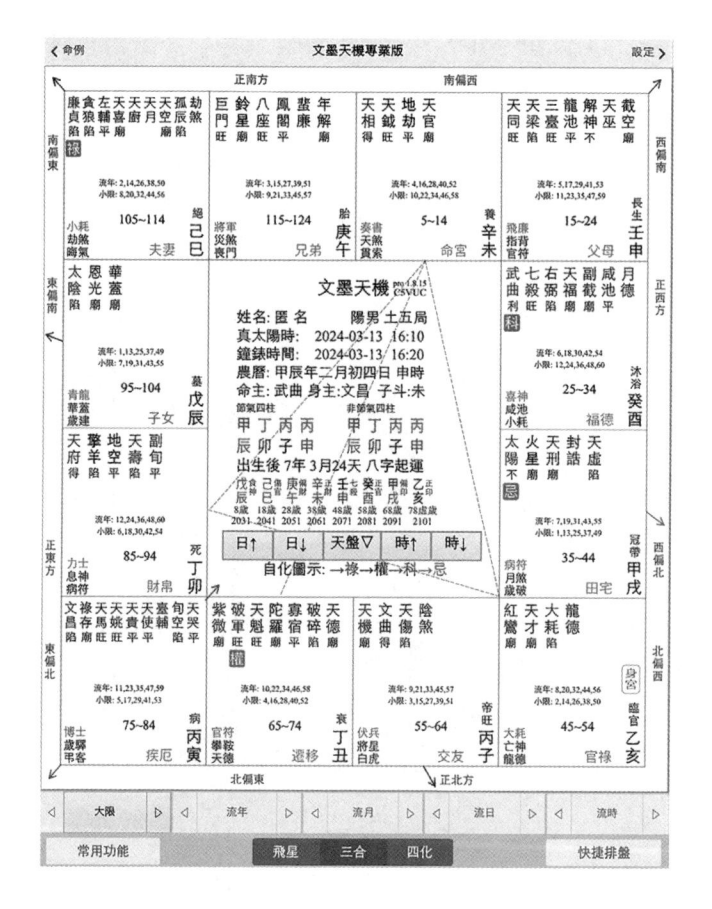

廉貞陷 貪狼陷	左輔平	天喜廟	天月	天空廟	孤辰廟	劫煞	巨門旺	鈴星廟	八座旺	鳳閣平	蜚廉平	年解平	天相得	天鉞廟	地劫平	天官廟		天同旺	三臺旺	龍池平	解神不	天巫	天空廟	截空廟
南偏東						祿																		西偏南
流年: 2,14,26,38,50							流年: 3,15,27,39,51						流年: 4,16,28,40,52					流年: 5,17,29,41,53						
小限: 8,20,32,44,56							小限: 9,21,33,45,57						小限: 10,22,34,46,58					小限: 11,23,35,47,59						
小耗 劫煞 晦氣			105~114		絕 己巳		將軍 災煞 喪門		115~124			胎 庚午	奏書 天煞 貫索		5~14		養 辛未	飛廉 指背 官符		15~24			長生 壬申
				夫妻						兄弟					命宮					父母			

文墨天機專業版

（以下為命盤中央資訊，略）

第十章 紫微風水及安星訣

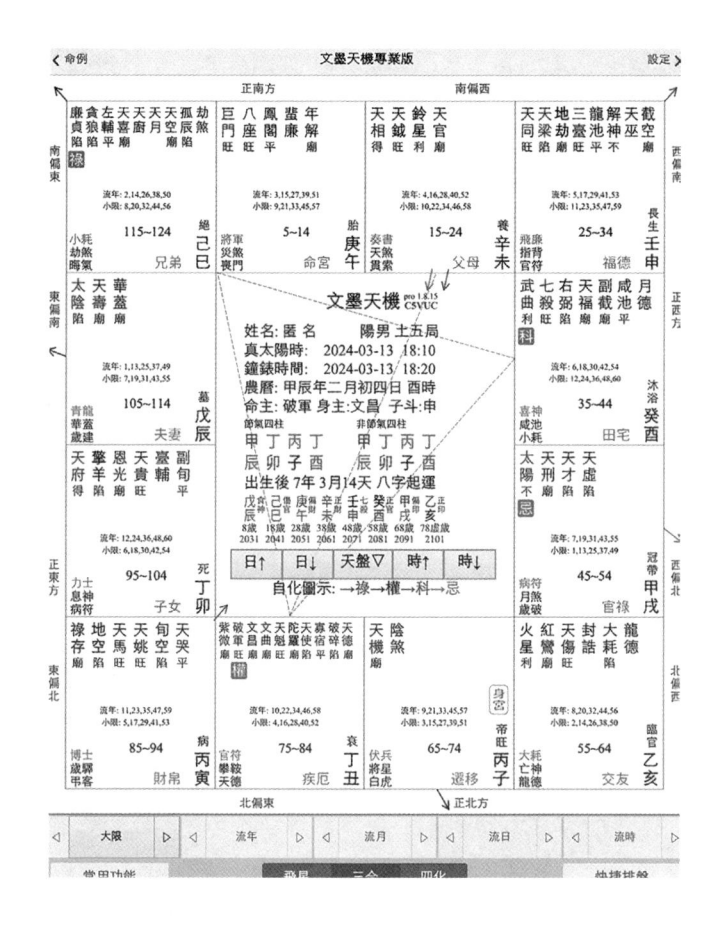

正南方		南偏西	
廉貪 左天天孤劫 貞狼 輔喜廚辰煞 陷陷 廟平廟陷 **祿** 流年:2,14,26,38,50 小限:8,20,32,44,56 小耗 115~124 劫煞 晦氣 兄弟 絕己巳	巨 門 旺 流年:3,15,27,39,51 小限:9,21,33,45,57 將軍 5~14 災煞 喪門 命宮 胎庚午	天天鈴天 相鉞星官 得旺利廟 流年:4,16,28,40,52 小限:10,22,34,46,58 奏書 15~24 天煞 貫索 父母 養辛未	天地三龍解天 同劫臺池神巫空 旺陷廟旺平不廟 流年:5,17,29,41,53 小限:11,23,35,47,59 飛廉 25~34 指背 官符 福德 長生壬申
太華 陰蓋 陷廟 流年:1,13,25,37,49 小限:7,19,31,43,55 青龍 105~114 華蓋 歲建 夫妻 墓戊辰	文墨天機 pro 1.8.15 CSVUC 姓名:匿名 陽男 土五局 真太陽時: 2024-03-13 18:10 鐘錶時間: 2024-03-13 18:20 農曆:甲辰年二月初四日 酉時 命主:破軍 身主:文昌 子斗:申 節氣四柱 非節氣四柱 甲丁丙丁 甲丁丙丁 辰卯子子 辰卯子酉 出生後7年3月14天 八字起運 戊己庚辛壬癸乙 辰巳午未申戌亥 8歲 18歲 28歲 38歲 48歲 58歲 78虛歲 2031 2041 2051 2061 2071 2081 2091 2101		武七右副咸天 曲殺弼截池德 利旺陷廟廟平 **科** 流年:6,18,30,42,54 小限:12,24,36,48,60 喜神 35~44 咸池 小耗 田宅 沐浴癸酉
天擎恩天副旬 府羊光貴輔空 得陷旺旺平陷 流年:12,24,36,48,60 小限:6,18,30,42,54 力士 95~104 息神 病符 子女 死丁卯	日↑ 日↓ 天盤▽ 時↑ 時↓ 自化圖示:→祿→權→科→忌		太天天天 陽刑才虛 不廟陷陷 **忌** 流年:7,19,31,43,55 小限:1,13,25,37,49 病符 45~54 月煞 歲破 官祿 冠帶甲戌
祿地天天旬天 存空馬姚空哭 廟陷旺旺廟陷 流年:11,23,35,47,59 小限:5,17,29,41,53 博士 85~94 歲驛 弔客 財帛 病丙寅	紫文文天陀寡破天 微微昌曲羅宿碎 廟旺廟旺廟陷陷 **權** 流年:10,22,34,46,58 小限:4,16,28,40,52 官符 75~84 攀鞍 天德 疾厄 衰丁丑	天陰 機煞 廟 **身宮** 流年:9,21,33,45,57 小限:3,15,27,39,51 伏兵 65~74 將星 白虎 遷移 帝旺丁丑	火紅天封大龍 星鸞傷誥耗德 利旺陷廟旺陷 流年:8,20,32,44,56 小限:2,14,26,38,50 大耗 55~64 亡神 龍德 交友 臨官乙亥

東偏南 正東方 東偏北 北偏東 正北方 北偏西 正西方 西偏北 西偏南

401

第十一章 欽天交通意外斷法

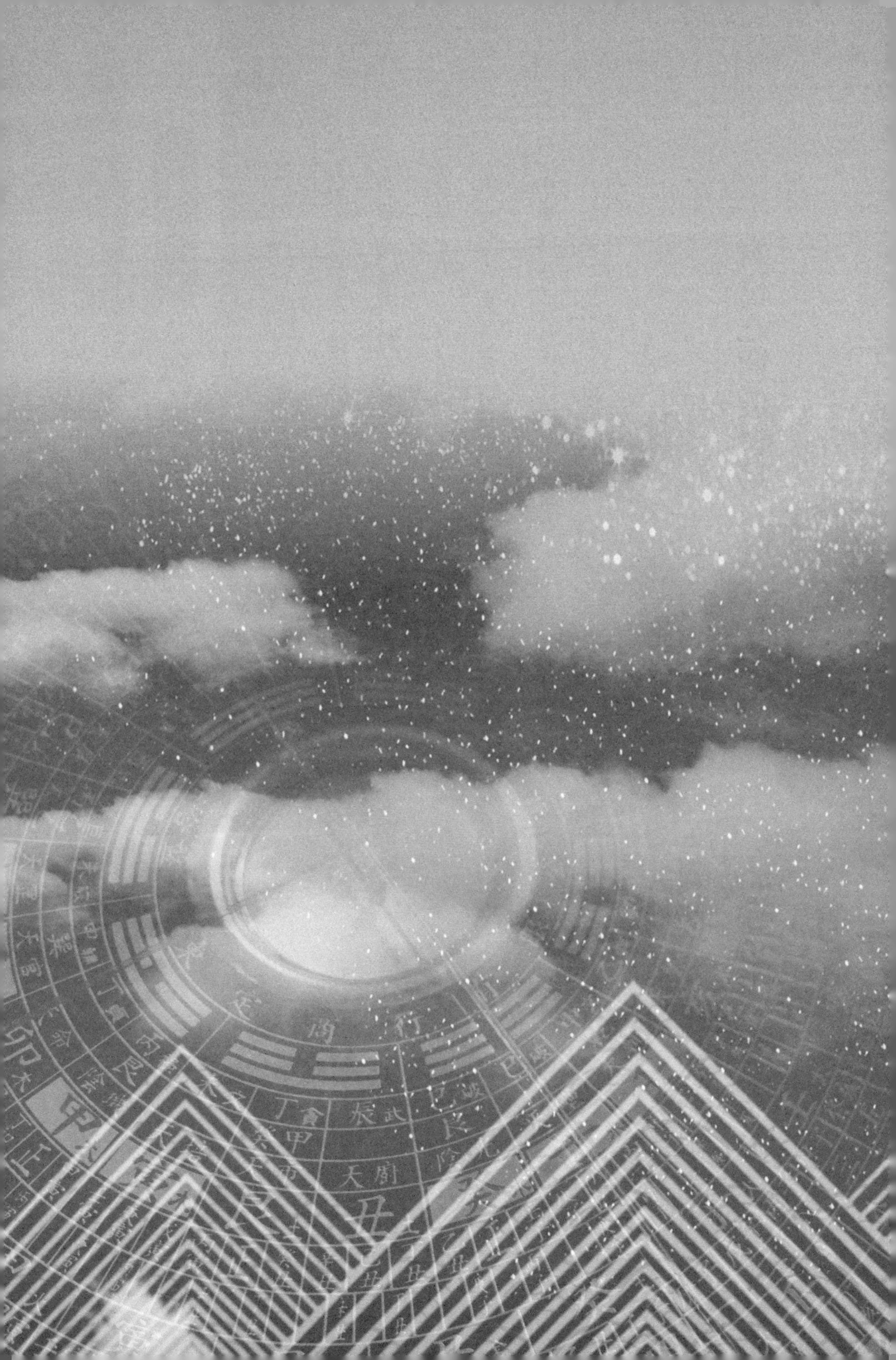

第十一章 欽天交通意外斷法

- 主要看命宮、遷移宮、父母宮、疾厄宮、子女宮。
- 命宮遷移宮 飛化象出去的祿忌交匯於 命宮、遷移宮、父母宮、疾厄宮、子女宮 為凶相。
- 若此時，疾厄宮再見凶相，則有比較厲害的車禍。
- 其餘看法 也可參照大限疾厄宮與大限遷移宮是否見凶相。
- 比如大限疾厄宮忌沖本命疾厄宮 大限遷移宮忌沖本命命宮等。

一、宮位之間的交易方式

比如說：大運遷移疊疾厄宮，飛忌入子女、車禍格局。

遷移飛忌（部分時候權也可以是引動量）入子女。

二、以大運層角度來説

1. 遷移為先，此時遷移的疊宮為子田或者父疾。

（1）這個時候如果飛宮沖了子田或者父疾厄的另外一條線，則代表有可能出車禍和交通意外。

2. 其次也可以看本命遷移的疊宮，如果本命遷移疊了大運疾厄宮或者大運子田，也代表車禍可能性，此時再看飛宮的引動變化。

3. 交易的方式是多種多樣的，可以是遷移疊子女，也可以是遷移和子女在飛宮的交易之下完成了能量的傳遞。

4. 在實際看盤中，我們其實會先從大運層判斷大運是否容易車禍，這裏要說的重點是，以用及體的覆蓋能量是整個大運。同時在能量傳遞過程中，以忌為優先，部分權象也可以代表摩擦和傷害。其次宮位上還是考慮以用及體的影響最大。

三、欽天的交通意外斷法

當大運命宮和大運遷移宮祿忌交匯於一點（這一點是父疾或者子田），則當流年命遷走到，也代表有車禍出現。

部分時候會表現為祿忌在一條線上對沖，也理解為應期。

提示：沒有哪一種斷法可以包括所有的車禍情況。

1-3年。我們以取類象為主，並不是說有這個象數就一定會出車禍。

因為實際情況會發現，其實當滿足疊宮的條件下，應期還是比較多的，一般是

406

四、案例

案例車禍 1

1. 首先看大運層次的疊宮

(1) 大運遷移疊本命子女

(2) 要包含忌的引動,遷移疊子女有一個忌出

(3) 大運遷移太陽生年忌且有忌出,加上有鈴星

和文昌，這裏太陽和鈴星都會剋到文昌星，文昌是金屬，一般見到金星，也會代表如果有，車禍會比較嚴重。

(4) 大運遷移和本命遷移走到清算格，疊的是子田線，代表必有外出的意外或者損傷。

回饋：正月二十七、陰曆七月十三，都是停車場出現了問題，有人撞到他的車了，給他打電話除了這兩個月，還有陰曆九月和陰曆十月需要尤其留意。

總結：

1. 遷移和子田相疊，容易表徵外在資產受損傷，煞星越多，損失越大，也是相對容易出車禍的格局。

2. 疾厄宮的情況可以用來評估事情的嚴重性（無法完整評估，會受到其他因素干擾）。

408

第十一章 欽天交通意外斷法

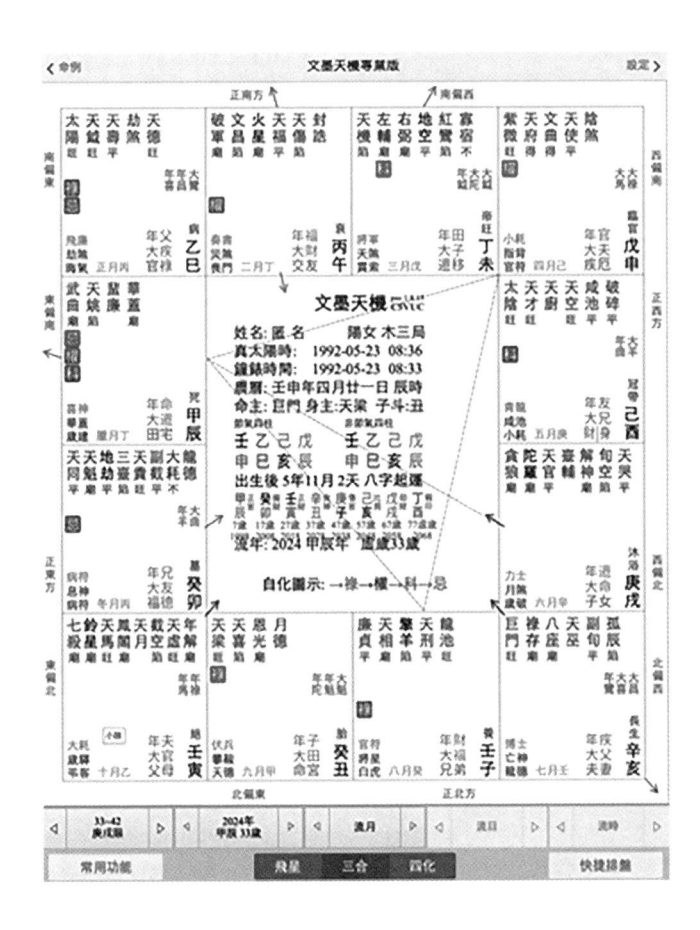

案例車禍 2

1. 大運遷移宮來看在本命子田，相對來講就是容易出車禍的格局；

2. 從大運遷移的飛宮來看，忌入本命的官夫，疊的大運疾厄宮，認為該年份比較容易出現居住地或者工作環境的變化，有一定的車禍機率；同時因為流年忌和生年忌沖到了三代的疾厄宮，也代表容易受傷，但是因為流命有科星，且忌沖的位置是不帶煞的，所以認為不嚴重。

題外話：官非象

代表官非的星辰：武曲忌、廉貞忌、天刑、官符、文昌忌、文曲忌（影響相對小）、被刑忌夾印的天相。

當彙集的能量足夠大時，也是容易出現被執法者監管的情況。

其次有兩類特殊情況：

1. 刑忌夾印格，天相在哪里，哪里就受損。

2. 財與刑仇格，需要在三方見到，代表容易損財。

該盤 2016 年稅務被查，流年官祿宮的三方湊齊了文昌忌＋武曲忌＋廉貞忌；天相受損，合住刑忌夾印，所以也是比較容易被查的，且伴隨事業受損；另外武曲忌＋廉貞忌＝財與刑仇格。

謹記：官非格只代表會有人來查，不代表一定會出事，不犯事就不會有事。

第十二章 學業斷法

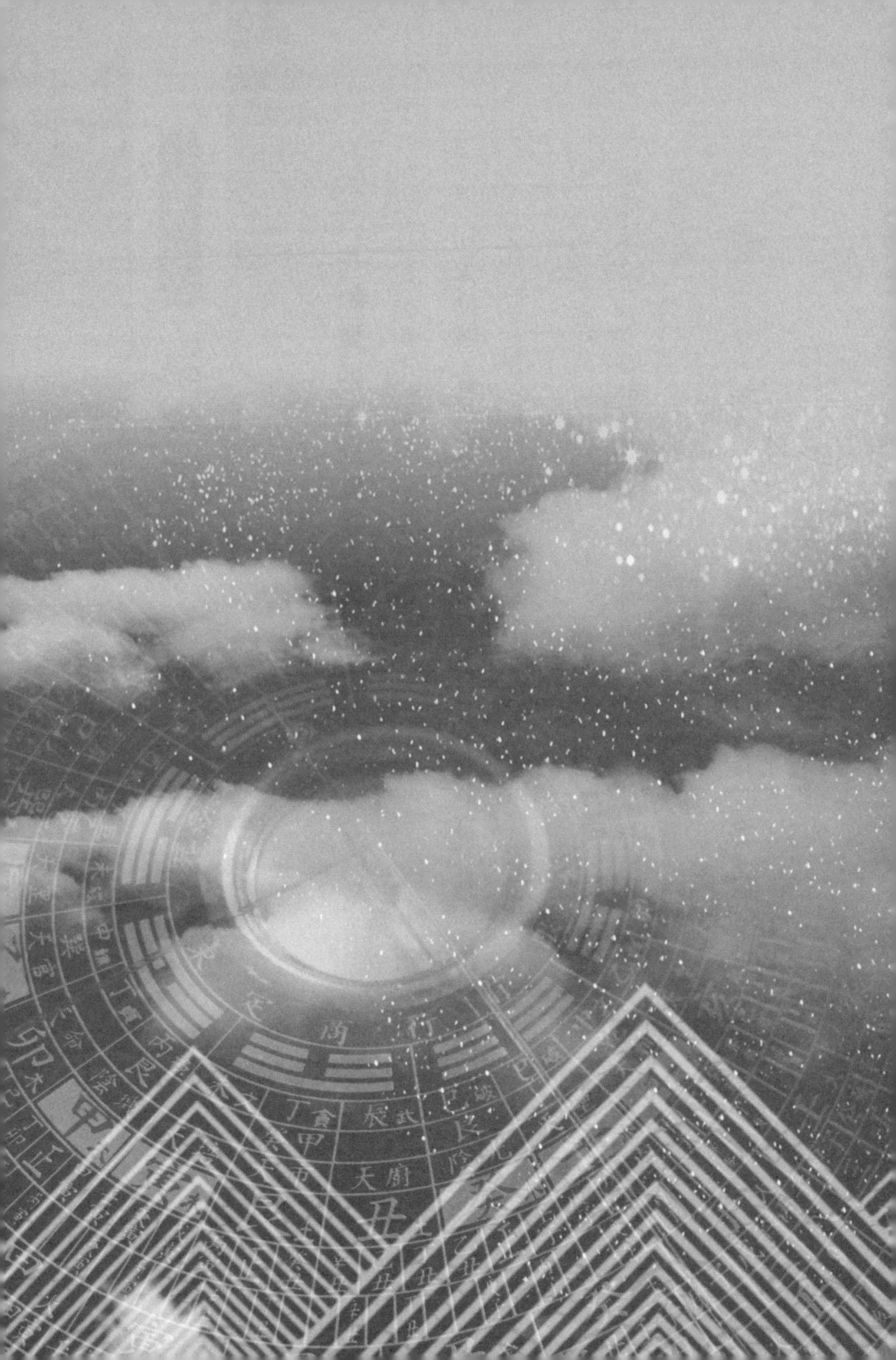

第十二章 學業斷法

紫微斗數盤如何簡單看學業

依欽天派紫微斗數宮象星解，確定我們需要用到的宮位、四化象及星辰。

1. 宮位解。看學業，首重命宮、父母宮、疾厄宮，其次看官祿宮。

命宮是個人的全面體現，故命宮的能量在學業中影響深遠。

父母宮在十二宮中，除了可以看父母之外，還代表了智慧、學業、面試、對公關係以及生活中的領導、長輩。同時氣講流動，對宮之間的影響是相互的，故疾厄宮同樣重要。

同時父疾線，也是名聲線。父疾線好，則名聲旺，是有助於學業的表現。

官祿宮主要看工作環境，工作運勢的起伏與波動。而學生之事業，其實就是學業，亦可代表學生在學業中是否有上升之象，部分會表現在學生會幹部、班幹部中有上升之象。

2. 象解。學業首重科星，其次為化祿星與化權星，最次為化忌星。

科星有科甲、功名之意，也主聰明，是對學習、考試、面試而言最重要的星辰。

宮與象解，生年科落命宮、父母宮、疾厄宮都會在學業上有所加分。落官祿宮，則代表學習平順不累，考運較好。

祿星代表好運，也代表聰明。化祿星對學業的作用更像是外掛，同樣落於命宮、疾厄宮、官祿宮對學業最佳。

權星代表努力和精神力量所傾注的點。常規看盤很少會添加化權星進學業宮位，但我認為，不論一個人再聰明，再運氣好，若毫不努力，為無根之木，無源之水，終是不能長久。故化權星被我視為衡量努力程度和自律性、自查性的關鍵象。權與祿或

者權與科的組合都是對學業比較好的。

忌星多主學業不順。忌星坐命宮，容易木訥鑽牛角尖，不利學習。但是若會科星在父母宮或者命宮，則代表學業前期不順，後期發力。而且星辰若為武曲、文昌，則代表尤擅理科和數學。因為比較容易深入地鑽研一門課程。

其次自化和視同自化，可以看作一個小型生年坐在該宮位，比如自化科坐命宮，依然是對學習的加分項。

3. **星辰解。文昌文曲最利學業，其次為聰慧強大的主星，見化科為最吉。**

文昌多傾向於理科，文曲多傾向於文科。

文昌傾向於正途功名，踏踏實實，而文曲則傾向於聰明機智，斬獲高分。

文曲自化忌落父母宮，多為異路功名，在當今社會多表現為學習小科，而不是高考。比如聲樂、美術、傳媒等。

4. 大運解。大運對成績的影響依然很大，具體依照大運的宮象星解。

在實際打分中，個人覺得在學習的影響中本命盤占6成，大運占3成，流年占1成。

大運極好可占6成。比如出現父母宮祿照／科照本命宮，父母宮祿照／科照本命父母宮，則主學業大吉。

為什麼流年行運僅占一成？這就好比，底子極好的學生，即使失誤可能也就是從年級前三變為年級前十，但是對於底子極差的學生，流年的好運可能也只是從年級200到年級150，不能發生從一本到985這種關鍵性轉變。

5. 宮象星三合一解。

- 命宮、父母宮、疾厄宮見文昌文曲生年科，為最利學業；
- 若此時命宮見生年權或疾厄宮見生年權，則可斷學業名列前茅；
- 以上兩種的組合見生年忌學業依然會有比較好的結果。

- 與上同理，若不為生年四化，而為自化或者視同自化，可以作為一個小型生年四化坐在該宮位。且我們說過，自化主變化，是後天的緣起與努力，才會造就出一個比較好的結果，也就是需要轉正正確的年份，去轉變，發揮自化的力量。

- 若命宮、父母宮、疾厄宮只看到生年忌和自化忌，而不見其餘四化或自化，則極不利學業。

6. 運用

如何看自己即將面臨的考試的行運？

- 首先評估自身的實力，這就是本命盤決定的。不可以一本的實力，強行去沖985，需要對自己有正確的估計；

- 其次看大限。大限行運中，若命宮、父母宮、疾厄宮見生年科、大限科，則代表這十年學業主順遂且有名氣獲得。

最終看流年。若在該流年，流年命宮、父母宮、疾厄宮、官祿宮、祿科來會，且不見忌。則代表考運極好，適合完成比較大的考試，比如考研、考證，同時一些重要面試的看盤法則與此類似。

7. 如何給自己的命宮、父母宮、官祿宮及其他宮位添加化科星、化權星、化祿星。

甲干顏色的表徵，呈現出青藍系列的顏色：水藍色，中藍色，深藍色。

乙干顏色的表徵，呈現出青綠系列的顏色：淺綠色，深綠色，墨綠色。

丙干顏色的表徵，呈現出鮮紅系列的顏色：粉紅色，珊瑚紅，朱紅色。

丁干顏色的表徵，呈現出赤紅系列的顏色：茶紅色，紫紅色，暗紅色。

戊干顏色的表徵，呈現出亮黃系列的顏色：桔黃色，淺亮黃色，鵝黃色，金黃色。

己干顏色的表徵，呈現出土黃系列的顏色：米黃色，土黃色，深土黃。

庚干顏色的表徵，呈現出黃白系列的顏色：米白色，乳白色，微黃白。

辛干顏色的表徵，呈現出純白系列的顏色：銀白色、象牙白、純白色。

壬干顏色的表徵，呈現出淺黑系列的顏色：淺灰色、鐵灰色、淺黑色。

癸干顏色的表徵，呈現出深黑系列的顏色：暗咖啡，黑藍色，墨黑色。

以天干顏色使得父母宮、疾厄宮、官祿宮、命宮化科。

其中以父母宮化科為最佳。

**科星在學業中是最重要的。

單憑科星，力度不夠，最好能見到命宮或者疾厄宮有化權的星（自化和視同自化也可）。

忌星獨坐 主學習不利。但是如果會科星，在學業上反而主吉，因為忌星會跟願意去鑽研問題，把問題想的特別透徹，反而是有利於學習的。尤其體現在理工科。

但是忌星會科星，則主學業由不順到順，最終結果是好的，是學業有成的。

祿星 主運氣好 名氣上升。

8. 學業斷法總論

1. 本命盤看格局高低
   1. 首重權星及祿星。
   2. 其次不能有很明顯的分心的垂象。

2. 看行運
   1. 首重科星。
   2. 一樣不能有很明顯的分心的垂象。
   3. 也需要看到忌星。

3. 在斷學運的過程中需要明確考試年份

4. 特殊事件
   1. 流年的考運也會成為考運影響的關鍵因素。

第一步：分析本命盤

本命盤代表著人的先天格局大小，成長環境，學習習慣，喜歡的人事物，以及說話做事是否有被認同的這個趨勢。

學業上比較有利的格局（主聰明的格局）。

1. 昌曲在命宮、三方會到（但是不可失位）。
2. 陽梁昌祿（狀元格）。
3. 坐貴向貴格與太乙拱命格（代表聰明、說的話容易被認同）。

第十二章 學業斷法

關於此盤

巨門坐辰戌，入天羅地網，其實是說會比較喜歡自己研究的格局。

加分項：

巨門坐戌宮，善於研究、鑽研。

官祿宮見文昌科，且命宮魁鉞夾，代表是比較容易被周邊人認同的。

減分項：

三方見四煞星，在學習的環境裏面比較容易碰到各種各樣的外部問題，或者有其他人來搞事情。

天同祿見陀螺，代表思考性強，執行少，人懶。

官祿空宮，對宮天機太陰，主奔波，也主事業變動。

生年權落夫妻宮，認為權星旁落，且落天機，主變動，代表不能靜下心來學習。

總體評估：

人聰明，但是不能靜下心來學習，且也不能安穩的學習。

我們認為，有一本左右浮動的底子，但是沒有辦法夠到國內特別高的高校。

第二步：

本命盤論述完成之後，會看大限對事情的影響。通過大限評估整體學運的走勢及變化。

三方見空劫，代表學業不穩定，波動性強，遷移宮見祿，認為外地求學或者出國的可能性會有。總體來講，對學業是扣分的。

官祿宮本宮地空，對宮見貪狼權，代表學業上分心嚴重，學業投注的精力不高。

大限父母宮天梁科文曲忌，代表學習的東西比較容易跑偏，鑽研到其他內容上面去。本身智商上是比較高的。

認為大限是往下浮動的。所以在學業評估上，會認為一本往下走。然後再看流

第三步：

找到重要的流年。

假設命主14年高考，則代表高中三年時間為12、13、14。需要依次分析，學業上面的影響及成果。比如13年，流年命宮走到大限遷移宮，認為有短暫外出及選擇其他事情的垂象。

破軍祿也認為在這個階段會選擇告別舊事物，迎接新事物。

其次呢，我們能看到雖然流年命宮見到雙祿，但是三方是被雙忌而沖的，同時流年命宮在大限遷移宮，流年的子田線也被引動到了，代表很容易放棄現有的事情，奔波其他的事情。

14年在考試，即使14年考運佳，也不能在原有水準上往上再拉高一個層次了。所以如果正常參與高考，評估學歷水準會在2本-1本之間或者直接表述為1本以下。

但是，這裏其實也要向命主確認的，就是有沒有中間斷學從而導致考試延後，或者直接出國讀書的情況。

因為大限遷移宮見大限祿會大限馬，加上本命官夫線見天機太陰，喜奔波，故也是有出國的徵象的。

在確認過後，命主表明是有出國留學。則在學歷上面，我們會認為這其實是一個比較好的選擇，因為在13年，流年父母宮走到了大限父母宮，引動自化祿，且流年命宮見雙祿，代表運氣是不錯的。其次，14年，考運評估運也是不錯的，所以認為出國反而會進入到不錯的學校。

這個是關於學歷和小孩兒的看法。

現在我們聊聊關於如果有人要考研或者考博，在當年的學運的看法。

關於工作路線還是學術路線的選擇。

工作路線首重官祿，也就是事業運勢。

第十二章 學業斷法

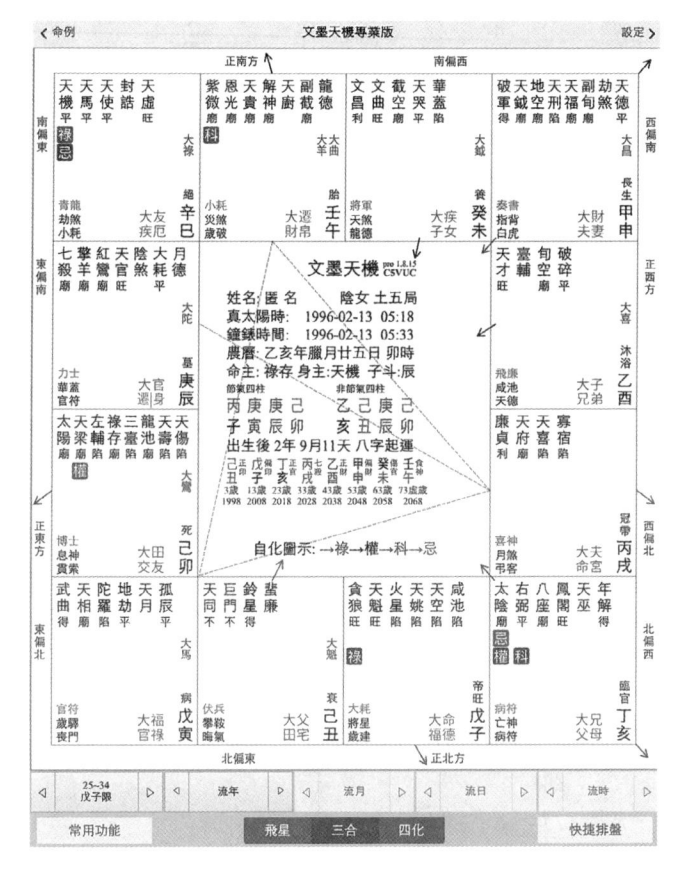

學習路線首重評估，也就是父母運勢。

對於命主提問，要不要在學習上繼續深造，我們其實會先看大限父母宮的飛化。大限父母宮見視同自化忌，且飛宮逢象不夠有利，所以認為不太適合走學術路線，尤其是有論文要求的那種。

命主提問：23年申請博士是否有機會

知識性補充，關於看流年的考運及申請機會

1. 評估命三方強度，代表自身實力高低。部分時候會同參大限及重要流年的情況。
2. 評估流年的父母宮強度。

流命三方見陽梁昌祿，認為在學業上學習上是主得力的，而且因為見昌曲，也代表了自己的內容更加容易被人認同。

流年命宮見天梁生年權，財帛宮見雙科會權，認為自身努力程度有之，在學習上也會比較用功，自身實力在這一年是比較強的。

同時陽梁昌祿，在先天上就是有利於被評估的格局。

返歸大限層來看,大限命宮見貪狼大限祿且為天乙拱命,所以認為在競爭中也比較容易得力。

綜合來看,今年申請博士是有希望的。

第十三章 紫微斷健康

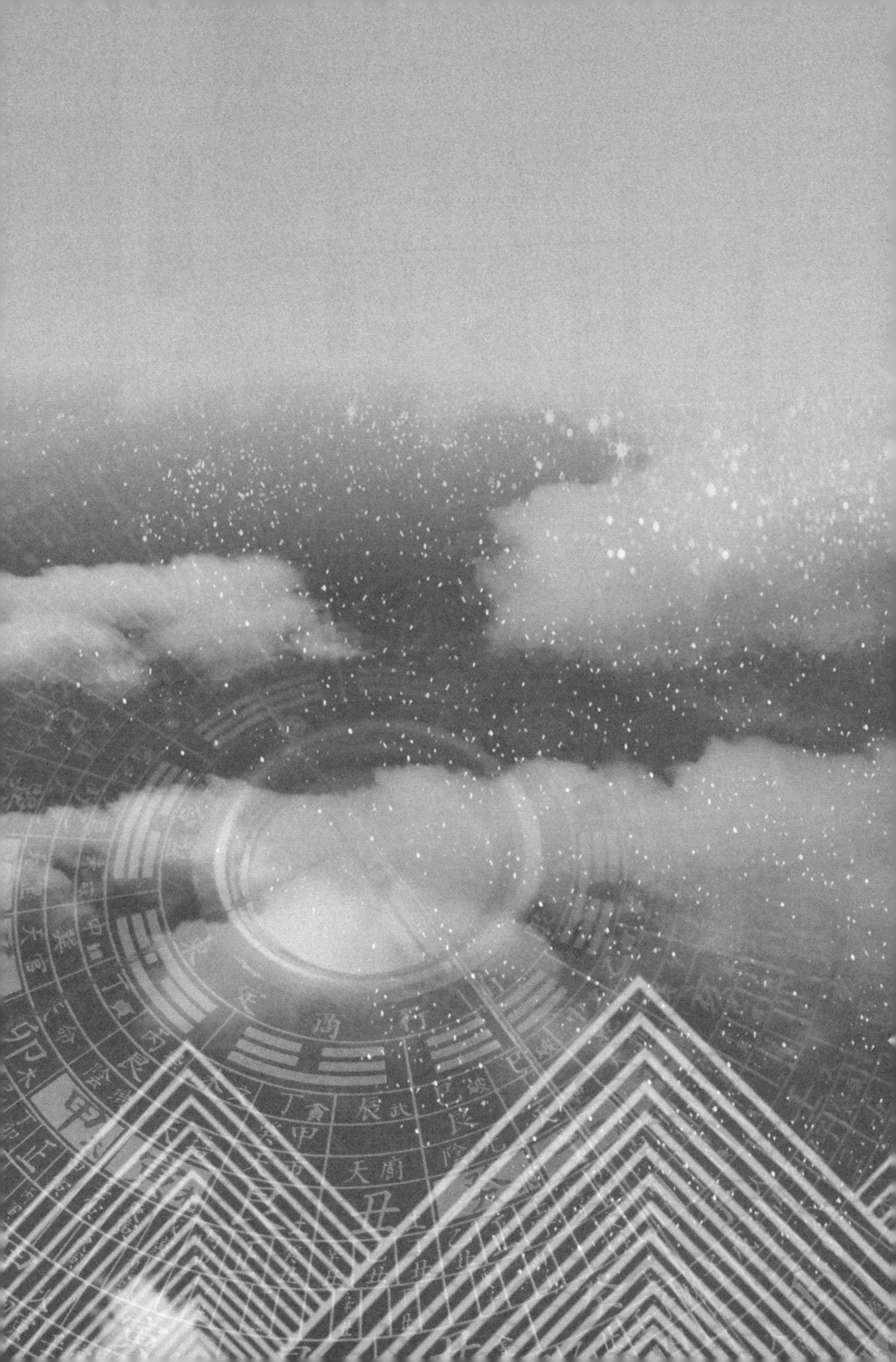

第十三章 紫微斷健康

1. 疾厄總論

我們會把紫微斗數看成一個人的全息投影。

則紫微斗數十二宮，可以對應人體的不同的器官。星辰可以對應體內五行能量的旺衰，從而決定人的生老病死及病症所在。

大限和流年是對身體的不同元素的添加，在與身體原有元素相互碰撞的基礎上，也就構成了身體的變化。也就導致了疾病的產生。

身體是不喜歡變化的。

所以祿在我們疾厄中的用法，尤其是對身體部位變化產生的影響，並不主吉。

2. 十二宮對應的身體部位

有時候是主凶的。

在更多時候，我們希望我們的身體維持平穩就 OK 了，就不要產生任何多餘的變化是最好的。

巳 脾	午 心／大腦	未 小腸	申 膀胱
辰 胃			酉 腎
卯 大腸			戌 心包經
寅 肺部	丑 肝	子 膽	亥 三焦

十二地支，可以對應我們不同的臟器，然後四化象添加，決定了我們臟器的情況。

所以簡單來論，我們可以直接通過，子午流注圖來判斷身體器官的強弱，並通過大限的增加的內容，來看身體的器官所面對的壓力和挑戰。

文昌屬金，落於子宮，暗合進丑宮。文昌一般代表硬的東西，硬的物質，所以在這個階段相對來講，是比較容易有結石的。

所以申宮的貪狼忌，貪狼可以代表血肉，鈴星是炎症，合在一起也可以認為是左邊肩膀比較容易有肩周炎。

右肩膀	面部大腦	頸部咽喉	左肩膀
胸肺右臂			後背左臂
前腹右掌			盆骨左掌
右腳	肛門	下陰	左腳

右肩膀	面部大腦	頸部咽喉	左肩膀
胸肺右臂			後背左臂
前腹右掌			盆骨左掌
右腳	肛門	下陰	左腳

星曜五行看疾厄

屬土的星曜：紫微、天府、天梁

屬土的宮位：辰戌丑未（辰宮代表胃，未宮代表小腸）

土星，主要象徵脾胃及消化系統方面，開竅於嘴，因土星代表穩定性，故土星受損的情況下，也代表精神上容易出現焦慮不安的情況。而思慮傷脾，也是如此。

紫微代表胃、頭、腦、三焦、專注力、情緒管理。

天府代表胃部、記憶力、消化、虛胖。

天梁代表腸胃、頭疾、衰老症狀、氣虛、肩周炎。

（臟腑理解，腑為陽，臟為陰）。

土星在象數不化忌的，所以本身也是有穩定性的特徵。

什麼情況下，土星受剋代表問題呢？

1. 紫微星的連帶影響（個人覺得代表大腦、頭部的情況更多）

1) 紫微之疾厄必為天同，天同化忌，則紫微星一定會受到連帶影響。庚天干會帶來天同化忌。庚天干同時也伴隨是太陽化祿，武曲化權，太陰化科。

代表免疫系統、腎臟上面的支持度不夠，帶來的頭部、腦部、三焦問題的彙集。

2) 紫微三方見廉貞，武曲，所以他們的特性，也是相互影響的。丙天干，化祿天同，化忌廉貞。壬天干，化祿天梁，化權紫微，化忌武曲。後者認為是消化系統運轉帶來的大場的壓力，比如痔瘡等。

2. 天梁星的連帶影響

1) 天梁在星體架構上，必與廉貞暗合。故廉貞星受到影響，會同時影響天梁的狀態。

以紫微為核心理解，可以把廉貞理解為血，把武曲理解為氣，若兩者皆化氣，則氣血不通，行氣不暢，除了消化系統對營養物質的吸收及運輸容易出問題意外，也代表大腦容易受到影響。

2) 巨門之疾厄必為破軍，破軍之疾厄必為天梁。巨門為口，破軍為耗。同樣會影響到天梁狀態。但是這裏不化忌，大部分情況下是不會出什麼大問題的。

但是以巨門權、破軍祿可以認為易食物中毒、腹瀉。這種耗性的根本是天梁在運動，如果天梁本身不給類，也會導致能量的傳輸出現問題，比如無法完全中不好的物質排出體外。

3. 天府星的影響

天府和太陽是暗合的。太陽和廉貞是16關係,所以太陽與廉貞在一起,主管心腦血管的運轉,而天府天梁,則代表了行氣的流通。一個心腦血管氣血不佳的人,連帶著記憶力也會不好的。

煞星添加的影響

擎羊－胃酸、刺激性物質及內容,包括具備突發性疾病的影響;

陀羅－消化系統慢,無法通暢運轉;

鸞喜見刀子星－見血。

化忌－堵塞。

地空地劫－能量低,被散掉了,所以在腸胃也表示消化不良;

與木星同度－盲腸炎,吃飽多動,激素相關內容帶來了腸胃的壓力;

與金星同度－土生金,土的能量被散掉了,也是減弱的意思;

土星在不同宮位對應的疾病特徵

巳 肩周炎	午 頭風	未 頸椎酸	申 肩周炎
辰 脾胃脹 胃脹氣			酉 背酸
卯 消化不良			戌 腰酸
寅 痛風	丑 關節風濕	子 排便粘稠	亥 痛風

屬金的星曜：武曲、七殺、文昌

屬金的宮位：申宮、酉宮

七殺主要代表外傷、手術、割傷這一類型。而武曲則象徵在內的肺部及大腸，但是武曲也象徵皮毛，鈣化結石的疾病，在身體中代表了氣。

文昌是代表了硬化的特徵。如果文昌忌與武殺同宮在卯酉，易患結石病，病症一般在腎部和腸胃部分。部分時候會因為結石流動，到膀胱及尿道部分。

武曲屬金,管財庫。所以武曲代表的身體狀況,也在一定程度上反映了人的財運。

所以補氣,同樣有補財庫的作用。方法很多,比如運動、食療(白蘿蔔、人參等),或者直接練習金剛功。

中醫理論:久視傷血,久臥傷氣,久坐傷肉,久立傷骨,久行傷筋。

所以了不傷害武曲,就不要老躺在床上。

同時金星,在情志上主悲,金星皆弱的情況下,代表人容易悲傷。且筋骨、肺部、大腸、皮毛等部位也容易受到傷害。

武曲代表肺、喉道、鼻炎、筋骨、關節、便秘。也代表這些事物的周邊,尤其是硬性的東西,比如肛門、牙齒、骨頭。

武曲星的連帶影響

肩膀僵硬	頭痛	扁桃體炎症	肩膀痛肺疾
肺部			肺疾
結石			腎結石
大腸癌（祿+忌）昌曲忌	筋骨僵硬	便秘 膽結石 膽囊炎/膽囊息肉	足病

1. 武曲暗合太陰，太陰又為七殺之疾厄宮。當太陰星化忌的時候，也會連帶影響武曲的能量。這種其實可以理解為，太陰為內部的，而武曲和七殺為外部，吹響上屬於外硬內軟的器官。也可以理解為，皮膚與在皮膚之下流淌的血液，

會擎羊－鈣化、筋骨受損、氣喘、固執易怒。

會陀羅－執著、賭氣、氣不順。

會化忌－肺經、大腸經有堵塞之象。

會地空地劫－金的能量低，鈣質流失，氣不足。

與木火同度－鍛鍊比較多，因鍛鍊而損耗。

與水同度－多思慮，多愁善感，唉聲歎氣。

七殺星的連帶影響

1. 殺破狼三方必然相見。如果說紫微是大腦，作為身體的中樞管理整個身體的運轉，則殺破狼代表身體激素和分泌相關的事情更多。破軍祿貪狼忌，就表徵在身體的分泌系統失衡，根據所在的宮位，一般表徵在木星受剋，水星當旺。破軍可以認為是消耗增加，貪狼忌認為是給身體的腺體及肌肉帶來了壓力，相對也容易出現激素分泌的紊亂，最終外應到皮膚及筋骨之上。

2. 武曲三方必見廉貞。廉貞受損，更多表徵在身體的系統紊亂層面。也可以認為是心腦血管系統受損，帶來的武曲被剋。

骨頭與在骨中的骨髓之間的關係。這種太陰星如果特別差的情況下，一定程度上，會影響到武曲和七殺的表徵。所以有時候，太陰代表的疾病會外應到皮膚上，比如皮膚突然發紫、發青，皮膚、大腸、肺部得不到滋養而出現脆弱的情況。關於太陰，有時候也會表徵在骨髓問題，比如軟骨、尿酸、膀胱炎的情況。

2. 七殺之疾厄，必為太陰星，這個同參武曲的講解。

在論述星辰表裏之間的影響的時候，可以直接論星辰本身帶來的問題，但是如果七殺星被集中攻擊的更厲害，也要論到外應的情況。七殺同宮了2科煞星之類的情況。

金星皆弱的情況下，代表皮膚、大腸、肺部、骨骼的康外界衝擊的能力較弱。也是先天就不太好的意思。

屬水的星曜：太陰、天同、巨門、天相、破軍、貪狼、文曲、右弼。

屬水的宮位：亥子

破軍文曲化忌坐子宮，易有水厄。

屬水的星曜是最多的，就像人的身體構成大部分是水一樣。在中醫的理解中，水代表腎臟、排泄位、下陰等位置。水星也代表勇氣。

天同代表內分泌、尿道、生殖器、胰島素、腎臟、免疫系統。

太陰代表泌尿系統、生殖健康、憂鬱症、手足冰涼、腎臟、骨髓。

巨門代表中毒、誤食、腹瀉、疑心病。巨門容易引動到自殺格，巨門＋擎羊＋火星，或者巨門＋陀羅＋火星，見忌，落於代表精神的宮位比如福德宮，就容易自殺。

天相代表皮毛、皮膚、敏感、汗腺。

破軍代表腹瀉、性欲能力、手速軟、腎臟。

手臂酸	頭暈貧血	感冒鼻塞	寒咳
胃寒腹瀉			腎虛驚恐
肚腩腸道堵塞			腎虛
手足冰涼	關節痛	子宮寒	胰島素

會擎羊、火星、鈴星－尿頻、敏感、泌尿系統發炎。

會陀羅－恐懼、忐忑、不安、糾結、泌尿系統和腎臟虛弱

會地空地劫－水的能量太低或者流失。

會化忌－淤、痰濕、濕氣體質，腎經、膀胱經堵塞的問題。

與土同度－虛胖、乏力、倦怠、前列腺疾病。

與金同度－泄汗、虛汗、大汗淋漓、氣喘流汗、盜汗。

天同暗合貪狼，主管身體中的欲望部分。貪狼管荷爾蒙，天同管興趣愛好，也管身體中對應的生殖部位，男性為睾丸，女性為卵巢。不管是針對玩具、還是性、是都有的。這些情緒的產生，很多都是激素調節的作用。

巨門之疾厄，必為破軍，破軍之疾厄必為天梁，代表進入與排泄系統，究其根本，是天梁代表的腸胃系統。

天相與破軍對照，分管排泄系統的不同方面，一個是汗腺排泄，一個是管肛門

排泄。

水星若落陷較多，則腎臟、尿道、循環系統相對不佳。

這裏也可以表明，破軍天相不佳，代表排泄不佳，巨門不佳，代表攝取不佳，太陰天同貪狼不佳，則代表內裏的循環系統不佳及激素分泌不佳，

屬木的行銷：貪狼、天機

屬木的宮位：寅、卯

木代表的器官為肝膽，肝開竅於目，木星受損，眼睛也會受到同樣的影響。天機在身體部位也代表四肢，天機化忌也可以體現在四肢受損，如跌倒。同時，天機也管有情，貪狼管欲望，包括愛情。木星受沖（比如會擎羊），肝火旺盛則脾氣暴躁。

貪狼也代表激素疾病、細菌感染、肝疾、甲狀腺素、腦垂體。

第十三章 紫微斷健康

天機也代表神經線、手足、脊椎、淋巴。天機與全部腺狀的器官都有關係，所以也包括神經系統、乳腺、脊椎與血管。

神經衰弱 脾虛	偏頭痛 眼疾	頸椎病 甲亢	短氣
乳腺淋巴			短氣
腹瀉便秘			盆骨神經 出問題
敏感症	痔瘡	閉經	手足無力

會擎羊－肝火過旺、易怒、容易煩躁，脾氣也比較直接；

會陀羅－乳腺增生，也是因為自己氣自己造成；

會空劫－木氣流失，容易乏力。體能不穩定，也表徵在白天疲倦，晚上精神。

與金同度－防肝膽硬化，鈣化，生石。固執或對自我要求過於嚴厲造成的。

與火同度－洩木，容易感到疲倦。

天機與貪狼都掌管腺體，所以激素相關的病

症也與木星相關。其次木星也管身體對應的免疫功能。與水星共同發力。主要發力點在天同與貪狼。同時天機管手足，貪狼管運動，與天同三顆星一起，也就管理了身體的狀況，是否體能旺盛。

天機與破軍一起，能管理精神上是否當旺。

屬火的宮位：巳宮、午宮

屬火的星曜主要代表了心臟、大腦、血液。其中太陽偏向於心臟大腦，而廉貞偏向於血液。太陽也代表了眼睛的狀態。

太陽代表心臟、腦袋、記憶力、血管、眼睛、自信心。

廉貞代表血液、神經系統、記憶力、性向、審美。

肩膀酸脹	中暑心悸	甲亢舌腫	牙齦痛
心悸胃熱			乾咳
腹痛腹瀉			心壓抑
肝疾目疾	失眠	多屁便血	荷爾蒙失調

448

會擎羊，火星、鈴星－易怒、上火快、頭痛、心悸。

會陀羅，化忌－心悸，有心髒壓迫感。

會空劫－虛弱，容易疲倦，打瞌睡。

火星為廉貞與太陽，主管心腦血管及行銷傳輸。天機生廉貞，天機為生血的功能，廉貞生旺太陽。代表了血液的運輸、搬運與傳達。其功能主要體現在優化血液迴圈和氧氣供應，支持肌肉增加和機體運動功能，最重要的，支持大腦供氧，增加記憶力，改善情緒和思維。

副星曜疾厄宮含義

文昌－陽金－皮膚、大腸、心頭鬱悶、反覆性。

文曲－陰水－皮膚、小腸、肝膽、反覆性。

左輔－陽土－消化不良、勞碌病。

右弼－陰水－口乾舌燥、虛火上升、情緒病。

天魁－陽火－疲勞病、視力、醫生貴人。

天鉞－陰火－胃、肺、鈍器傷害、手術刀。

擎羊－陽金－刑傷、情緒傷害。

陀羅－陰金－慢性疾病、情緒傷害。

地空－陽火－抵抗力低、缺乏。

地劫－陰火－抵抗力低、缺乏。

火星－陽火－敏感症、驗證、發膿。

鈴星－陰水－敏感症、發炎、發膿。

自殺局：

巨門逢四煞星，落於福德宮或命宮，同時見到三代化忌引動。

鈴昌陀武，限制投河。

久病老人去世：

福德宮見祿（代表解脫）＋兄友線化忌（代表與親朋好友 say goodbye）＋三代疾厄宮見忌或忌沖。

喪事格：

見天哭天虛＋三臺八座於流年田宅宮。

流年田宅見忌星。

見大限有得祖產之象。

見儀式性，比如在老年人的盤裏面，見到昌曲＋鸞喜在三方見到。

喪門吊客哭虛會，喪事格。（神煞用法）。

身體激素分泌問題

未宮見祿權及能量過旺的星辰，此時再見到擎羊，容易出現甲亢。

反之，未宮如果見到空劫，則容易出現甲狀腺功能低下。

部分情況下，辰宮貪狼不佳，也會影響到甲狀腺激素的分泌。但其本質，是因為貪狼星主管身體激素分泌，有可能甲狀腺只是表徵，核心原因是貪狼出問題了。

女性不孕問題

1. 辰宮出現破軍祿、貪狼祿這種高刺激性碰撞意象，就容易出現泌乳素分泌過多

2. 婦科疾病問題

(1) 貪狼代表荷爾蒙，天同代表卵巢，子女宮代表生殖位，子宮代表下陰位，子女宮、天同、子宮的星辰。

(2) 太陰火星坐子女宮，落酉，可以直接取婦科炎症。

(3) 天同出問題，可以認為卵巢健康不好。

(4) 如果子宮見太陽，或者天同太陰忌，相對會比較容易出現多囊卵巢綜合征，另外，多囊卵巢綜合征是會導致不孕不育的。

(5) 子宮見到天機忌和貪狼忌，這個是說經血不足，相對正常人會早一點閉經的情況，容易不孕不育。

如果女性身體如果出現了以上說的不利生產之事，則要提早備孕生小孩。

補充情況：天同見空劫也是要見提前準備，見化祿則還好。

如何從命理上斷生孩子的應期：

1. 子女宮和疾厄宮之間產生了比較強的交易的象數且命主是已經結婚的；

關於生孩子注意事項

1. 子女宮見到很強的手術外傷組合，建議剖腹產；另外見到血液化祿、破軍化祿、紅鸞天喜，則代表易血崩，也是建議剖腹產和提前準備；如果逢水星，自化忌，則主流產；

2. 生育年，如果子女宮武曲自化忌，嬰兒可能會有臍帶繞頸的風險，尤其是見到陀羅的情況；如果命宮是這個格局，代表出生時，可能就有過這樣的風險；

其他疾病意外

1. 天機忌逢空劫，容易精神錯亂；

2. 空劫可以代表墜落，和不同主星搭配有不同的能量；

3. 動物攻擊，一般是動物+攻擊星，動物星有蜚蠊、貪狼、白虎、攻擊星比如擎羊、天刑；

4. 觸電格　太陽擎羊／天刑　廉貞擎羊／天刑　火星擎羊／天刑。

5. 桃花病　貪狼／巨門化忌+天姚，一般是激素方面隱秘部位的桃花病；巨門化忌

天姚，可以取垂象為毒品，放縱之象，多表現在兄友線；

斷身體健康的流程：

1. 從本命盤中找到相對比較弱的宮位，也就找到了身體中相對比較薄弱的部位；

2. 去大運中找到對應的添加；

(1) 大運疾厄宮的走向。

(2) 象數上是否集中。

(3) 有沒有多個大運集中攻擊某一個部位的垂象。

情況1：

如果大運疾厄宮和本命疾厄宮都被雙忌去沖或者會到了，則認為身體在這個階段是非常不好的；

情況2：

體用關係上的引動。主要就關注3個點：

第十三章 紫微斷健康

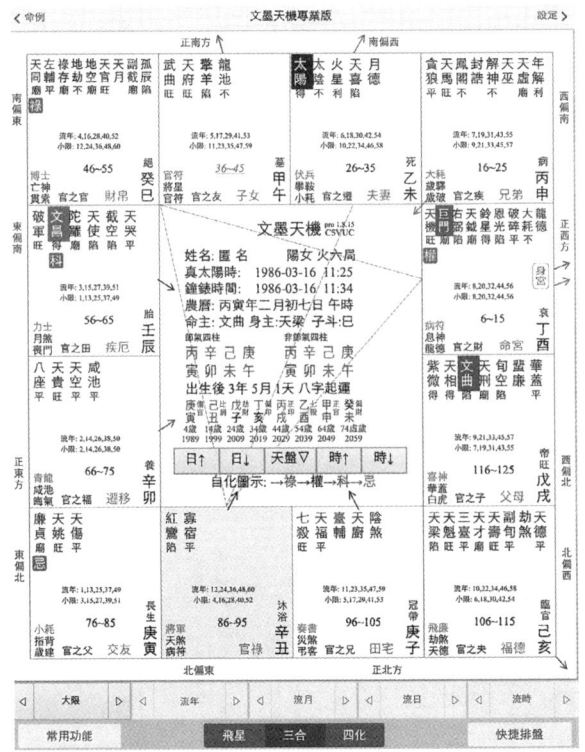

1) 大運疾厄宮是否忌入本命的父疾線。
2) 大運疾厄宮是否忌入本命的命遷線。
3) 大運疾厄宮是否忌入本命的兄友線。

1. 丑宮相對比較弱，我們可以認為肝經的通路不好，同時也參考身體一線，這一線的構成為鼻咽開始，到喉嚨，到脊椎，到小腸這條通路上，比較容易出問題；

2. 酉宮見天機巨門且見自化科忌，需要注意下腎部的過濾功能，比較容易出現尿尿不正常的情況；

找發病的點，主要看兩個點

1. 忌沖的星辰

   a. 昌曲科忌入父疾，代表易有慢性病。合破軍權陀羅，可能是胸部乳腺相關的問題，因為文昌忌也是發病原因，所以不排除乳腺結節的可能；

2. 大限的添加元素

   a. 廉貞生年忌逢大限祿，祿忌一組在身體上是特別不好的，因為祿是膨脹和活躍的能量，而忌是堵塞的能量；所以在21年-30年，容易出現心腦血管相關的病症；24年、26年、2030年注意心腦血管；

   b. 肝經被堵，也需要注意疏肝；

3. 大限疾厄宮忌入本命的疾厄宮，在身體上主不好，可以直接斷應期。身體容易不好的時間：23年-24年；26年-27年；29年-30年；

1. 什麼樣的情況下，我們的健康可以通過風水來極大地改善，甚至直接解決。

只要發病的病因疊在子田線，就可以通過風水極大的改善身體情況。

插曲：

1. 上班的晉升與否其實更多就取決於兩個條件：公司的發展速度，而這個取決於老闆的命盤。

2. 行業 - 離火運行業方向選擇。

(1) 玄學

(2) 文化

(3) 新能源

(4) 醫療保健

(5) 養生養老

(6) 美容

(7) 女性相關

(8) AI

第十四章 紫微斷趨勢變化

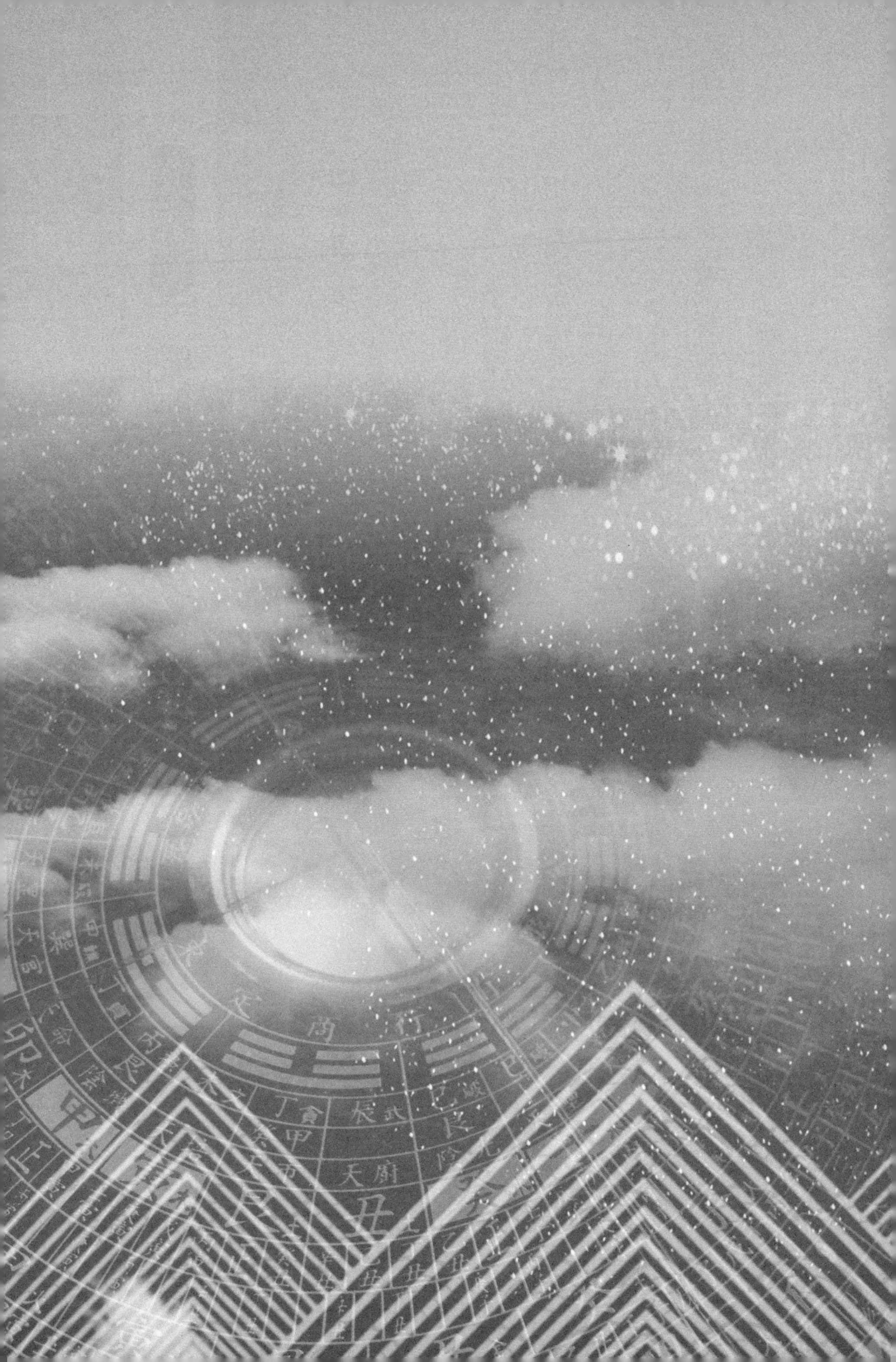
天府
丑

第十四章 紫微斷趨勢變化

四季變化

子宮（水）－卯宮（木）－午宮（火）－酉宮（金）

冬天－春天－夏天－秋天

忌－科－權－祿

萬物發展的順序是一個週期。

每一年都有春夏秋冬。

按春夏秋冬的做法，則萬物的更迭在紫微斗數的呈現就變成了：

科-權-祿-忌

科代表了新的萌芽，代表過程和開端（春天）。

權代表了去耕耘，去努力的過程（夏天）。

祿代表在耕耘之後的收穫（秋天）。

忌的話代表消逝與儲存，代表能量的一次更迭（冬天）。

是否可以只得到祿避開忌？

不可以。萬物負陰而抱陽，相生相剋。而在紫微斗數中，忌就是祿的代價。要得到祿，就必須付出忌。

為什麼科能解忌？

其實是第二年的科，給了第一年的忌一個新的萌芽與開端。

祿除了代表收穫，也可以代表萌芽，因為祿是新的一年的種子。

第二年祿代表在第一年祿的基礎上的新的收穫。

權會根據上年祿埋下的收穫的種子去努力。

十天干四化：

甲天干（甲廉破武陽）：

廉貞祿 破軍權 武曲科 太陽忌。

按事物發展順序調整可得：

武曲科 破軍權 廉貞祿 太陽忌。

武曲科：
降低原則、減低價格。

破軍權：
改變形象、裝修、突破改變。

廉貞祿：
創意星，推出新的創意，引人注目精細化。

第十四章 紫微斷趨勢變化

乙天干（乙機梁紫陰）：

紫微科　天梁權　天機祿　太陰忌。

紫微科：

高級化、包裝、高級、代言人、找到厲害的人解決問題。

天梁權：

把權利分給團隊領袖。

找到年長有智慧的人給團隊做教育指導

舊有的經驗性的指導。

天機祿：

團隊的凝聚力加強。

太陽忌：

有了創意，沒有辦法推廣出去。

團隊的工作能力提高。

團隊帶來的收入增加。

太陰忌：

團隊打理上的漏洞，大家想法不一樣。

分盈變少、蛋糕變小。

場地需求增加，無法滿足。

缺錢。

丙天干（丙同機昌廉）：

文昌科 天機權 天同祿 廉貞忌。

文昌科：

使用契約化的方式去解決團隊管理出現的問題。

畫大餅。

第十四章 紫微斷趨勢變化

借貸融資，未來償還；

天機權：
獎勵督促我們的團隊。
並且給我們的團隊放權。
讓他們去發展。

天同祿：
新人會被吸引。
團隊模式固定之後。
大家的工作壓力變小，工作強度減弱。
所有的東西都有了經驗。
輕鬆、享福。

廉貞忌：

員工鑽文書系統上的漏洞。

債務問題沒有解決。

契約中承諾的東西沒有兌現，導致了團隊人心的不平衡。隨著做大。

也會出現文書資質的不足，然後碰到法律問題。

丁天干（丁陰同機巨）：

天機科 天同權 太陰祿 巨門忌。

天機科：

分團隊、拉關係、打感情牌解決紀律問題。

紀律問題就包括文書資質不足及工作中出現的效率不夠、違法亂紀的事兒。

稀釋過去團隊的權利。

天同權：

第十四章 紫微斷趨勢變化

督促下屬。

給新人放權。

培訓新人。

獎勵新人。

太陰祿：

財富的增加、基地壯大。

在管理上面變得更好。

違法亂紀的事情減少。

巨門忌：

不信任、背叛。

質疑。

內部鬥爭，天機與天同。

戊天干（戊貪陰右機）：

右弼科　太陰權　貪狼祿　天機忌。

右弼科：
增大流量、市場佔據、舉辦活動。

太陰權：
管理之星、清潔之星。
遷動場地。
轉換基地。
勤快整頓。
強化監督。

貪狼祿：
錢財的分配與管理。

第十四章 紫微斷趨勢變化

欲望得到滿足。

達成夢想。

同時欲望也在增強、在萌芽。

天機忌：

舊團隊的疏離分散。

背叛。

連累。

甲干到戊干，是一個獨立的故事，而己干到癸干，又是另一個故事。

己干（己武貪梁曲）：

天梁科 貪狼權 武曲祿 文曲忌。

天梁科：

教條約束。
長者勸誡。
權勢攀附。
精神文化。
貪狼權：
增大目標。
學習。
自律專注。
創新。
武曲祿：
賺錢。
代表事業形象、投資價值。

第十四章 紫微斷趨勢變化

文曲忌：

在嘗試的路上反覆試錯糾正。

多次談判、長期維護。

分期付款。

庚干（庚陽武陰同）：

太陰科 武曲權 太陽祿 天同忌。

太陰科：

管理更細緻。

租賃與借用。

武曲權：

強化專案。

提升規格。

嚴厲管控。
建立規矩。

太陽祿：
英雄化。
偉大化。
推廣。
價值建立。

天同化忌：
難以管理。
難以引導、解釋。
在管理過程遇到難過，新人出現錯誤的理解，導致被連累。

辛天干（辛巨陽曲昌）：

文曲科 太陽權 巨門祿 文昌忌。

文曲科：
財務問題、各種糾紛都不是重點了，得到解決。
文曲科也代表良好有效的溝通。
花言巧語、美化。

太陽權：
正式推廣宣傳品牌。
突破正業、勵志鼓勵、注入能量、建立信任。

巨門祿：
代表我們會經常用到口舌。
同時也埋下了收穫的種子－管道、副業、其他機會。

文昌忌：

無資質。

無憑證。

不受承認。

壬天干（壬梁紫輔武）：

左輔科　紫微權　天梁祿　武曲忌。

左輔科：

需要有眾多的擁護者來解決這個問題。

民眾力量。

多人支持。

紫微權：

去與高層打交道，同他們的建議。

把權柄放給更高級的人。

強化管理。

上下對抗。

核心是解決無資質無憑證的問題。

也代表進一步上升。

天梁祿：

公平分配。

援助下層。

獲得威望。

一些新的想法萌芽。

（天梁為破軍之疾厄、破軍為巨門之疾厄）

武曲忌：

來自政策的打壓。

可以與紫微權結合解釋。

紫微權與武曲忌會形成對抗關係，政策的打壓也會導致收入的下降，產業收縮。

癸天干（癸破巨陰貪）：

太陰科　巨門權　破軍祿　貪狼忌。

太陰科：
智取溝通。

不可以與武曲忌硬碰硬。
在財務上的困難要用更好的打理錢財的方式去解決它。

巨門權：
既然國家不允許。

第十四章 紫微斷趨勢變化

那就去尋找政策允許下的新的管道。

包括一些可能的機會。

破軍祿：

突破性的進展。

國際化（大海水）。

有了新的變化。

破後重組。

貪狼忌：

欲望無法滿足。

在突破中受阻，競爭激烈沒有辦法達到想要的效果。

第十五章 三合局理解

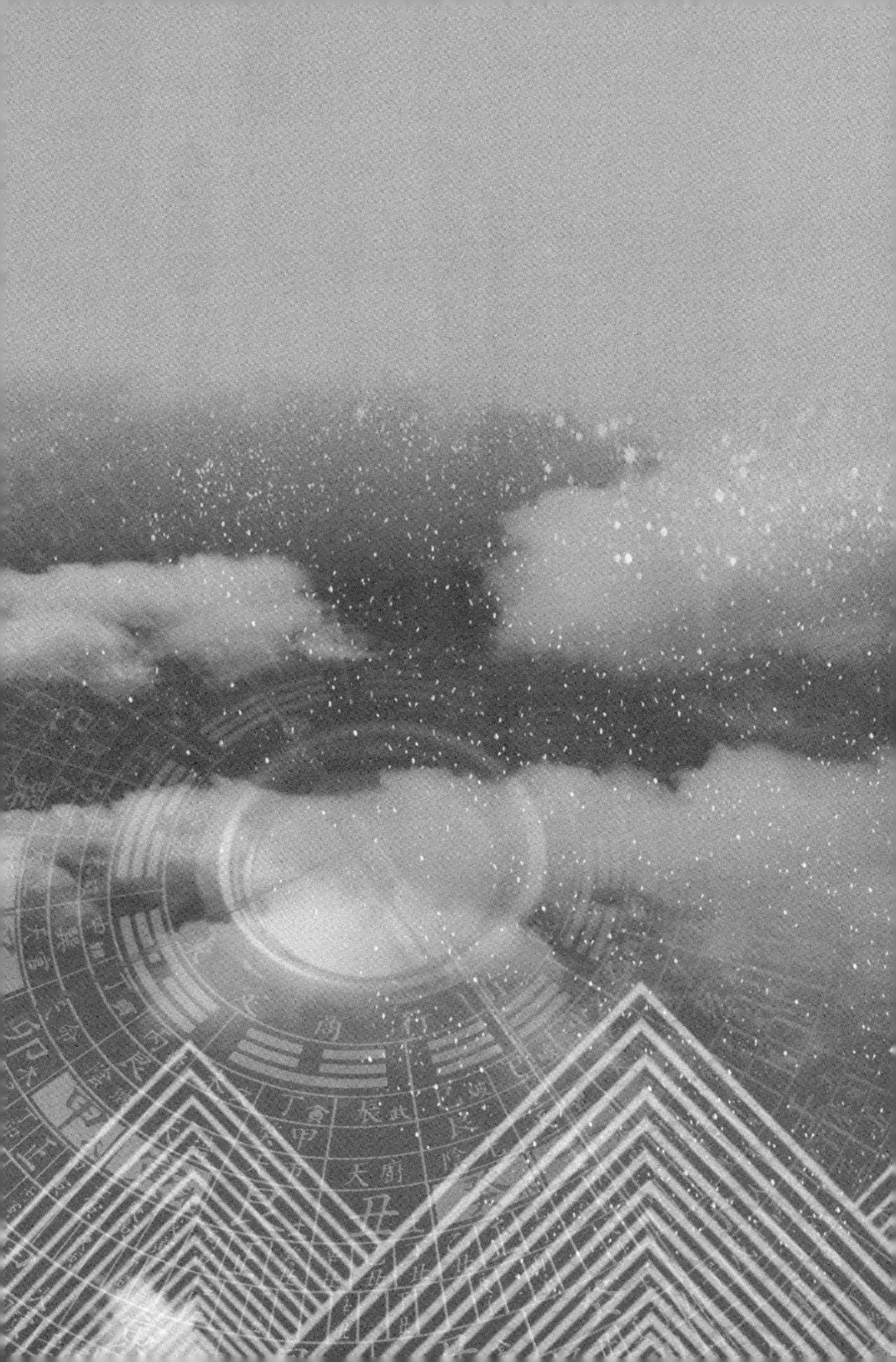

第十五章 三合局理解

寅午戌－三合火局

流年財帛宮坐火長生－代表被影響的打卡方面的開銷。

流年財帛宮坐火桃花，爆紅產品，話題性產品。

流年財帛宮坐火墓地－被炒火的品牌和股票。

亥卯未－三合木局

流年財帛坐木長生－交際關係上的應酬費。

流年財帛坐木桃花－送禮關懷關係討好費。

流年財帛坐木墓庫－高流量平臺，人氣積累，眾湊能量。

申子辰－三合水局

巳酉丑 - 三合金局

流年財帛坐水長生 - 心靈或精神成長的活動費。

流年財帛坐水桃花 - 創意性作品、書籍、小說，新影視，新歌。

流年財帛坐水墓庫 - 資料平臺 學習平臺。

流年財帛坐金長生 - 有遠景價值的投資類型，潛力股，大範圍價值。

流年財帛坐金桃花 - 投機娛樂性的賺錢，投機賭博，快速致富，賺錢。

流年財帛坐金墓庫 - **資產積累的平臺**

其意義在於，我們可以通過流年財帛宮的坐宮，去評估大眾開銷的風口，哪里有人投錢，哪里就可以賺錢。

比特幣 2017年	網紅帶貨 2018年	平臺廣告 2019年	網課講師 2020年
知識平臺公眾號 2016年			金融炒股 2021年
保健品美容品 2027年	流年財帛宮		虛高股價 2022年
旅遊業 2026年	資產持有 2025年	創意作品 2024年	機票運輸 2023年

但是這麼看是不全面的，還要同參每年的生年四化。

比如今年的武曲忌＋流年財帛陀羅。

大家都會處於掙錢困難，且資金流通沒有很好的情況。

十天干四化表

天干宮幹	化祿	化權	化科	化忌
甲	廉貞	破軍	武曲	太陽
乙	天機	天梁	紫微	太陰
丙	天同	天機	文昌	廉貞
丁	太陰	天同	天機	巨門
戊	貪狼	太陰	右弼	天機
己	武曲	貪狼	天梁	文曲
庚	太陽	武曲	太陰	天同
辛	巨門	太陽	文曲	文昌
壬	天梁	紫微	左輔	武曲
癸	破軍	巨門	太陰	貪狼

根據不同的年份，觀察每一年的四化，同樣可以給我們一定的指導作用。

第十六章

合盤

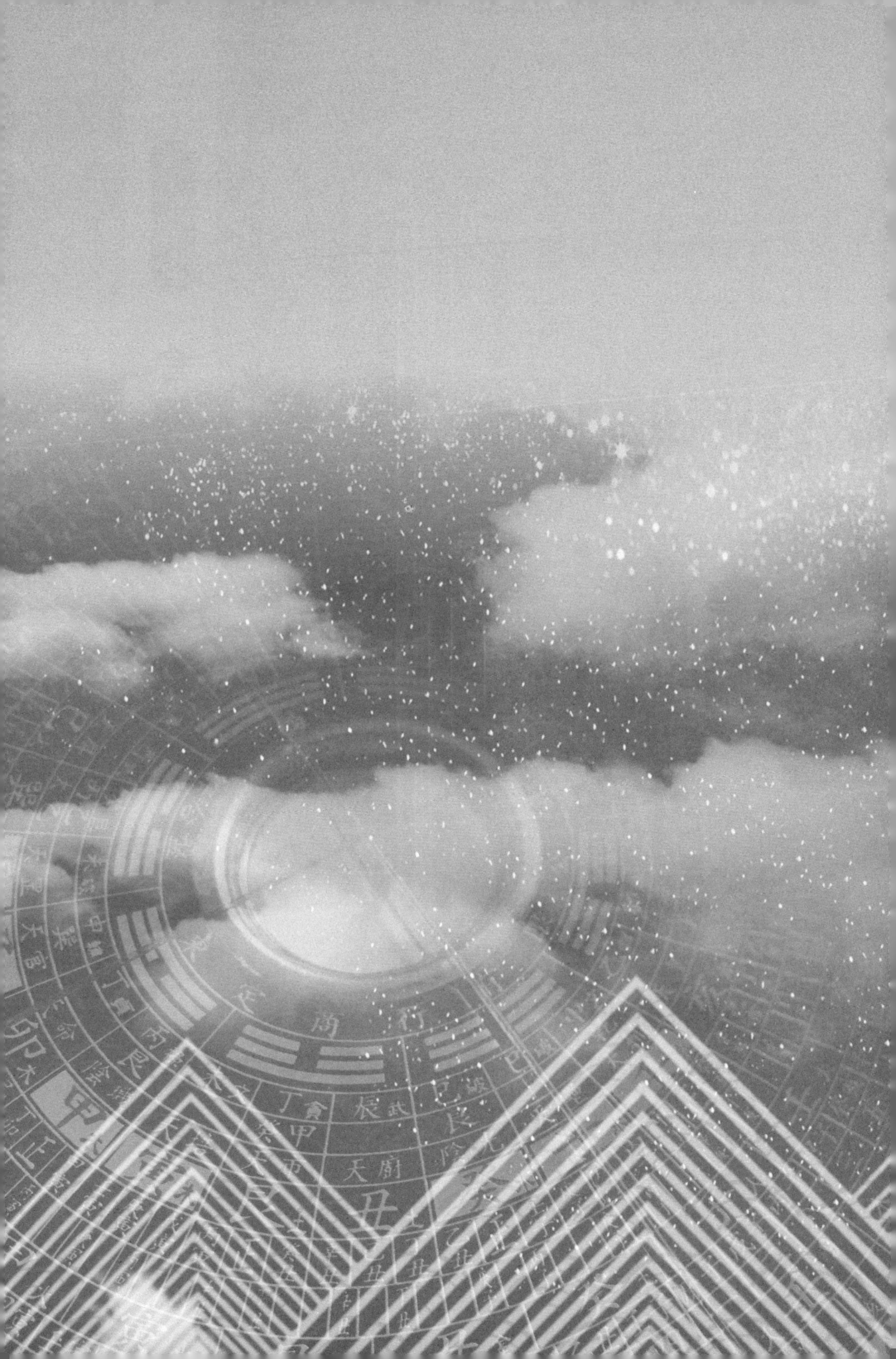

第十六章 合盤

合盤最重要的就是太歲入卦,但合盤的內容是以年天干及地支入卦。

地支入命,天干入盤。以壬戌年生人為例,天干為壬,地支為戌。

祿存、擎羊、陀羅也安裝進入命宮,來判斷對方對自己命盤有損的部分。

第十六章 合盤

可以直接把星辰及象數，通過地支對應的方式安裝進入對方的命盤。（我覺得合理）。

1. 婚姻合盤

a) 以各自全盤來論

i. 寫下雙方的婚姻應期和整體情況，進行對比。

ii. 看夫妻宮運勢走向，以及未來在彼此對待中容易出現的問題，同時可以通過看對方的盤確定問題是自我視角問題，還是真實存在；

iii. 通過太歲入卦的方法，看到彼此增旺的情況；

iv. 通過太歲入卦的+1324，判斷未來能否能夠長久。

489

b) 整體情況包括

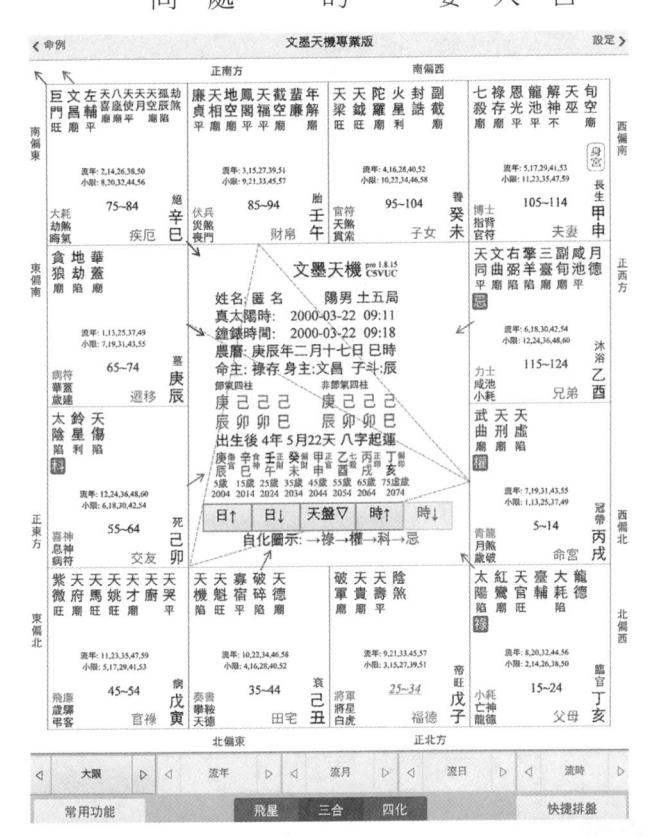

i. 命宮、夫妻宮主星三方及大運命宮、夫妻宮主星三方；

ii. 結婚、離婚的感情應期；

iii. 感情中的相處對待及主要問題所在；

第十六章 合盤

2. 事業合盤

a) 事業合盤主要看對方的功能，根據功能看主星的旺衰，來決定合夥中的司職

　　i. 廉貞主創新創意；

　　ii. 天機代表人際關係利好，也代表人脈資源；

　　iii. 天同祿，天同主適合和新人、小孩子打交道，利客戶接待的；

　　iv. 太陰祿天梁祿，主內容管理統籌、培訓、教育；

　　v. 貪狼祿，主娛樂、創意，客戶接待、作詞作曲娛樂相關的事兒都可以；

　　vi. 武曲祿，管理錢財與投資；

　　vii. 太陽祿，是傳播與推廣；

　　viii. 巨門祿，管道；

　　ix. 破軍祿，開拓與更新；

b) 合盤看增旺以及旺衰

i. 可以通過太歲入卦的方法區分吉化與凶化的部分；

ii. 化祿及祿存入命三方最佳；

c) 看對方的運勢的整體發展

公司架構

1. 小型工作室模式

   a) 3~5個核心人員就行了。

   b) 其他人員根據 SOP 量產。

2. 大型公司模式

第十七章

紫占

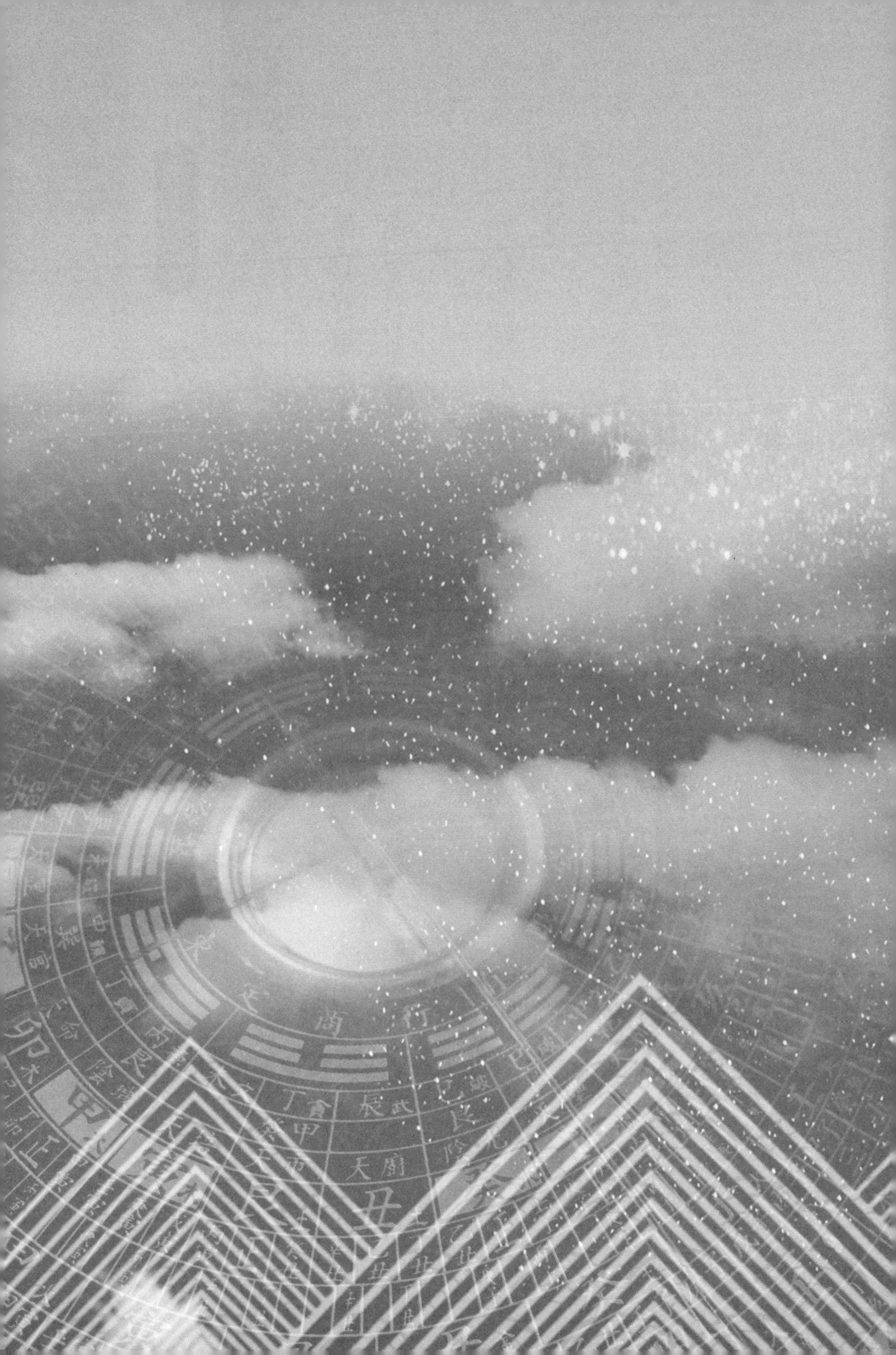

第十七章 紫占

紫占是什麼，紫占的優勢在哪兒？

紫占是針對具體問題提問，所隨機起的盤，盤中的參數僅針對問題而論，所以一問一盤。

紫占起盤的方式有兩種，一種是根據當前時間隨機起盤，一種是根據命主的報數起盤。

紫占的優勢在於，它針對具體的問題起盤，所以資訊皆反映所問的問題。如果是本命盤帶來的資訊解讀，千變萬化，可以是無數種事情的垂象反應，那麼紫占，就只有一個人、一件事、一個方向。

紫占斷法

1. 基本斷法

1）**基本斷法**
   a. 起盤
      用當時的時間起盤。
   b. 報數字起盤。

總結：短期且具體的事情，看紫占的效率更高，長期趨勢及人生指導，必須使用本命盤。

紫占的劣勢在於，紫占並非定數，是根據當前情況下，自然發展的出來的事情結果。是有機會改變的。其次，紫占在時效性上要求比較高，紫占只可以看未來3～6個月的情況。

2）斷盤

a. 一般都是有準確問題的，所以第一件事情是要找用神宮，比如看健康先找疾厄宮。

b. 自化代表變化，與同類生年所坐宮結合分析。

2. 太歲入卦

1）有新角色加入時，用年天干的四化入卦，同時把地支的宮位作為太歲宮。

3. 紫占分類

紫占看風水

1. 風水上起盤的時候要注意2個點，第一個點是提問的方式，需要指向自己，一般比較標準的問法，這個房子對我的影響是什麼？第二個點是起盤的方式，一

498

紫占看事業

1. 無工作，看未來3-6個月能否找到工作，以官祿宮為用神。
   a) 見生年象，不見自化象
      i. 生年象代表已有之事，只需要找到盤局中該生年象相對的自化象，既可以判斷時候請被引動的時間。
      ii. 所以從此盤中，我們就可以鎖定到陰曆的9月、10月是正式開始的時間。

b) 見自化象，不見生年象

i. 這個是說事業上面會產生變化，可以通過法象生年，來找到產生變化的原因。

第十七章 紫占

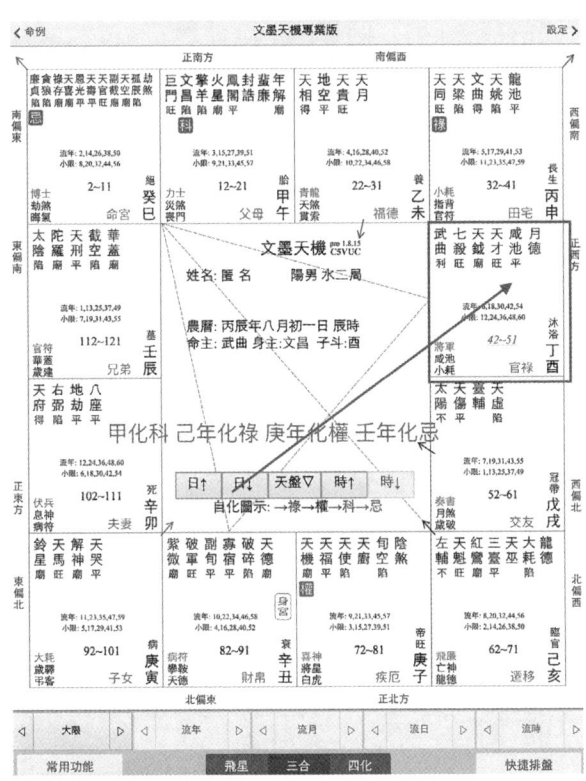

c) 既見生年象，又見自化象

 i. 時空聚在，必有變化，是在現有事情上的突破，到月命走到本對線，則認為有機會。

d) 既不見生年象，又不見自化象－不太容易產生變化

 i. 此時，機會可以從流月的四化去找催動的點。

2. 有工作，看能否掌權，這種一般是以命宮、官祿宮為用神，此時還比較常用的是遷移三方，即疾厄宮、兄弟宮和官祿的暗合宮。（兄弟宮是因為代表了官祿之疾厄宮）。

a) 區分情況－生年象、自化象、視同自化象的構成。

b) 官祿宮見自化祿，代表在陰曆8月份、10月份會比較忙碌，也比較容易見到金錢上的收入。

3. 有工作，看能否跳槽，跳槽好不好，是以遷移三方來評估好壞的。

4. 紫占看大型客戶（尤其是對公關係一塊兒）。

a) 用神宮：父母宮。

b) 父母宮生年忌，則找到自化忌和視同自化忌的時間，可以鎖定到陰曆的8月；原因是欲望不達，不被滿足。

c) 此事在陰曆的10月份、11月份，相對比較容易出現好的轉機，因為自化祿法生年進財帛宮，所以還是有錢財相關因素的影響；

第十七章 紫占

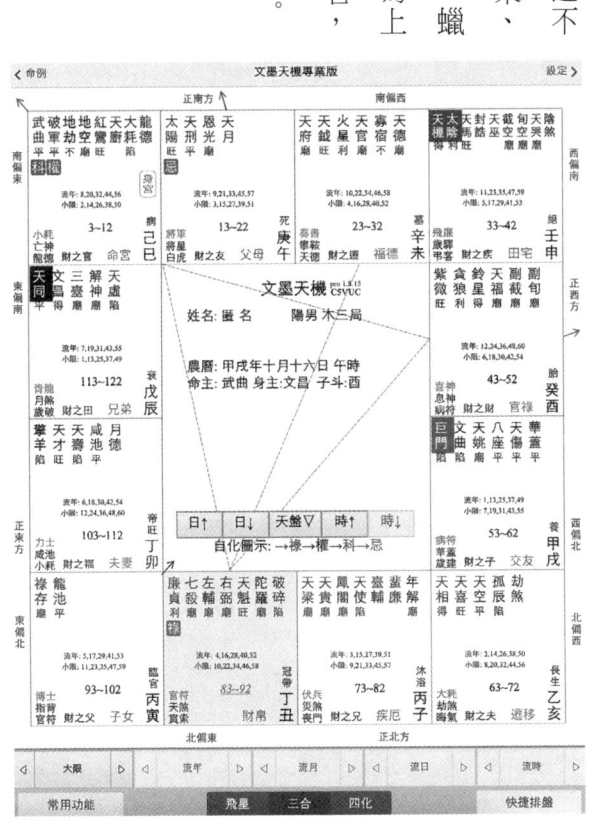

d) 怎麼定位到具體的人（需要準確的出生年月日）

i. 一般是以太歲入卦來判斷（地支入命，天干四化入盤）。

當你覺得事情推進不下去的時候，在北偏東、南偏西各點一支蠟燭，蠟燭下麵壓一張紙條，寫上自己的生辰八字，姓名，出生地，以及所求之事。

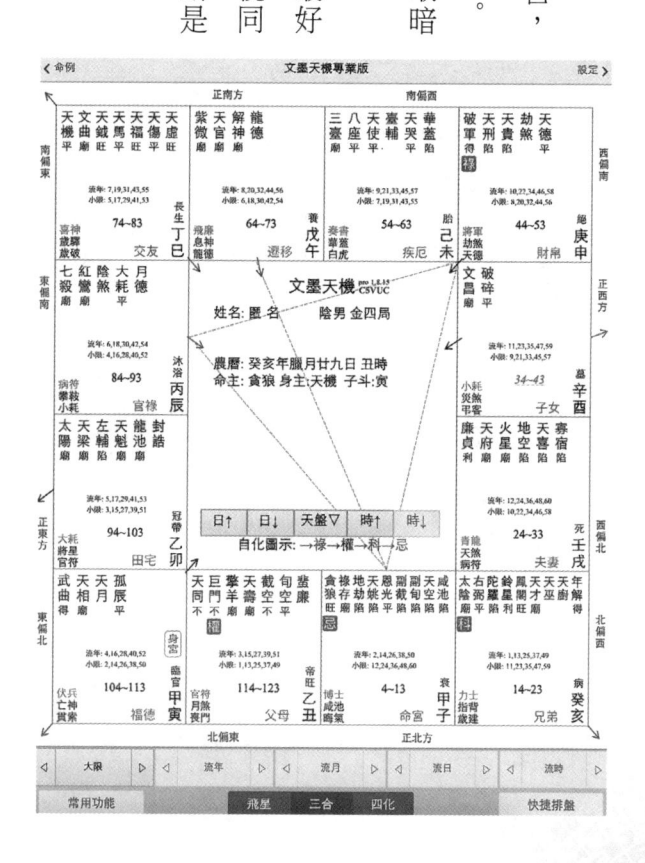

紫占看合夥

1. 合夥位首取子女宮，看合夥的情況評估。
2. 合夥看細節，要取暗合宮位捕捉細節。
3. 其中時間節點，最好以子女見自化和視同自化位最佳來判斷是否能一起做事。

子女宮評估情況

1) 子女宮太陽視同自化權＋文昌自化忌，權忌叫做天地定位，所以認為事情是會發生的，然後太陽視同自化權，認為時間在陰曆的8月，你們會著重去推動這個事情，尤其是對方；因為見到文昌自化忌，所以代表事情的推動並不會特別順利；且因為田宅宮見到離心權，這屬於向心權＋離心權，所以是拉破了，代表此事在雙方第一次協商之後，是沒有結果的狀態。

2) 評估合夥情況

a) 命宮貪狼忌祿存會地劫，對當下自己的狀態是不滿意的，祿存的化Ре，也是會高估自己的價值，所以這裏可能也存在，對對方開出的條件不滿意；

b) 父母宮巨門權＋擎羊，代表對方是有自己的心思的，因為會了擎羊，也代表對方說話可能有點不太客氣，在做事上面會有留一手的習慣。

紫占看考試、面試、學運

1. 筆試的話三方四正和父母宮的情況同等重要；

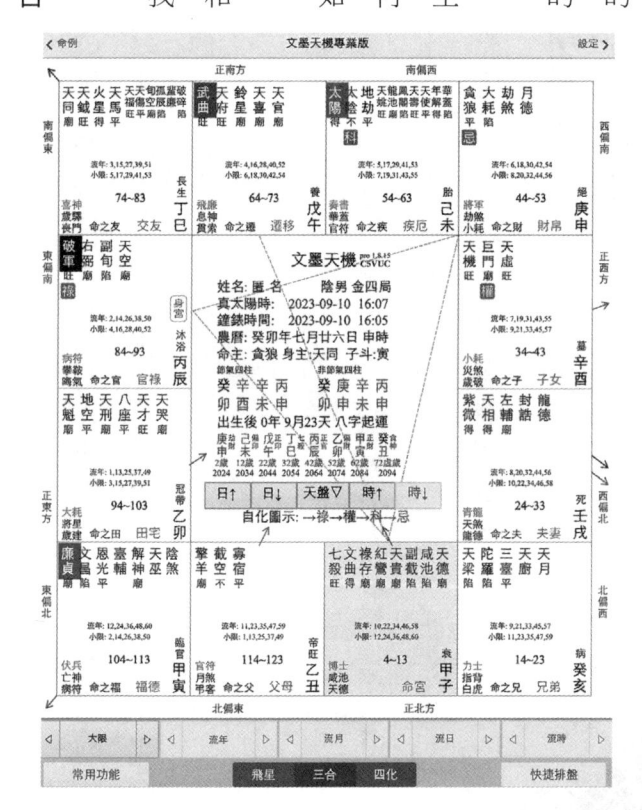

如果問的是面試能否通過

2. 面試的話，父母宮的能量強於三方四正的能量；

3. 命三方是決定了命主的自身狀態（任何紫占起卦，都是如此）；

4. 父母宮決定了評估和審核情況，也就是我們常說的考運。

父母宮是擎羊獨坐，且見視同自化忌，法生年忌進了貪狼，認為會對當下情況不滿意。擎羊也代表說面試官的脾氣不好，對自己是有攻擊性的。

疾厄宮是太陰科，我一般會理解為對此事並不傷心，過與不過都無所謂。

命三方是七殺坐子，會祿存文曲，這個一般就是說自己會把自己看的比較重要，有自我的決斷，這種一般在面試工作的時候也會審視工作是否值得，並不是只要是份工作命主都可以去幹的。

生年四化是癸天干，破軍祿在官祿，貪狼忌在財帛，本身就是更迭格，所以從這裏來看也可以認為命主的機會是多樣化的，本身也會想要去追逐更多的機會。

官祿宮暗合子女宮，且子女宮有祿追祿的這個能量，法象回到官祿，所以認命主本身在8月份也會有其他的管道和可以合作的機會。

繼續追蹤細節，知道生年祿權當由來因宮發射而來，來因在兄弟宮，故是自己比較親密的長輩推薦而來的。

如果是問考研，考研我們知道是筆試＋面試一起對吧。

那在這裏，最大的問題就是不定心。

紫占看未來3－6個月的感情狀況（無對象）

1. 查看夫妻宮是否有變動之象

2. 生年象，就代表已經有的，這個時候需要從自化中去尋找引動的應期；

3. 自化象，這個直接代表會有感情，並且可以通過法象生年，去尋找感情的源頭，起因。

4. 若既無生年，也無自化，此事需要從另外一個角度看有無桃花。

    a) 人們對桃花的界定從來就不清晰，所以我會選擇所有和人相關的宮位來看；

    b) 遷移宮、子女宮、交友宮、兄弟宮、暗合宮都可以作為判斷標準。

508

第十七章 紫占

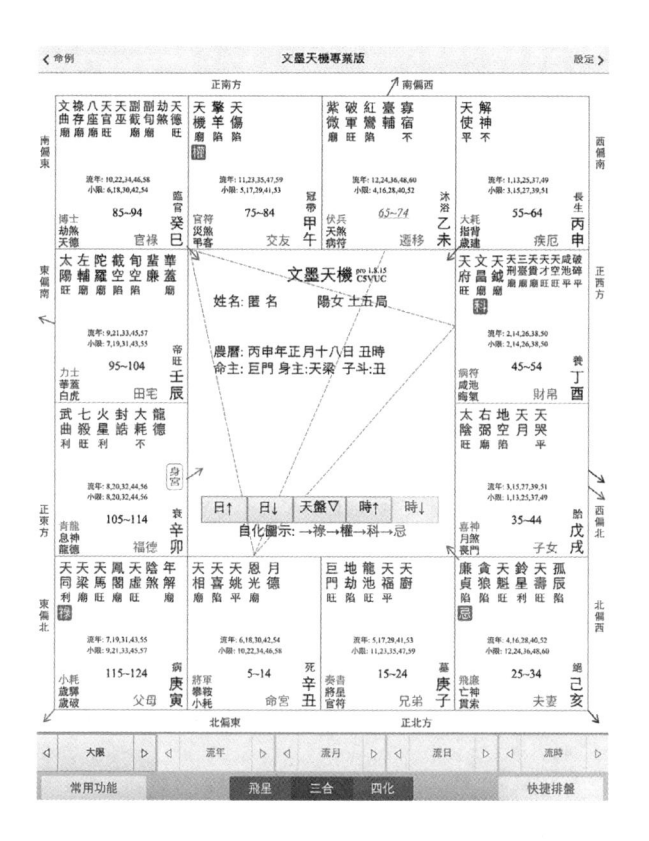

文墨天機專業版

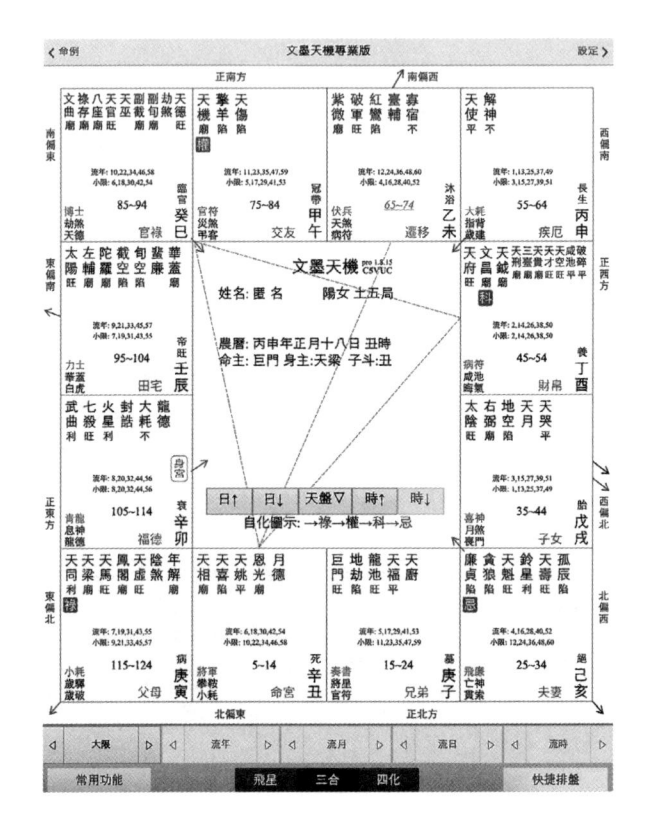

姓名：匿名　　陽女 土五局

農曆：丙申年正月十八日 丑時
命主：巨門 身主：天梁 子斗：丑

紫占看感情（有對象）

1. 直接取用夫妻宮為用神來看。
2. 可以以太歲入卦的方法來看。

1. 先取命三方看本人當下的情況，再取夫妻宮看對方的情況；

命主本人當下的狀況不算好，天機忌，是已經發生了不舒服的感受，陀羅的話，代表心裏有想法，但是無法決斷，無法快速的做出反應。在感情中可以理解為，有矛盾，想和對方講，但是又覺得沒必要，或者擔心對方覺得沒必要，地空的話代表有自我舒緩壓力的情況。

天機天梁本身也是矛盾之星（天機是屬木的，天梁屬土，木剋土，則是思想本就有矛盾之感）。天機自化權，這個就是基於壓力的求變，天機是會有想要逃離當下狀態的意思的。

夫妻宮是太陽巨門，太陽巨門可以代表配偶對自己是有所隱瞞的。巨門代表雙

方之間已經有了一些沒有說開，或者說欠缺交流的部分。

太陽自化忌的理解是，太陽想要發射光芒，但是被遮罩了。可以理解為，感情上想要發力，但是發不出來。太陽自化忌，法生年忌，進命宮天機，認為是因為命主本身呈現出的狀態，或者命主朋友帶來的影響，所造成的。

時間上看，陰曆8月比較容易出現感情不好的垂象。同時陰曆9月和桃花的關係會變好。

紫占看財運

1. 取財帛、兄弟、田宅為用神。

紫占其他

1. 感情看夫妻、合作雇傭看子女、大客戶看父母、小客戶看交友、出行看遷移，還錢看兄弟。

512

1.7.16 看身體健康

1. 首先看疾厄宮基本情況

1. 紫微擎羊坐疾厄宮，無自化

   (1) 沒有自化代表沒有變化，則身體情況是比較穩定的。

   (2) 會了擎羊，情緒不穩定，身體方向上還好。

2. 三方會廉貞忌（其次可看三方）

   (1) 廉貞忌會影響太陽，則眼睛與心腦血管可能會受到壓迫。

   (2) 疾厄宮剛好坐在午宮，也代表眼睛和大腦。

3. 廉貞忌坐戌宮（其次可看災宮的地支判斷時間和部位）

   (1) 子午流注圖裏面代表心包。

   (2) 廉貞忌代表血液不暢。

   (3) 本對線見昌曲，且文昌化科，構成科忌組合，代表慢性非急性。

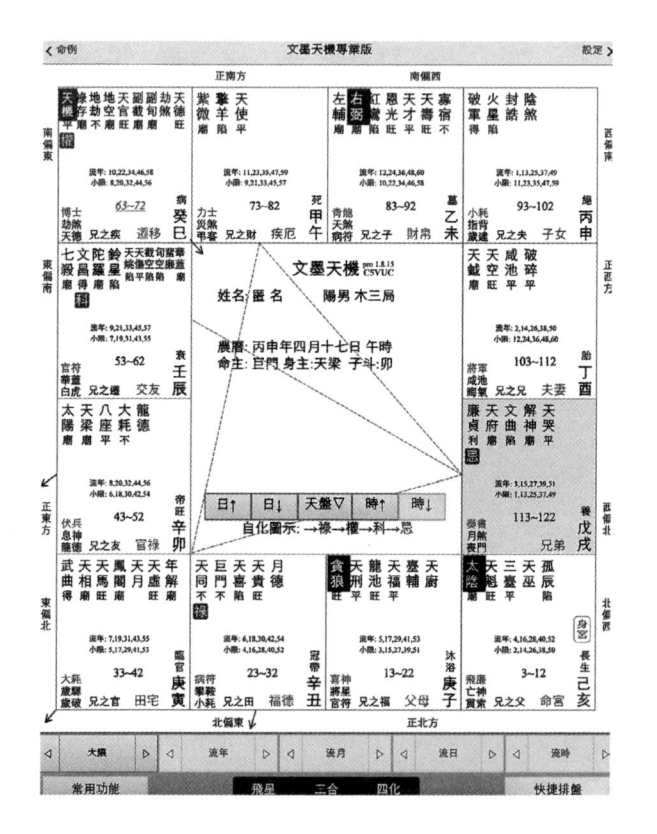

天機平祿	紫微 擎羊 天使	右弼 紅鸞 恩光 天才 天壽 寡宿	破軍 火星 封誥 陰煞
祿存 地劫 天官 副截 劫天 地空 副旬 煞德	陷 平	廟 廟 陷 旺 平 平	得 陷
流年: 10,22,34,46,58 小限: 8,20,32,44,56	流年: 11,23,35,47,59 小限: 9,21,33,45,57	流年: 12,24,36,48,60 小限: 10,22,34,46,58	流年: 1,13,25,37,49 小限: 11,23,35,47,59
63~72	73~82 死 甲 午	83~92 墓 乙 未	93~102 地 丙 申
博士 劫煞 天德	力士 災煞 弔客	青龍 天煞 病符	小耗 指背 歲建
兄之疾 遷移 病 癸 巳	兄之財 疾厄	兄之子 財帛	兄之夫 子女
七殺 文昌 陀羅 鈴星	文墨天機 pro 1.8.15 CSVUC	天鉞 天空 咸池 破碎
廟 廟 廟 陷 科	姓名: 匿名 陽男 木三局	廟 旺 平 平
流年: 9,21,33,45,57 小限: 7,19,31,43,55	農曆: 丙申年四月十七日 午時 命主: 巨門 身主: 天梁 子斗: 卯	流年: 2,14,26,38,50 小限: 12,24,36,48,60
53~62		103~112 胎 丁 酉
官符 華蓋 白虎		將軍 咸池 晦氣
兄之官 交友 袁 壬 辰		兄之兄 夫妻
太陽 天梁 八座 大耗 龍德		廉貞 天府 解神 天哭
廟 廟 平 不		利 廟 廟 平 忌
流年: 8,20,32,44,56 小限: 6,18,30,42,54	日↑ 日↓ 天盤▽ 時↑ 時↓	流年: 3,15,27,39,51 小限: 1,13,25,37,49
43~52	自化圖示: →祿 →權 →科 →忌	113~122 養 戊 戌
伏兵 息神 吊客		蜚廉 月煞 喪門
兄之田 官祿 帝旺 辛 卯		兄弟
武曲 天相 鳳閣 天月 天虛 天貴 年解	巨門 天喜 月德	貪狼 天刑 龍池 天福 鳳輔 天廚	太陰 三台 天巫 孤辰
得 廟 廟 旺	旺 旺	旺 平 平 平 平	廟 陷
流年: 7,19,31,43,55 小限: 5,17,29,41,53	流年: 6,18,30,42,54 小限: 4,16,28,40,52	流年: 5,17,29,41,53 小限: 3,15,27,39,51	流年: 4,16,28,40,52 小限: 2,14,26,38,50
33~42	23~32	13~22	3~12 身宮 長生 己 亥
大耗 歲驛 病符	病符 攀鞍 小耗	喜神 將星 官符	飛廉 亡神 貫索
兄之官 田宅 庚 寅	兄之田 福德 辛 丑	兄之福 父母 庚 子	兄之父 命宮

2. 116 看事業情況

首先看官祿宮的基本情況

1. 太陽權＋太陰自化忌

(1) 自己的大部分精力在工作上，且工作上是比較容易有成果，且受認可。

(2) 在自己的環境裏面，疲勞度比較高。

(3) 太陰自化忌法象生年進遷移宮，事業上有變動，但是文昌忌，代表雖有變動之意，但這個事推動起來會比較慢一點。七月公司可能會有說要變動工作內容的情況，但是沒有變動。九月這個事兒會重新提出來。

① 技法1：法象生年 去串聯會發生事情的宮位。

② 技法2：串聯自化忌，中間碰到了向心忌，則忌被阻斷，加上生年忌也是落在遷移宮，所以認為應事的時間在遷移宮，酉宮，也就是農曆8月。

③ 技法3：官祿見太陽權，代表事情順利，完成的很好。

(4) 夫妻宮發射了太陽權進官祿宮

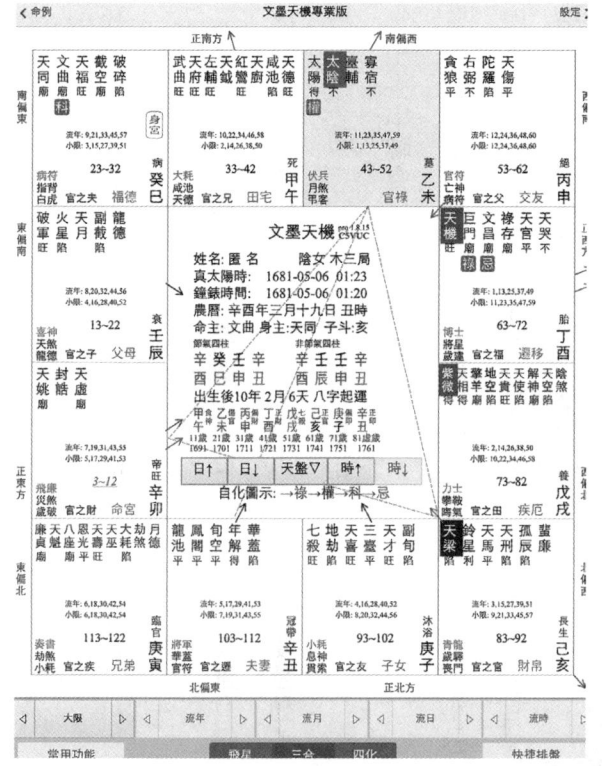

(5) 命宮空宮 且對宮天機巨門

① 外面有機會進來。

① 想往外跑。
② 心神不寧。

3. 看財運 568

1. 看財帛宮、兄弟宮、田宅宮

    (1) 財帛宮 紫微天府右弼鈴星天馬

    ① 財富穩定等級比較高 現金流穩定

    ② 沒有見到自化，代表在現階段正常現金流收入起伏不大。

2. 兄弟宮 巨門自化權+祿存+天刑

    (1) 巨門自化權 代表在暗地裏想辦法弄偏財

    (2) 逢祿存，代表存款上有升值。陰曆十月存款升值。

3. 田宅宮 天同祿+太陰視同自化祿+天同自化權

    (1) 串聯所有的祿權組合，也就是命宮、父母宮，代表與我相關，與父母相關，與資產相關，同時涉及文書，帶來的資產獲得，拿到資產的時間，是在明年的陰曆2月。

    (2) 命宮廉貞忌+文昌科+天相+擎羊+火星。

① 代表壓力大，且脾氣沖。
② 天相刑囚夾印，內環境不好，外環境一般，內心不穩定。
③ 文昌科，情緒不穩定但是不會衝破。

4. 第四個盤 看健康

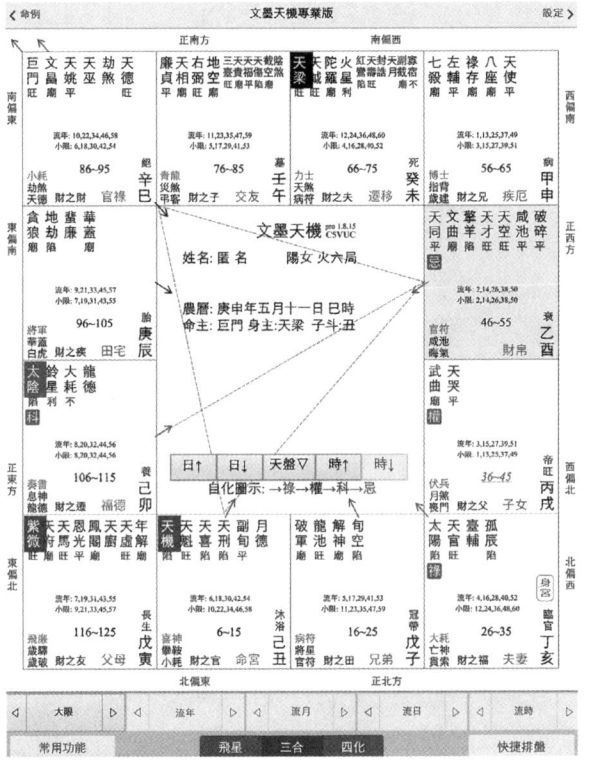

(1)

① 首先看災宮，酉宮財帛宮為災宮。

三方見水象多，酉宮在子午流注代表腎臟，會文曲擎羊，代表腎臟有透支的象，對公太陰科+鈴星，代表有隱藏的危險，慢性疾病，不會爆發，建議看醫生。

② 身體狀況會左輔祿存，易發胖。

③ 三方見昌曲，代表一定是慢性的，不是急性的。

④ 巳宮（脾臟）上面受忌沖象，且法生年忌去財帛宮的天同，代表腎臟部分的問題會同時影響到脾臟，並且脾臟的病症是隱於暗處的。

⑤ 陰曆十月做一下脾臟的檢查。

看受沖比較嚴重的宮位 - 官祿宮 - 三方受祿忌沖，但是不見煞星，則只是受腎臟影響相對較多一點

(2)
① 檢查居住地東偏南方位，有突兀的東西都收起來，然後這個地方要擺放的通暢。

② 有條件的話，養一些生命力比較堅韌的小草呀什麼的。

第十七章 紫占

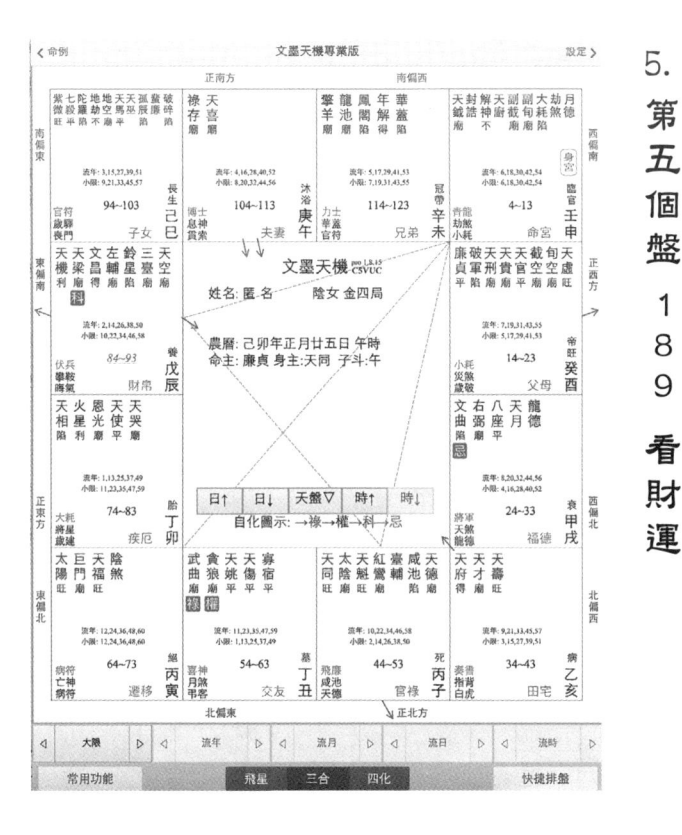

5. 第五個盤 189 看財運

521

(1) 財帛宮、兄弟宮、田宅宮

① 財帛宮：天機天梁左輔文昌＋三臺鈴星。
 1) 錢財上面有團隊的象，可能是掙錢，可能是虧錢
 2) 天梁科＋文昌，代表錢財上目前還是比較平順的。
 3) 但是有天機自化忌＋右弼視同自化科，代表錢財上面不會受到太大的影響。預計有錢款支出，但是也會有錢進來，錢財上面不完全平順，今年十月份

② 兄弟宮：擎羊獨坐
 1) 存款不算好。
 2) 且本人有存款之後容易衝動開銷
 3) 和朋友出去玩開銷比較大。

③ 田宅宮：視同紫微自化科 三方見到了5個煞星
 1) 三方受空劫沖，代表資產分散，且不具備實際的意義和價值
 2) 資產上面雖有不穩定，但有化科，也算穩定。

第十七章 紫占

④

3) 向心科串聯福德宮右弼,資產會帶來錢財上連續性支出的解決辦法,時間在陽曆十月十一月。

理財方式看武曲太陰

1) 武曲祿貪狼權,代表多社交,且願意花錢投資,三方見羊駝空劫,像是風險投資。

2) 串聯父母宮和官祿宮,所以這個機會和工作內容及領導相關,也代表可能是存在文書上面的交易與突破。機會提示在陽曆9月、陽曆12月和明年1月。

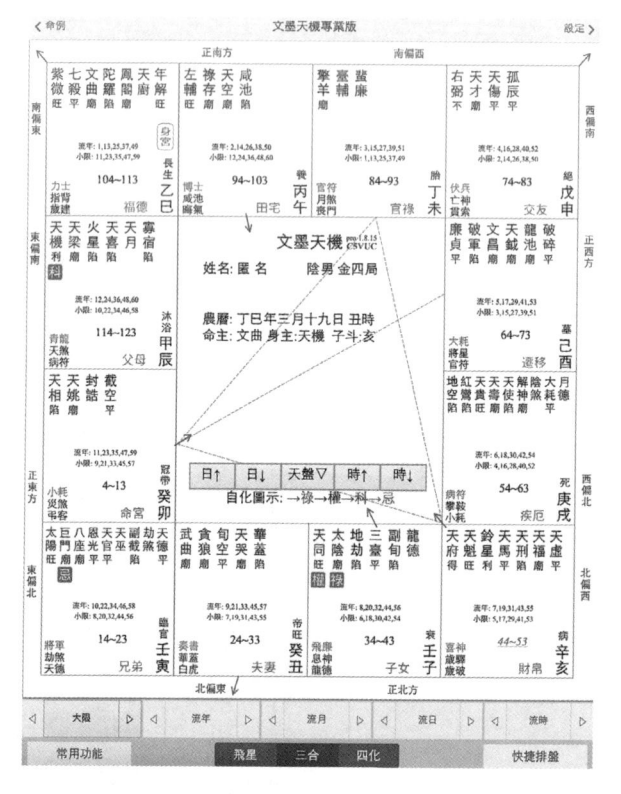

6. 第6個盤 看子女 682

紫微旺 七殺旺	年解神廟	陀羅陷 鳳閣陷	天廚	左輔旺	祿存廟	咸池陷	天空廟	擎羊廟	臺輔	蜚廉		右弼不	天才平	天傷平	孤辰平
流年: 1,13,25,37,49 小限: 11,23,35,47,59				流年: 2,14,26,38,50 小限: 12,24,36,48,60				流年: 3,15,27,39,51 小限: 1,13,25,37,49				流年: 4,16,28,40,52 小限: 2,14,26,38,50			
力士 指背 歲建	104~113		長生 **乙巳** 身宮	博士 咸池 晦氣	94~103		養 **丙午** 田宅	官符 月煞 喪門	84~93		胎 **丁未** 官祿	伏兵 亡神 貫索	74~83		絕 **戊申** 交友

天機利	天梁廟	火星陷	天喜陷	寡宿陷
流年: 12,24,36,48,60 小限: 10,22,34,46,58				
青龍 天煞 病符	114~123		沐浴 **甲辰** 父母	

文墨天機 pro-1.E.15 CSVUC
姓名: 匿名　　陰男 金四局

農曆: 丁巳年三月十九日丑時
命主: 文曲 身主: 天機 子斗: 亥

廉貞平	破軍陷	天鉞廟	龍池廟	破碎平
流年: 5,17,29,41,53 小限: 3,15,27,39,51				
大耗 將星 官符	64~73		墓 **己酉** 遷移	

天相陷	天姚廟	封誥平	截空平			地空陷	紅鸞陷	天哭廟	天使旺	解神廟	陰煞廟	大耗陷	月德
流年: 11,23,35,47,59 小限: 9,21,33,45,57						流年: 6,18,30,42,54 小限: 4,16,28,40,52							
小耗 災煞 弔客	4~13		冠帶 **癸卯** 命宮			病符 攀鞍 小耗	54~63		死 **庚戌** 疾厄				

日↑　日↓　天盤▽　時↑　時↓
自化圖示: →祿→權→科→忌

太陽廟	巨門廟	恩光平	天官陷	副截 煞平	天德平		武曲廟	貪狼廟	旬空廟	華蓋陷		天同旺	太陰廟	地劫平	三臺陷	龍德平	副旬平		天府得	天魁旺	鈴星利	天馬平	天刑陷	天福廟	天虛廟
流年: 10,22,34,46,58 小限: 8,20,32,44,56							流年: 9,21,33,45,57 小限: 7,19,31,43,55					流年: 8,20,32,44,56 小限: 6,18,30,42,54							流年: 7,19,31,43,55 小限: 5,17,29,41,53						
將軍 劫煞 天德	14~23		臨官 **壬寅** 兄弟				奏書 華蓋 白虎	24~33		帝旺 **癸丑** 夫妻		飛廉 息神 龍德	34~43		衰 **壬子** 子女				喜神 歲驛 歲破	44~53		病 **辛亥** 財帛		

1. 子女首先看子女宮

    (1) 天同權＋太陰祿＋地劫＋對宮的祿存

    ① 天同權小孩兒有主見且有追求，見太陰祿則代表樂觀積極且比較注重自我的生活品質，會地劫，會有一些很特別的想法。

    ② 子田線見雙祿交流格，且田宅宮飛祿入子女，代表父母給的還是蠻多的。

    ③ 子女和父母的感情也是很好的。

    ④ 學業上面稍微差一點，子女之疾厄宮見擎羊，且父母宮為武貪，他可能會去鑽研一些其他的愛好。

    (2) 太歲入卦甲申年，則以申宮作為太歲宮，以甲天干四化作為他的本命四化

    ① 右弼自化科，受父母影響，內心是偏溫柔一點的，但是也不穩定，對宮巨門忌，代表沒有安全感且不太擅長展示自己。

    ② 和父母相處愉快，也比較聽父母的。

7. 問事業 993

(1) 取用神宮 - 官祿宮

① 貪狼三臺陰煞 且 貪狼自化祿

1) 會陰煞，代表工作上容易心情不好。

2) 貪狼自化祿，代表工作會變得享樂居多，一般反映在工資上升或者工作量減少。

3) 自化祿法象生年祿，進田宅太陰星。太陰生年祿，代表工作變懶，工作量下降，享樂可能與生活中的女性有關，一般是老婆或者媽媽。家裏面的聲音很多，大家都有各自的看法；

4) 福德宮坐祿存，代表老婆的學業變成你比較上心的點，會武曲天府，多與金融相關（實際專業是會計），但是外部環境不穩，不確定，需要自己去爭取。

5) 命宮自化權法生年權，代表希望事業上做出新的突破，在尋求對公的解決

8. 看感情 137

(1) 看用神宮 - 感情用神宮為夫妻

① 破軍 + 祿存 + 天刑 + 廉貞視同自化忌

1) 破軍星坐夫妻 - 對方性格喜怒無常。

2) 夫妻宮有視同自化忌法生年忌 - 妻田交易

a. 妻田交易 + 破軍，代表感情不穩定。

b. 田宅宮向心權 + 離心祿，法象生年進父疾線，代表名分位是沒有穩定。

c. 會確定關係,只是確定關係的過程不太舒服,如果現在是在一起的狀態,代表中間會分手,在和好。

3)
① 命主的命宮是天巫陰煞+地空,夫妻宮是破軍天刑,代表你可能會經常和女生交流玄學上的東西,且女生對玄學感興趣。

② 命主紫微天府屬土,剋破軍之水,代表命主本人在這段關係裏面還是偏強勢的

③ 夫妻宮暗合宮為兄弟宮,兄弟宮為天機科。代表有人勸和不勸分。

④ 昌曲+擎羊,代表命主本人的朋友或者兄弟或者親戚聲音很多,且有侵略性,說話難聽。

⑤ 女生在外面可能有桃花,因為女生的高頻環境(財官)都出現了向心權,代表有變化,且夫妻的交友宮(人的宮位,也是桃花宮)也有向心權,法生年權去了夫妻之子女宮,子女宮代表桃花,且天同是代表男性的星辰。

9. 身體情況 145

(1) 肺部有問題。

① 福德宮坐寅，屬肺部，武曲忌，也屬肺部，兩個都合上了，幾乎就是肺部的問題。

② 見左輔科，代表反覆，見忌代表不通暢。

③ 三方見紫微權，代表休息不好。

④ 命宮 - 父母宮 - 福德宮串起來，代表經常熬夜，且凌晨3點～5

點，肺部會尤為不舒服。

⑤ 暗合的兄弟宮有祿存＋空劫。

⑥ 建議看醫生。

(2) 三焦也不太好。

① 接受了太陰視同自化忌＋祿存＋空劫＋三方會祿，一個小的祿忌交形成了，所以三焦不穩，代表心神不寧，晚上休息不好，且會影響暗合的寅宮，也就是肺部。

(3) 晚上11點到凌晨1點，注意休息，不要太累了。

10. 問健康998

(1) 命宮太陽忌＋遷移宮飛過來的太陽忌象一數二，代表有事發生。

(2) 命宮坐辰宮，代表胃部，且視同自化權。

(3) 財帛宮坐子宮，代表膽部，也有視同自化權。

(4) 向心權（視同自化權）法象生年權進田宅宮，代表腸部。

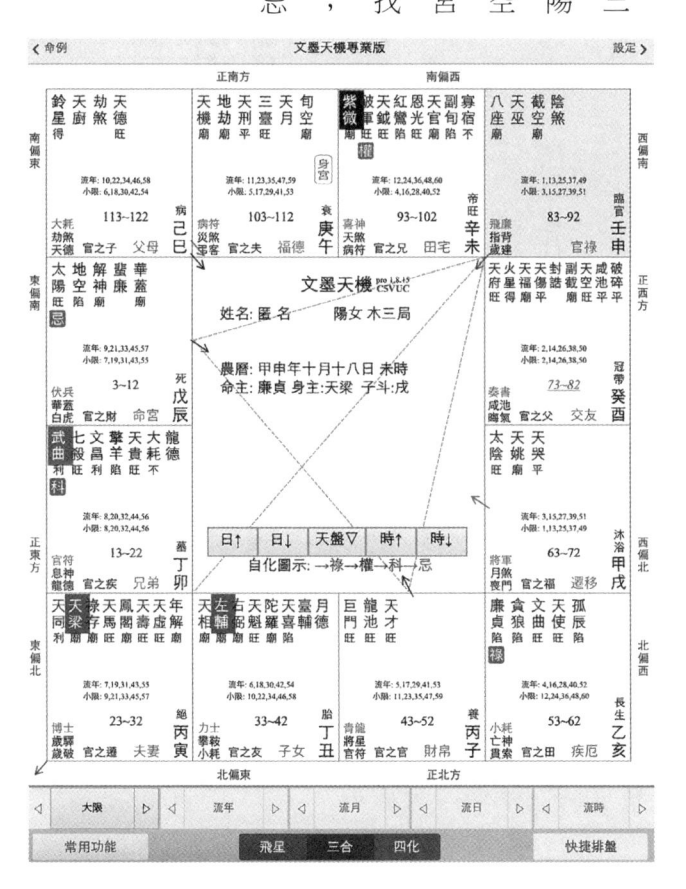

(5) 胃部血液流通不暢,膽部胃部工作壓力大,並傳遞到了腸部,上廁所的頻率變高。

(6) 膀胱宮位最差,三方祿忌交匯,太陽忌+對宮祿存(空宮是最不穩定的宮位,第一件事是找空宮有沒有被煞沖,其次找有沒有祿忌交匯)。

11. 問感情 904

(1) 看用神宮-夫妻宮

① 左輔+祿存+貪狼視同自化忌

1) 祿存-代表比較重視這段關係,這個人。
2) 左輔-代表三方關係。
3) 視同自化忌,且對宮位貪狼+廉貞(桃花星),代表她在外有桃花。

② 視同自化忌法生年忌進官祿宮(夫妻之遷移),代表這段感情不能成,夫妻之遷移+夫妻之交友自化權,法生年權進夫妻之父母宮,代表這個女生喜歡的人是比她年長的人,也可能是領導。

③ 即使在一起,因為是忌主導,所以也代表過程是不太開心的。

第十七章 紫占

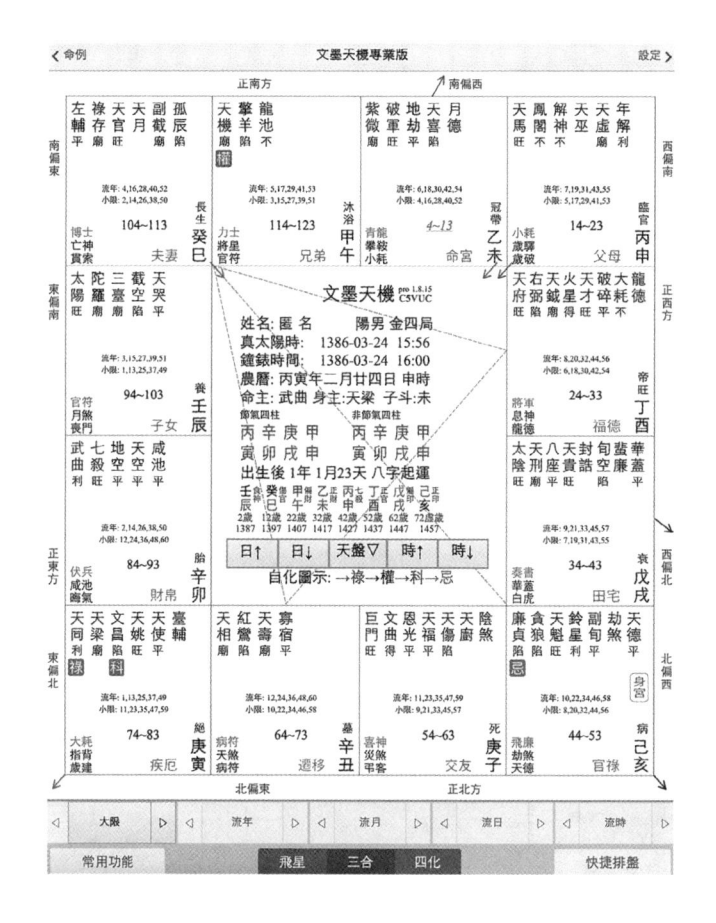

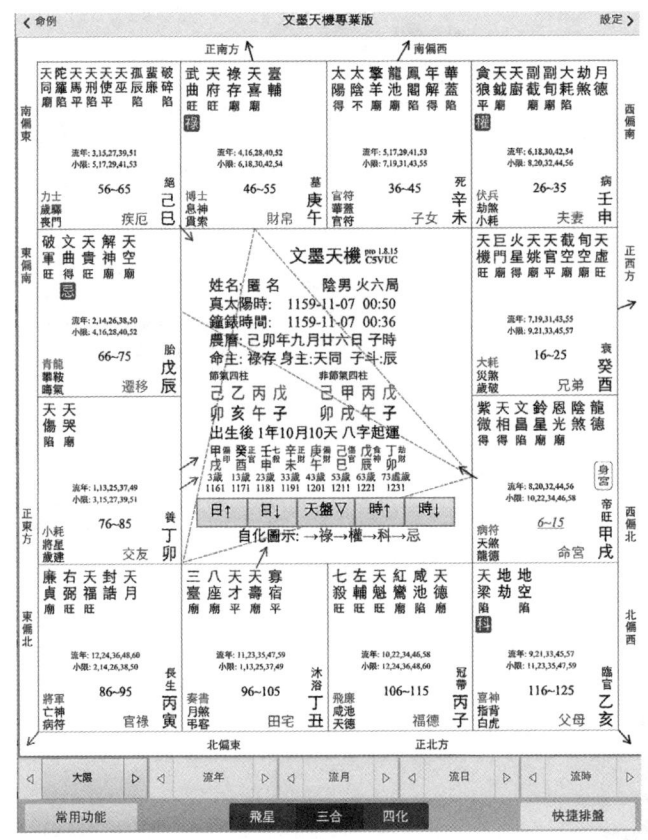

12. 實習的工作情況 997

1. 先取用神宮

(1)
官祿宮 廉貞自化忌 + 右弼

① 廉貞自化忌 代表工作上容易有小情緒，同時容易出現一些小錯誤，比如文書上的錯別字，比如郵件漏發之類的，也代表工作的系統容易出問題；

② 廉貞自化忌法生年忌，

第十七章 紫占

去到遷移宮文曲，代表命主本人想換工作，逃離現狀，文曲忌代表短時間難以實現，是一個過程性的東西。

(2) 夫妻宮 貪狼權

① 財帛宮-子女宮-兄弟宮-父母宮 離心權串聯，解釋這個象，財帛宮為官祿之官祿，代表官祿之氣數位，見祿則主吉，見權代表有變動的想法。子女宮為官之友，代表和同事或者客戶之間有交流這個事情，兄弟宮為官之疾，代表在為這個事情想辦法，父母宮為官之子，也代表命主的文書落聽的宮位，在十月份受阻，十一月份有機會直接過去。

1) 想換到的新工作的情況，武曲代表和錢和政策法律打交道，太陽星和巨門星坐子女及兄弟，代表和人的接觸溝通比較多，需要表達，父母宮是天梁自化權，代表是和比較年長的有社會地位的人溝通。

(3) 命宮破軍視同自化權法象生年權進夫妻宮

① 代表自己想往外跑，不喜歡現在的工作。今年10月和明年的4月。

13. 問事業 673

(1) 取用神宮 - 命宮 + 官祿宮（因為官祿宮無自化）

① 官祿宮 破軍星 + 陰煞且無自化

1) 代表工作環境有不高興的地方，容易憋悶氣，但是短時間內不會有改變。

2)
a. 遷移宮 左輔自化科 + 視同武曲自化忌 + 武曲權坐遷移。

b. 命宮 左輔自化科，代表本人想要打破現狀，往外跑。

命宮坐武曲權，代表外出受阻，且過的不算很開心，不開心需要法象生年忌做進一步解釋，是來源於工作環境裏面一些新人／年輕人，覺得他們很笨。

c. 交友宮代表對接對象，也是官祿之父母，交友宮往往是客戶或者領導，代表需要自己伺候的人，天同代表這個人比較年輕。天同生年忌 + 自化權，代表他有自己的想法且叛逆。

3) 父母宮視同自化科 + 左輔自化科 法生年進疾厄宮（官祿之田宅）。代表工

第十七章 紫占

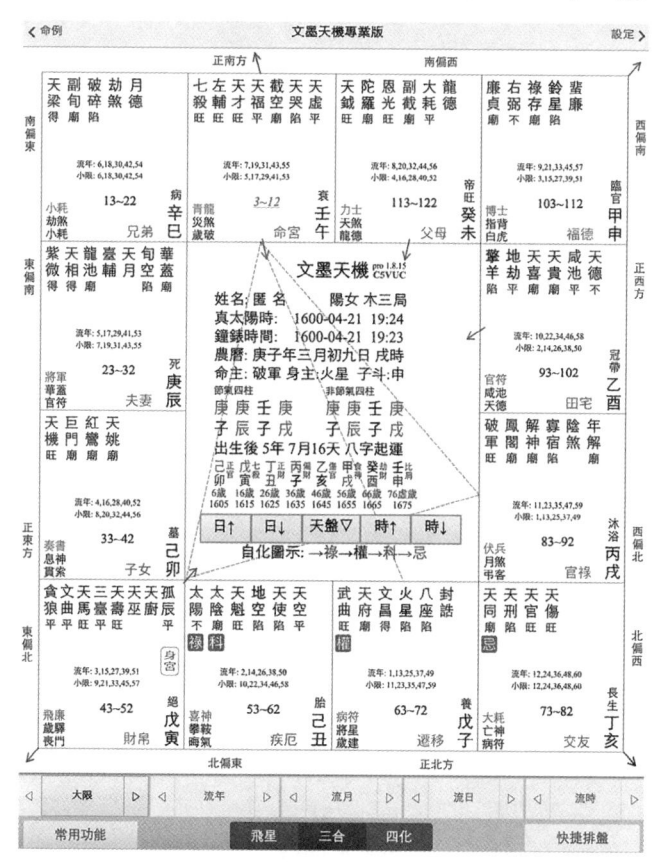

4) 作環境中有安慰自己情緒的同事或者領導。

5) 疾厄宮 太陽祿太陰科，為官祿之田宅，代表工作環境好。11月份可能有機會換工作。

14. 問學業

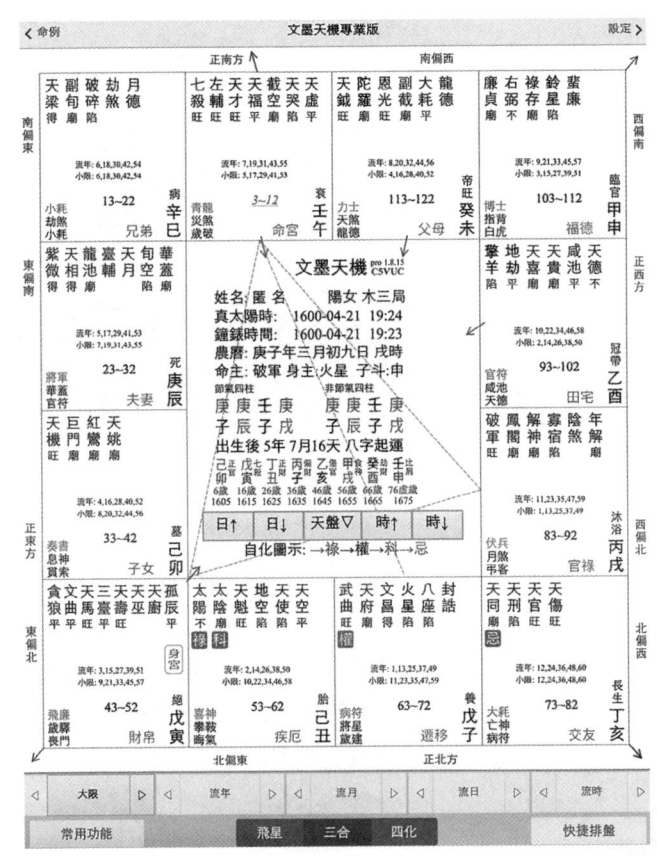

學業盤看結果是比較簡單的，用神宮在父母宮、疾厄宮及官祿宮。

1. 先看父母宮疾厄宮

1) 無自化代表沒有變化，狀態穩定。

2) 看學業考試，優先看科，天府自己就是一顆最強的化科星，同時兄弟宮見文曲科，疾厄宮三方見昌曲，即使見到

了文昌忌，雖有波折但是考試結果不會太差。

此為表像，我們是否看到這裏就結束了呢？不是的，紫微的奧義就在於看細節。

我們用官祿宮看命主的學習狀態。

2. 官祿坐天同擎羊地空

天同地空，代表無心學習，效率低下，學的東西很少。

擎羊代表命主只要一學習就會煩躁。

1) 這個時候有人會問，為什麼擎羊在這裏不能代表憋著一股勁兒地猛地學習呢？要記住，星的垂向，在對比中產生，一是因為天同地空的組合，二則是因為對宮。

2)

3. 夫妻宮（官祿之遷移）坐巨門祿，暗合田宅文昌忌

1) 代表命主被學習之外的事物吸引了。

2) 田宅為官祿之兄弟，兄弟宮代表私人合約，計畫，文昌忌，達標計畫沒有完成，又因為暗合關係，我們知道命主的學習計畫沒有完成，是因為在學習的時候會

去偷偷玩其他東西。

1) 命主希望改變嗎？

4. 命宮太陽向心忌，遷移宮太陽權地劫

1) 法生年忌，命主會因為學習計畫沒有達成覺得難受。

2) 命主希望改變現狀（太陽權）。

3) 地劫代表現階段知道但是該表的不太成功，且自化祿又被外物吸引過去了。

第十七章 紫占

第十八章 公司斷法及月運

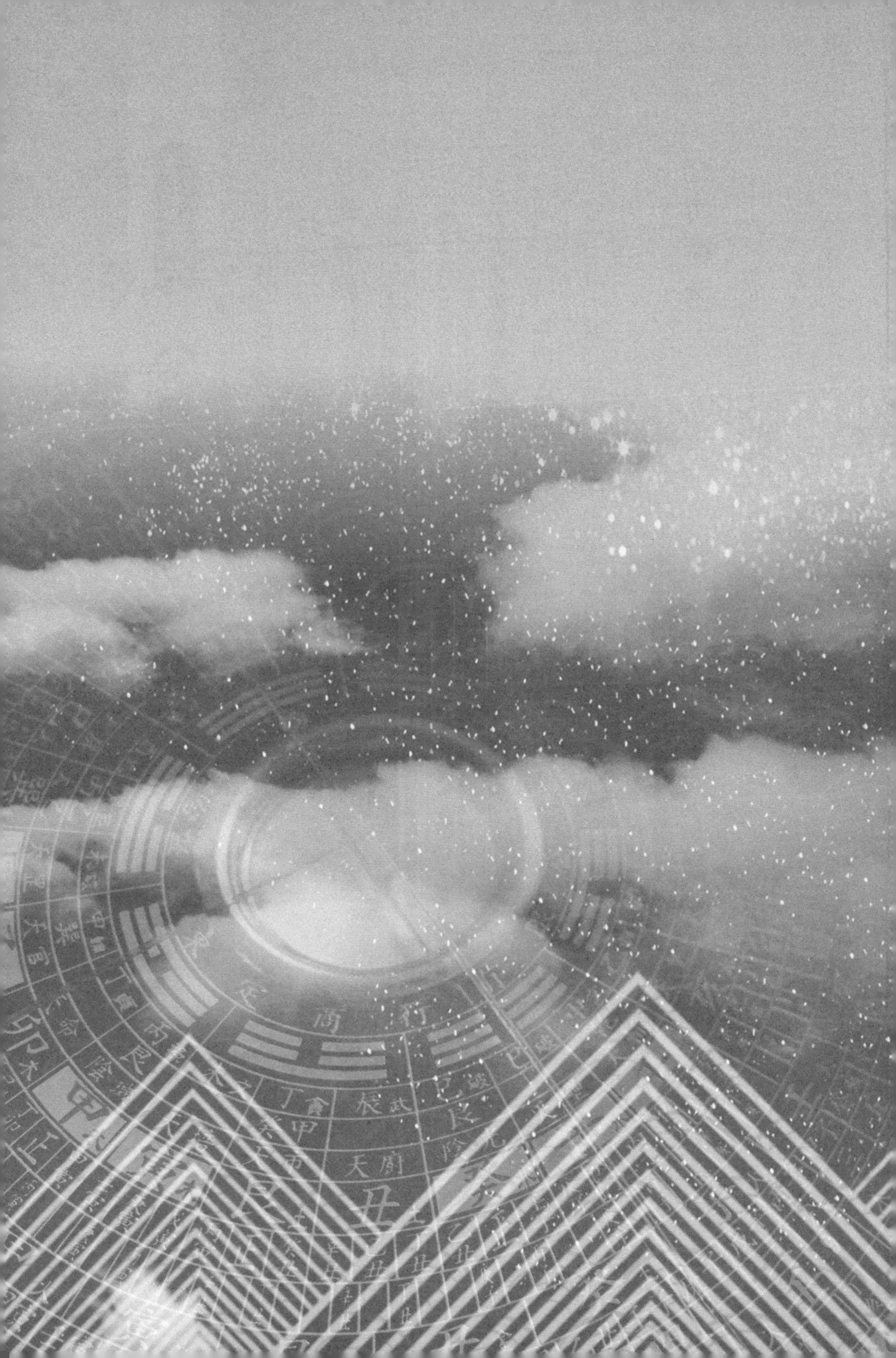

第十八章 公司斷法及月運

月運應期

1. 先決定體,一般以流年十二宮為體,則流月四化加入,為用,有直接的引動效果;
2. 月命走到對應的宮位,認為有相關主題的事情發生,本對一線有自化的情況,都可以認為是事情的應期,當然前提是流年層已經有了相關的資訊提示;
3. 月三方,講的是本月生活中出現的事情與情況;

公司斷法

1. 公司斷法,是以自身視角出發,看公司的情況;

2. 紫微星是紫微斗數最高點，所以紫微就是直接公司領導的狀態，或者是公司的生態系統核心，然後十二宮，決定了公司不同部門的運轉，也決定了公司的各方面細節；

3. 公司斷法中流年的運用維度最高，看公司的情況，流年的情況是相對的；

4. 根據主星與紫微星的相對位置，可以看自己在公司中的位置，以及忙碌的部分；

5. 如果是老闆，則直接決定老闆今年把自己的關注重點放到了公司的什麼內容上；

6. 公司斷法更適合老闆看自己的公司那個地方容易著火，那個地方適合發力；

第十九章 本命盤實盤訓練

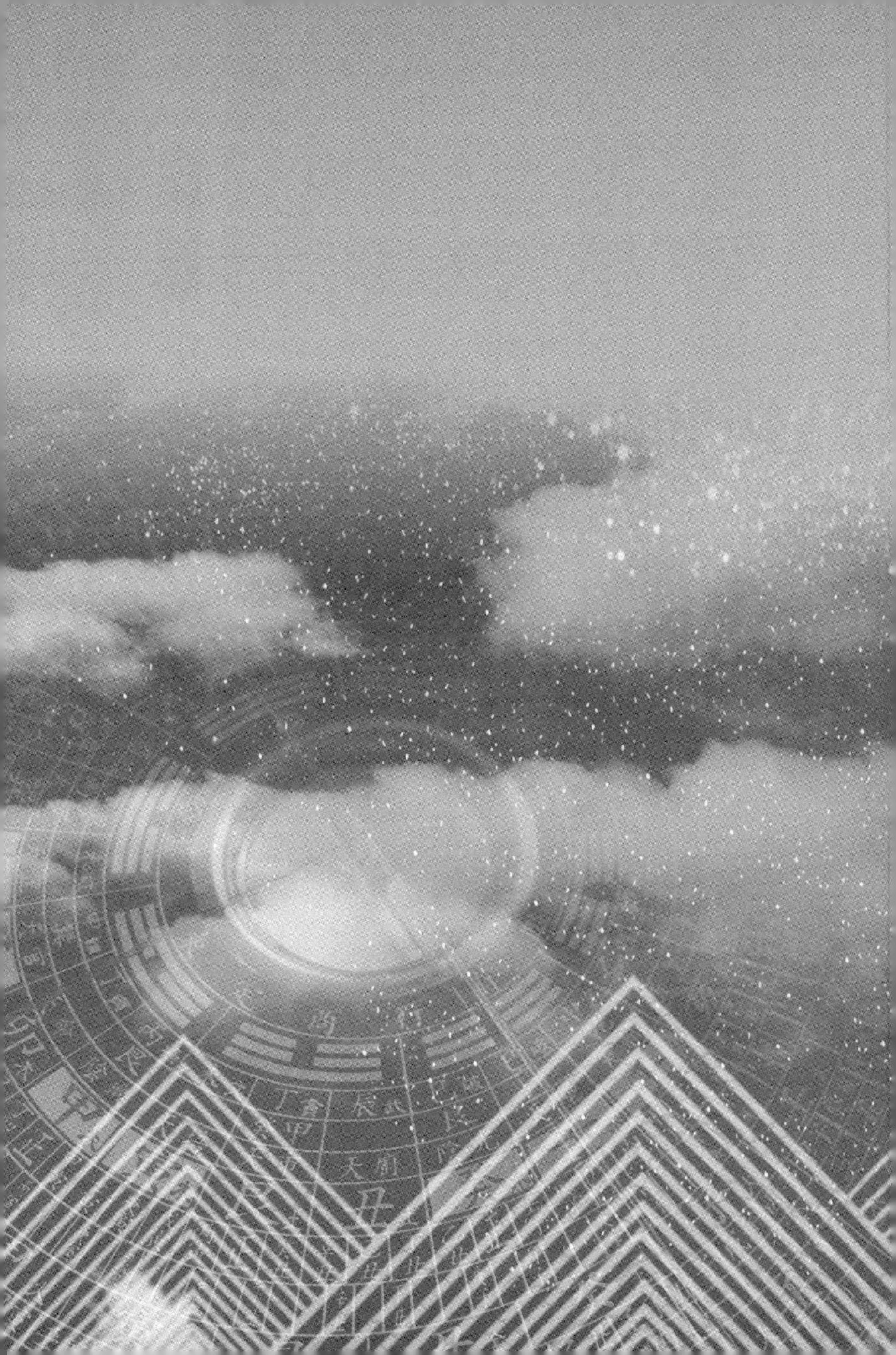

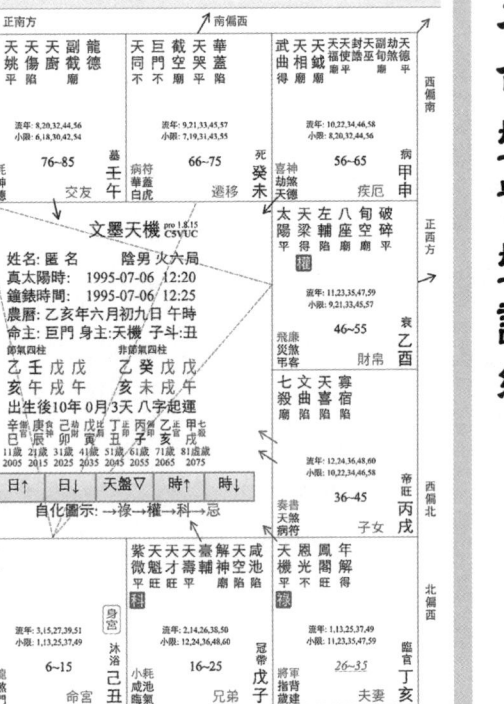

第十九章 本命盤實盤訓練

1. 盤1

第十九章 本命盤實盤訓練

看盤順序：

1) 看本命盤

看命、疾厄、福德

命宮：看性格、天賦、處事手段；

疾厄宮：脾氣和名聲線的追求

福德宮：內心世界及成長之後的自己。

三個宮位結合在一起＋財帛宮＋官祿宮＝成長線。

命宮：

空宮，可借對宮主星（祿存，昌曲獨坐時，不借對宮）。

則天同巨門代表：

- 吃喝玩樂。

- 天同代表小孩兒，巨門代表暗中形式，見巨門權，會暗中推波助瀾一些自己覺得有趣的事，類似於捉弄別人的感覺。

疾厄宮（祿忌為一組，權科為一組）

武曲自化科＋天相＋破軍視同自化權。

- 脾氣總體來說會比較好，有時候會因為錢財關係突然不高興，但是往往都能剋制壓制住，並且調整好。

- 事業追求主耗，權科一組，由破軍權轉武曲科，代表事業上喜歡搞事情，希望不斷的衝刺新的機會，但是最後都會轉為偏佛系的狀態。

福德宮

祿存會火星＋天梁自化科。

- 穩重有餘，祿存壓制火星，三觀很穩定，不會輕易被帶偏。

- 天梁情商高，代表深諳進退之道，是社交之王，也是最適合做公關的主星。

財帛宮

太陽＋天梁權

- 太陽主付出，社交場合願意付出，投入成本。

550

- 天梁代表老大哥，會主動照顧周邊的人。
- 掙錢的欲望會比較大。

官祿宮

太陰生年忌＋右弼＋地空＋地劫。

- 工作很容易帶給他比較壓抑和有壓力的感覺。
- 在工作中會有一些不切實際的想法。
- 對宮生年祿，表示因為本職工作的壓力，會希望去做其他事業，比如想創業。

看感情：

夫妻宮：天機祿

代表對男女之事明白的比較早，比較熱情；逢自化祿科，代表姻緣早發，小時候就有和女生的比較開心的溝通交流；也代表對男女之事明白的比較早，比較熱情；也代表未來最終結婚對象的形象 為天機祿＋太陰是通自化祿＋天機自化科 人很好。

2) 看大限盤 - 從象的順序來解

看大限祿（大限命宮飛化祿入交友＋大遷）。

大限遷移疊本命交友 得 大限貪狼祿。

會天姚，主在外的桃花會比較旺，社交會比較豐富快樂。

大限祿會紫微視同自化權 法生年權，進大限子女宮本命財帛宮。

代表桃花旺。

子女宮的天梁權＋視同自化權。

代表在男女之事上會比較主動。

大限遷移宮疊交友 暗合 大限疾厄 的天同巨門 沉迷享樂。

大限交友宮 大限權大限科。

心思放在身邊的朋友上。

大限忌落在大限兄弟宮，

代表這個大限事情的走向是部分關係特好的異性朋友 關係沒有那麼好了。

第十九章 本命盤實盤訓練

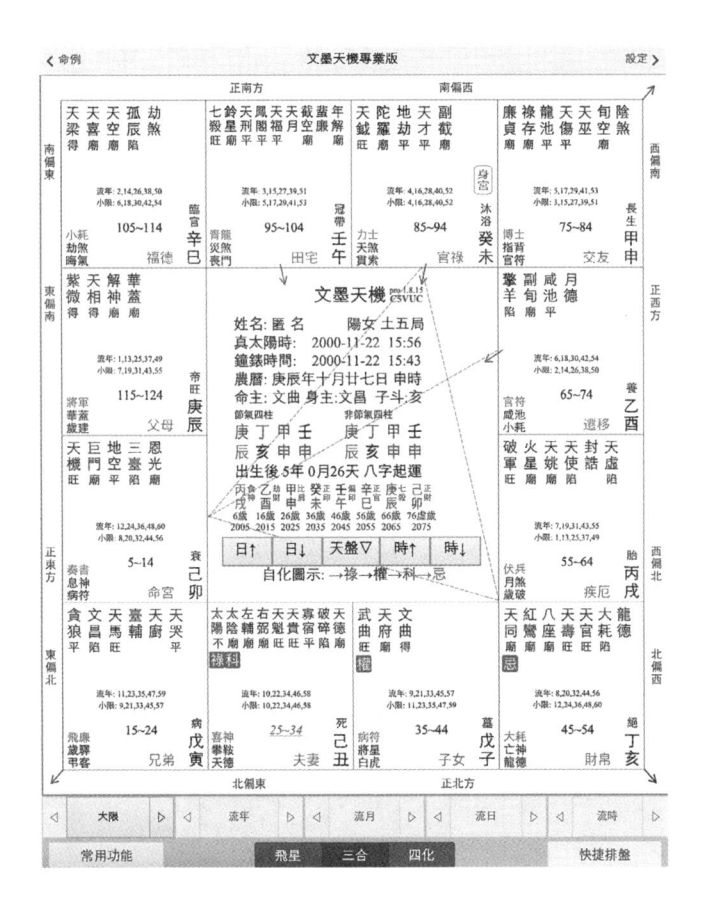

2. 盤 2

今天分享一個來看本命盤的年輕女孩。

首先拿到一個盤，任何時候一定要先看本命，同時要明確，本命盤看的不是事件，它代表的是命主的習性、天賦、處事之道。

首先，看事業首重權的落宮，是且整張命盤只有財帛宮見自化權，代表還是比較貪玩，只是有時候會強迫自己掙錢，但是幾乎都一定會覺得很累很疲勞，不會有幹勁。

在看本命官祿，見陀羅地劫，代表學習工作的時候容易拖，且給自己定的目標偏高。

而夫妻宮見祿科則代表喜歡把精力放在本業之外的事情上面。

事業的基調定下，再來斷一些細節。

三方見羊陀，代表少年成長環境不好，所以對一次見面的人來說，他們可能會

第十九章 本命盤實盤訓練

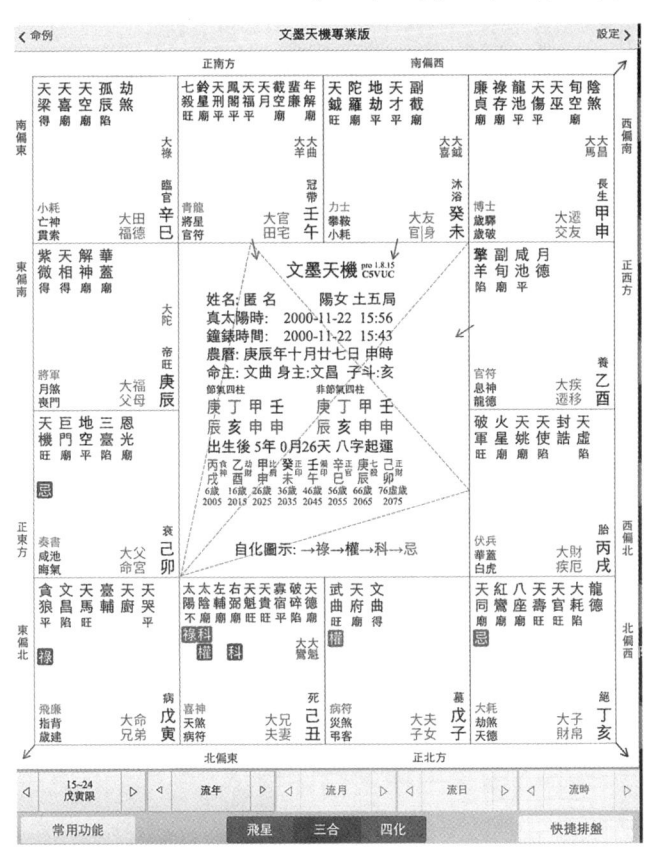

覺得你不好相處，但其實命主命宮坐了地空，性格上是佛系偏多的，且巨門一定不會當面爆發。

在這個基調下，我們去看大限盤。並通過瞭解命主本人的處事方式，把命主的決策層代入到大限的事件之中。

大限盤代表趨勢。

大限官祿宮七殺鈴星天刑，代表工作整體上是會給他不舒服的感受的。尤其鈴星天刑，代表磁場不合，會幹得非常不舒服。再加上我們通過本命盤知道命主本人對工作的態度，自然是工作越發地不順心，同樣也反映在學習生活上。

事兒幹得是不順心的，人呢？大限父母宮（領導）天機忌，領導處不好，大限子女宮（新人和同事）天同忌，他們也不太好相處，這個時候命主自然而然就會選擇擺脫現狀，選擇換個工作或者創業。

這個時候我們再去解釋象，大限官祿宮視同自化忌，法生年去子女宮，逢自化權，權忌不同組，自化權法生年權入夫妻宮。

工作變動是因為和同事（同學）相處不好，所以自化權要改變，改變的方式就在夫妻宮的武曲生年權（官祿之遷移），選擇換一個工作，換一個學習場景。同時夫

妻宮接收來自官祿宮的向心忌，構成一個完整的故事迴圈。這就是這個大限的故事。

所以我們回頭來看，這個大限大致就是不喜歡工作和學習的環境，和周邊人處不好，想換，逢權能換的時候自然就換了，比如上大學到一個新的地方，或者分專業。

來自命主的回饋。然後我們還可以做一下細節的補充。然後其實老想著換還有一個原因，就是貪狼＋文昌＋天馬。

貪狼＋文曲，叫離正顛倒格。這裏也會形成分心，老想著換的意思。

最後我們看流年盤。

紫微斗數命盤

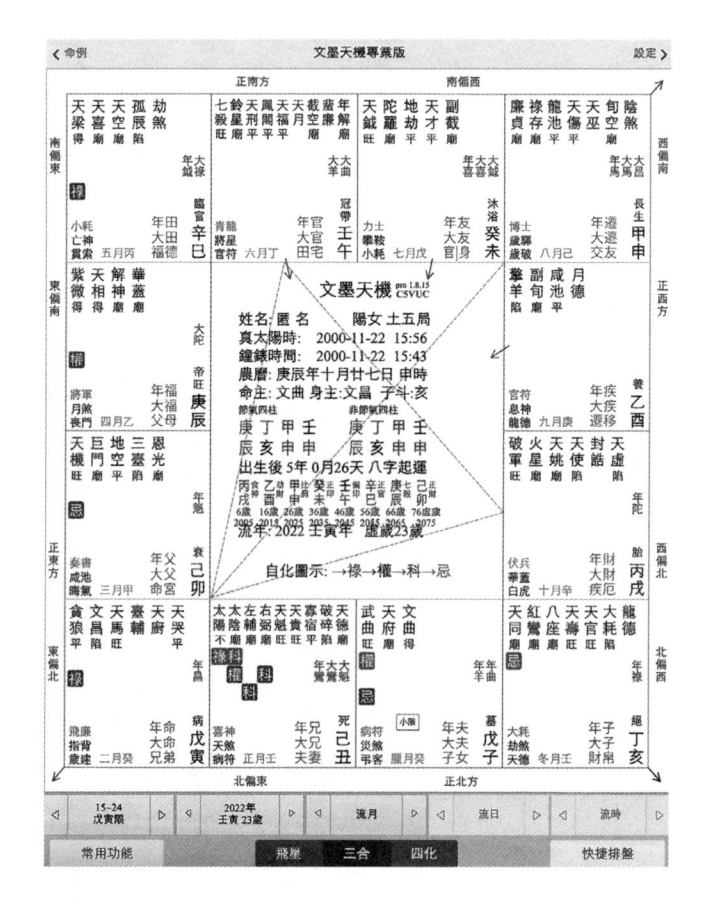

文墨天機專業版 pro 1.8.15 CSVUC

姓名：匿名　　陽女 土五局
真太陽時：2000-11-22 15:56
鐘錶時間：2000-11-22 15:43
農曆：庚辰年十月廿七日 申時
命主：文曲 身主：文昌 子斗：亥

節氣四柱：庚丁甲壬 辰亥申申
非節氣四柱：庚丁甲壬 辰亥申申

出生後 5年 0月26天 八字起運

流年：2022 壬寅年 虛歲23歲

自化圖示：→祿 →權 →科 →忌

宮位	主要星曜
巳（田宅）六月丁	天梁得、孤辰陷、天喜廟、劫煞、七殺旺、鈴星廟、鳳閣平、天刑平、年解廟、截空廟、年福廟、大羊
午（官祿）七月戊	天鉞旺、陀羅廟、地劫平、天才平、副截平、大友
未（友屬）八月己	廉貞廟、祿存廟、天傷平、天巫平、月德、大遷、博士、歲驛
申（遷移）九月庚	旬空陷、陰煞、長生、甲申、天馬廟、文昌廟、大疾
辰（福德）四月乙	紫微得、天相廟、華蓋廟、解神廟、將軍、月煞、喪門
卯（父母）三月甲	天機旺、巨門廟、地空廟、三台廟、恩光平、年魁、奏書、咸池、晦氣
寅（命宮）二月癸	貪狼平、文昌陷、臺輔旺、天廚平、天哭平、飛廉、指背、歲建
丑（兄弟）正月壬	太陽不、太陰弱、右弼旺、天魁陷、寡宿陷、喜神、年煞、病符
子（夫妻）冬月壬	武曲旺、天府得、文曲廟、天德廟、紅鸞廟、八座廟、天壽廟、大耗、劫煞、天德
亥（子女）臘月癸	天同廟、龍池廟、天官旺、大耗陷、龍德廟、病符、災煞、弔客
戌（財帛）	小耗、墓、戊子、夫大夫妻
酉（疾厄）	年陀、胎、丙戌、夫大夫厄

大限：15-24 戊寅限

自化圖示：→祿 →權 →科 →忌

第十九章 本命盤實盤訓練

命主今年首先就是和兄弟姐妹或者母親或者關係特別親密的朋友關係變好了，或者說命主在今年是交到了一些覺得交往起來不錯的朋友的。

其次，能看到命主會有一個領導落馬，可能是學校的也可能是實習單位的。

工作壓力大，加上有小人，而且他的領導和他有競爭關係，所以就把他搞下去了。

再說今年的工作環境和學習環境。

因為父母宮見忌，且父母宮三方也見忌+空劫羊陀。

這個事兒，我斷是在今年的12月份發生，還需要等命主到時候回饋。

看官祿宮。

七殺+鈴星+天刑，自然是非常的不順。對宮武曲忌，來自外界的壓力也來了。

而且七殺會出現，想沖但是充不出去的象，因為對宮的武曲忌沖來了。

559

再說回武曲，武曲是律法之星，所以也代表來自規則制度上面的壓力。

命主也表示今年有掛科，需要重修，因此甚是疲憊。

最後我們還能看到的，是命主的工作環境一定會在變化一遭。

因為大限官祿宮自化忌，流年官祿走到則有應象，忌主動。法生年忌入子女宮，子女宮為六陰宮，代表是工作內容也發生了變動。而命主回饋在這一年，找到了實習。

最後我們送了命主一個小彩蛋，11月份12月份命主會小掙一筆，會看的朋友可以看看是怎麼看出來的～大家一起討論，精進。

560

國家圖書館出版品預行編目資料

紫微斗數新手教科書／紫梧老師著.
第一版——臺北市：知青頻道出版有限公司出版；
紅螞蟻圖書發行，2025.04
　面　；　公分－－(Easy Quick；209)
　ISBN 978-986-488-257-1（平裝）

1. CST：紫微斗數

293.1　　　　　　　　　　　　　　　114001625

Easy Quick 209
紫微斗數新手教科書

作　　者／紫梧老師
發 行 人／賴秀珍
總 編 輯／何南輝
校　　對／周英嬌、紫梧老師
美術構成／沙海潛行
封面設計／引子設計
出　　版／知青頻道出版有限公司
發　　行／紅螞蟻圖書有限公司
地　　址／台北市內湖區舊宗路二段121巷19號（紅螞蟻資訊大樓）
網　　站／www.e-redant.com
郵撥帳號／1604621-1　紅螞蟻圖書有限公司
電　　話／(02)2795-3656（代表號）
傳　　真／(02)2795-4100
登 記 證／局版北市業字第796號
法律顧問／許晏賓律師
印 刷 廠／卡樂彩色製版印刷有限公司
出版日期／2025年4月　第一版第一刷

定價 480 元　　港幣 160 元

敬請尊重智慧財產權，未經本社同意，請勿翻印，轉載或部分節錄。
如有破損或裝訂錯誤，請寄回本社更換。

ISBN　978-986-488-257-1　　　　　　Printed in Taiwan